润德堂丛书全编 ②

新命理探原

[清] 袁树珊◎撰

谢路军◎主编

郑同◎校

华龄出版社

HUALING PRESS

责任编辑：薛　治

责任印制：李未圻

图书在版编目（CIP）数据

润德堂丛书全编 . 2 /（清）袁树珊撰.

一北京：华龄出版社，2018.6

ISBN 978-7-5169-1226-3

Ⅰ . ①润… 　Ⅱ . ①袁… 　Ⅲ . ①袁树珊—文集

Ⅳ . ①Z424.9

中国版本图书馆 CIP 数据核字（2018）第 133361 号

书　　　名：润德堂丛书全编 . 2

作　　　者：（清）袁树珊　撰

出版发行：华龄出版社

地　　　址：北京市东城区安定门外大街甲 57 号　　邮　　编：100011

电　　　话：(010) 58122246　　　　　　　　传　　真：(010) 84049572

网　　　址：http://www.hualingpress.com

印　　　刷：九洲财鑫印刷有限公司

版　　　次：2019 年 1 月第 1 版　　2021 年 11 月第 2 次印刷

开　　　本：720×1020　1/16　　　　　　　　印　　张：19

字　　　数：285 千字　　　　　　　　　　　　印　　数：6001～9000

定　　　价：38.00 元

卷　首

《新命理探原》自序

　　方今之世，命学存废为一大问题。学之精粗纯驳，犹其次焉者也。岁乙卯，余不揣弇陋，率尔操觚，曾著《命理探原》八卷，木刊线装。自唐而清，诸先贤之学说，莫不择要采入，盖欲与海内外宏达之士，商量存废问题，其精粗纯驳，实未计及。讵料丙辰夏，甫经出版，上而当代巨公，下而薄海士商，以及国内外各学校、各图书馆，函索价购者，纷至沓来。越三年戊午，海上大书局《命理易知》出版。又二年庚申，而《命理菁英》出版。似皆以拙著为蓝本，而加以割裂者。又一年辛酉，上海有四家书局，竟将拙著原书整个翻印，而名称仍旧。不数年，上海命学苑之《新命》，房陵邓毓林之《命学发微》，古闽陈杰生之《命理商榷》，衡阳邹文耀之《子平术要诀》，水绕花堤馆主之《滴天髓新注》，亦皆风起云涌，后先出版。于此可以觇国人心理对于命学，具有保存不废之观念也。夫拙著出版，自丙辰至辛卯，忽忽三十有六年，销数之多，奚止万千。而珊亦马齿徒增，年逾七秩。证以汤盘日新之义，能不稍加变易。为此，谨将旧本重行改纂，凡先贤名论，素所服膺者，如《论贵贱》、《论贫富》、《论寿夭》、《论性情》、《论疾病》等篇，固皆增入。复将珊频年经验所得，论命不可泥年月日时、四柱之八字，当以命宫、小限、流年、大运、四部之干支，合成十六字，始可辨其孰盛孰衰，孰宜孰忌。然后哀多益寡，酌盈剂虚，判其穷通，评其得失。虽不若烛照数计，亦不难十得七八。若再参以山川风土、门第世德，及生时之风雨晦明，则更丝丝入扣，洞若观火矣。至于论命说理，古籍侧重六神之名词，形态不明，初学无从捉摸。本书则专谈五行之物理，气质刚柔，形态变易，均可一目了然。其实，六神乃五行之代表，五行乃六神之实质。一而二、二而一者也。若夫格局名称，古籍甚繁。其间有偏枯虚渺、想象怪诞者，概置不论。本书首论八格，简则易从。次论从局、化局。次论一行得气、两神成象。而化局之中，千变万化，真假不一，有真中之假、假中之真者。亦有似假实真、似真实假者。昧者不察，仅以化之真者，名公巨卿；化之假者，孤儿异姓判之，安得不"差之毫厘，谬以千里"乎？其他友朋新著，具有特殊发明而说理新颖者，莫不择优采入，借供同好研讨。曩著《命谱》八卷，曾蒙王清穆先生赐序，有曰：科学名词，吾国古所未有，转展迻译而来，解之者曰，凡为有系统之研究者，是之谓科学，然则吾国专门技术，何一而非科学耶？聂云台先生《耕心斋随笔》云："予有亲友数人，精研命理，言多奇中，皆自阅书而通其法，未尝从师，能循定法以得其数，非科学乎？"二公学富望隆，年高德劭，所言如此，似非舍本逐末、数典忘祖者所可比拟。兹因改编告成，略述始末，颜曰《新命理探原》，盖欲别于旧本，实则新从旧生，无旧不能生新。语云："温故知新。"又云："苟日新，日日新。"新无止境，学亦无止境。倘荷海内外高明，不吝珠玉，多方教诲，俾他日再版，推陈出新，为命学开一新元纪，又岂独珊之欣幸也夫！

辛卯仲冬　　镇江袁树珊识于香江寄庐

《命理探原》自序

客有问于余曰：闻子有《命理探原》之作，信乎？余曰：然。客曰：当今之世，优胜劣败，弱肉强食，其号为优与强者，大都攘臂争先，攫取名利，捷足则得，缓步则失。若安贫守拙，委诸命运，非所以处今之世也。子之所作，得毋违反世道，阻碍进行乎？余应之曰：唯唯否否，夫恒言所称，优胜劣败者，理也；弱肉强食者，势也。然有优者未必胜，劣者未必败；强者未必尽食弱肉，弱者未必尽为强食。观于士人有长于学问，而科第维艰；商人有绌于经营，而赢获至厚。甚至强者反供弱者之驱策，弱者竟制强者之生命，此其间理、势皆退处于无权，非命之为而谁为乎，若不知命而妄与之争，必致寡廉鲜耻，败德丧身，而天下无良善之人矣。如是而欲家齐国治，岂可得哉？孔子曰："君子居易以俟命，小人行险以徼幸。"君能三复斯言，即知命学之当重，而余之作是书，有不容缓者也。客曰：如子所言，命学诚綦重矣。然古书具在，亦何用子哓哓为哉？余又应之曰：不然。夫唐以前之命书，吾不得而见之矣。唐以后之命书，如徐子平、徐大升、刘青田、万骐、王铨、张神峰、万育吾、陈素庵、沈孝瞻、沈涂山诸先贤之著述，吾得而见之、读之矣。然其中有有起例而无议论者，有有议论而无起例者，有失之繁芜而不精确者，有失之简略而不赅博者，非惟初学难以入门，即久于此道者，亦多不明其奥窔。余之所作，由浅入深，分门别类，采撷众长，屏除诸短，间有古人义理未明、起例未备者，则妄参管见以补足之，非敢谓羽翼先贤，要不过为知命之君子，尽忠告焉耳矣。客既退，爰略次诸言于简端以为之叙。

岁次乙卯十一月壬申朔越十有一日壬午

镇江袁树珊识于铁瓮城西之润德堂

《润德堂丛书》书序

禄命之学，其起后于六壬、选吉，要皆不出乎生克制化，以通神明之变。而大易、洪范，实为阴阳五行之学之权舆。周官太史之职，实司总之。《隋书·经籍志》曰：世之治也，列在众职。下至衰乱，官失其守。或以其业游说诸侯。各崇所习，分标并骛。若使总而不遗，折之中道，亦可以兴化致治。颜师古《汉书·艺文志》注曰：王者之治，于百家之道，无不贯综。又曰：治国之体，亦当有此杂家之说。今之术士，设一廛于肆。指天画地，侈言祸福，以博一日之升斗。此其人既自居于贱，人亦贱之，又岂知阴阳五行？固六经之支与流裔也。镇江袁君树珊，以医卜世其家，尝读书应有司试，弃而隐于肆，吾在京口时识之。听其言，若网之在纲，有条而不紊也，若烛照数计之靡遗也，吾固知其异于今之术士矣。间与树珊言阴阳五行之学之衰，未有甚于今之时者也。吾尝深思其故，盖有四端：一曰附益。言禄命者，莫古于李虚中。然其命书乃言四柱，与昌黎志文所称，仅以人之始生年月日相斟酌不合。又其职官称谓，多涉宋代。言录命之书者，莫备于育吾山人之《三命通会》，然其所载仕官八字，乃下及明季之人。二曰伪托。《珞琭子赋》，论金木刚柔之得失，青赤父子之相应，颇为后世所宗。然作者王子晋周人，不应引有秦河上公，及汉末壶公、费长房之事。此与《易衍》题东方朔撰，而其歌括皆作七言律诗，同一谬妄。三曰繁密。李虚中推人寿夭贫贱，不过以干支相生胜衰死旺而止耳。后之来者，乃多出奇思，曲意揣度，以冀无所不合。转至窒碍而不可通。如辽耶律纯《星命总括》，剖晰义理，往往造微，而所称官有正偏，则过于求新，流入琐碎。此外，《范围数》以图书之学窜入禄命；九宫八卦、遁法秘书，以神煞之说窜入禄命。支离诞衍，穷累莫殚，其说愈精，其学愈绝。四曰错舛。《永乐大典》所存古籍，承学之士既难寓目。通行坊本，如《星平会海》等书，脱文误字，几于不能句读。展转翻刻，谬种流传。由前二说，缙绅先生或夷夷而不屑言；由后二说，虽欲言之，不待终卷而已有望洋之叹。此江湖术士之日益多，而能举其学而返诸古，以求适于今世之用，以兴化而致治，岂独其人未见，亦且其语未闻矣。如树珊者，庶几能举其学而返诸古，以求适于今世之用者哉！树珊尝出《命理探原》八卷，属余为序，未有以应。别后二年，复成《大六壬探原》、《选吉探原》各二卷，益以尊人昌龄先生所撰《养生三要》一卷，将以嗣所得者，汇成《润德堂丛书》。书再至，乞余弁其简端。余既叹树珊之精进，异时相宅、相墓，或当尚有专书；而又嘉其能不忘其亲，有仁人孝子之用心。盖技也，而进于道焉，故序之。

丙寅七月　如皋冒广生

《命理探原》严序

余少壮时，从事帖括。术数学，涉猎鲜暇。而于孔子"不知命，无以为君子"两言，终身诵之。并常举张文端公父子聪训斋、澄怀园语以诏人。又尝读太史公《日者传》，司马季主谓卜筮者言，忠臣以事其上，孝子以养其亲，慈父以畜其子。又曰：以便国家利众为务。窃钦其能导惑教愚，有功于世道人心匪浅。季主而后，知此谊者，其惟吾宗远祖之君平乎？班史《王吉传》序云：君平以为卜筮贱业，而可以惠众。人有邪恶非正之问，则依蓍龟为言利害。与人子言依于孝，与人弟言依于顺，与人臣言依于忠，各因势导之以善。从吾言者，已过半矣。窃叹西汉去古未远，故能受忠告者多，第人求卜筮，亦只一时一事而已。犹未若言星命者，可警人以终身，惩其恶而劝其善，功德为尤大。顾泛览二千余年来之史传，求卜筮如季主、君平，其人且不可得，更安得有以星命而则效之者？今何幸袁君树珊之实获我心，而与季主、君平鼎足而三乎？可谓旷百世犹相感矣。袁君生同省、居同里，既以卜筮奇验显，尤以星命噪大江南北，其理明，其艺精，实由读书之多，方造此。余耳其名已久，然尚未知其服膺亭林，明道以救世，如季主、君平其人者。近因儿子家修，惠赠余以所著《命理探原》一书，兼索序于余。余受而读之，其《自序》辨客弱肉强食之说，更申言之曰：若不知命而妄为，必至寡廉鲜耻，败德丧身，天下无良善人矣。又撰《星家十要》及摭录《事实丛谈》，要不外勉世人以知命俟命。所谓探原者，其即在是。余如《本原》、《起例》等十余篇，非不提要钩玄，发前人所未发，而以彼较此，毋乃犹之《禹贡》言导河自积石，究未若探原于星宿海乎？非见是书，不几如孔子所谓"不知言，无以知人也"欤。抑余更有慨矣，举世滔滔，竞争权利，如沧海横流，止不可遏。君虽因势利导，谆谆于迪吉逆凶，窃恐听者藐藐，褎如充耳焉。即大集中论学问、常变，及《丛谈》第二十八条，屡引赵展如中丞云云，此公似非不知命者，乃其后阿附端刚，长乱召侮，卒至自刑，而况智识之远不逮赵者耶？然而君固我行我素，不以是而少馁其志也。袁君勉乎哉！坚此婆心，瘠兹苦口，纵不若西汉时能受忠告者多，或庶几收效果于十一。儒家之木铎，何殊释氏之慈航，则以言教人之功德，天之报施善人者，方兴未艾。君言命中今年防有祸害，余可决其必有化解。君信命理，余信天理也。

太岁在上　章涒滩阳月
七十有七拙叟丹徒严良翰伯屏甫序于茧窠之南窗
丹徒谈堉堉人氏书

《命理探原》吴序

昔李虚中参五行之精，僧一行著天元之赋，并皆名垂宇宙，誉溢古今。然言泉之富，未辟夫元机；腹笥之华，莫征夫妙蕴。精深执阐，剽窃徒劳，窃意如珠官者，海若贡灵，珍滋荐美，当必有瑰奇特出之彦。沈博绝艳之能，以无中而取有，以浑处而求分，而惜余未之见也。既而见之，袁君树珊。树珊读万卷之书，肄三才之道，神龟宿火，变幻因心，阴鼠栖冰，真诠独得。所至如春风扇物，明镜照心。圣人罕言以绝其弊，达者顺受以保其真。王元诚清谈亦理，江文通妙笔生花。故能含笑奏理，敷吻成澜。诚星家之宏裁，艺林之通矩也。今夫丹以九还而见宝，剑因万灌而称神。历数奇谟，醉醒并驾。聿斯绝技，珞琭复生。清角鸣，而群工辍其音响。长离耀，而百鸟敛其羽毛。先生之才高矣，先生之识远矣。方余息影蓬庐之日，正君昌明星学之期。文战独豪，绮才自艳。贵极南阳六合，难期如响；术精弘景三命，未易通神。如树珊出所刊《命理探原》八卷示余，取径于道茂，折衷于孝恭。都利之经，不让弼乾独造；定真之论，不令子平争先也。殆能习古人之传，而启后贤之秀者乎？贾生年少，陆子才多。探黄河之源于昆仑，探禹穴之源于会稽。泄天地之包藏，乐风云之激烈。朗如秋月，明若春星。此其所以屡变益上，而观止未由也欤。论者谓先生，握蛇珠之采，衔龙烛之华。健弩方张，强台直上，亦何难分荣槐采。被荫銮坡，展风虎良将之才，肇云龙大人之运。而乃不为日者传，甘作河上公，得毋有乾腠之郁忧，江洲之感慨焉。不知一场富贵，已醒春梦之婆。几日萧闲，欲借秋声之馆。非天之厚以林泉，实天之振其骨鲠也。引孙意深鱼鸟，迹托烟霞。二分明月，照向谁家。一个拙翁，依然故我。寻琴思海上之音，饮水辨江心之味。得是编而振发之，不啻迷津而逢宝筏。失路而获导师，其助予为不少也。是为序。

己未夏五月庚午
乡愚弟仪征吴引孙拜序于沪滨旅次

《命理探原》周序

　　余少时，不信命数，以为豪杰之士，不难游鲲鳞于万里之程，展凤翮于九天之表。徐而验之，不独富贵功名，非可幸获；即经术文章之深造，亦难以强求。遝稽近览，勋集谋成者，反遭覆折；韬光养晦者，卒获殊荣。莫之为而为，莫之致而至，要皆有命存焉。此古先哲，如鬼谷子、董江都、东方曼倩、管公明、陈希夷、刘青田辈，皆以命数定人终身，决其休咎者，良有以也。光绪丁酉间，余以同乡公益事，留镇数载。当风日清美，游览金山名胜，登峰造极。与袁君树珊晤于第一楼亭，一见倾心。相与谈论学问指归，中外时事，莫不共证心源。君时年甫弱冠，品貌端庄，言语谦谨。读书之暇，从其尊严，研究医学。并以余力博览星命诸书，辄能得其窍要。是以大江南北，皆慕其名。相过访者，络绎不绝。藩后赴差浙东，凡自铁瓮城来者，亦多道君术数之灵异。由其艺精，是以名盛。孟子所云，有本者如是。此之谓也。今岁复因公至镇，君出其所著《命理探原》问序于余。余反复浏览，见其引证赅博，无美不备，且有发前人所未发者。论其浅，则初学可以循序入门；论其深，则高明可以升堂入室。不失之偏，亦不失之杂；不失之简，亦不失之繁。洵命学中，不可少之书也。因亟怂恿付梓，以嘉惠后学。是编出，吾知不胫而走，必皆先睹以为快矣。爰乐而为之序。

乙卯冬十一月中澣

长沙周道藩撰

《命理探原》龚序

时至今日，欧风东渐，科学昌明。凡事重实验，不尚空谈；凭真理，不务虚幻。举五行生克时会气数之说，概置勿论。盖命之一字，虚无缥渺，玄之又玄。在昔孔子，所以罕言命也。虽然孔子罕言命，孔子又何尝不言命？如对子服景伯曰：道之将行也与，命也；道之将废也与，命也。又曰：不知命，无以为君子也。是孔子罕言命，实孔子重视命，而不轻言也。孔子盖实见夫命之理微，休咎悔吝，寓于玄机，参互错综，推求不易。故平日曾以假年学《易》，冀深究吉凶消长之理，进退存亡之道。昧者不察，以为孔子且不言命，不亦诬乎？镇江袁君树珊凤承庭训，家学渊源，少时克岐克嶷，举凡星命各书，无不殚精竭虑，因流溯源，宜乎名重一时。观其所著《命理探原》一书，极深研几，探颐索隐，凡昔人所著命书，无不搜辑。兼能参互考订，致远钩深，于命理之奥窔者，均能阐发而彰明之。发行以来，无不争先快睹，以为讨论命理之模范。刻因复加考订，重付剞劂，措词命意，精益求精。余于浏览之余，深知袁君学有本原，断非率尔操觚者所可同日而语也。且细绎全书之旨，并不尚空谈，而仍重实验；不务虚幻，而仍凭真理，固迥异于虚无玄杳也。爰不揣谫陋，而为之序，以志景仰之忱云。

　　　　　　　丙寅年三月　　古闽贡谟龚荫杉序于金陵客次

《命理探原》题辞①

一

丹徒**李丙莹**素人

天人有三策，推重董江都。小隐在城市，垂帘读道书。
仓山续家学，邗水结精庐。载酒侯芭至，门停门字车。

大集觥觥在，居然著作家。文章有知己，笔墨即生涯。
结契联兰友，编书共棣华。② 诗人一言蔽，思念总无邪。③

二

李丙莹

前诗意有未尽，再题奉赠。

世儒尚新学，邹衍哆谈天。不知有理数，但知有强权。
袁君隐于市，终日手一编。下帘读周易，命理尤精研。
君平有闻奥，历历得真诠。一言不妄发，休咎预知先。
秉笔寓劝惩，忧时且勉旃。存心实仁厚，善果种大千。
孳孳惠后学，巨制付雕镌。搜罗甚宏富，菁华多萃焉。
我独癖嗜书，家学守青毡。诗人例多穷，命运何迍邅。
倚声觊梨枣，名心亦流涎。④ 方君此学术，相去如天渊。
我年已知命，一笑听自然。

---

① 谨以奉到先后为序。
② 桂生令弟近刊《丛桂草堂医草》。
③ 君凭理数推算命理，选寓劝惩之意，颇得风人之旨。
④ 近在粤垣梓《绣春馆词钞》。

三

泗州**傅镇**静吾

闲揲灵蓍证净因，中原未复太平春。

问天何故逢今日，阅世方知有达人。

万劫难逃惟俟命，一廛愿受且藏身。

推袁竟赖题诗笔，我亦同扶大雅轮。

四

丹徒**苏涧**宽硕人

劝人休与命争衡，① 更著新书示后生。

端策拂龟楚太卜，下帘读易蜀君平。

鼎名岂止腾吴会，纸价应须贵洛城。

从此孤寒有所事，一编在手业能精。②

手扪月窟抉天根，性命由来有本原。

廿载辛勤寻至理，万年甲历会群言。

枕中宏秘才人笔，门外芳辙长者辕。

不佞如予惭碌碌，管窥蠡测亦知尊。

五

丹徒**李允传**肩吾

沧海横流日，惟君感慨深。春秋褒贬笔，儒释劝惩心。

制拟天人策，书成著作林。一篇嘉后学，文字有知音。

---

① 君设砚处有额曰："英雄难与命争衡"。

② 君尝言此道专书少善本，因有是刻，意在嘉惠寒士。

康节传心法，千秋安乐窝。侧身观劫后，巨眼阅人多。
卧雪甘肥遁，家风自啸歌。予生徒暴弃，壮志悔蹉跎。

六

江都杨炎昌晴江

卖卜垂帘隐市廛，君平学术得真诠。
谁云杂艺广陵散，探得源流有巨编。
理数无凭自有凭，良言苦口凛兢兢。
沧桑劫后人心幻，秉笔如君寓劝惩。

我尚佣书未疗饥，名场牢落壮心违。
不堪回首关天定，今是方能觉昨非。
君是江南旧逸民，现身说法独伤神。
仓山全集新编续，家学于今有替人。

七

江都茅念祖又芳

世事沧桑倏变迁，云车风马任纷然。
人难胜处天教定，理到穷时数有权。
几辈市廛甘小隐，多君著述绍先贤。
斯篇抉出玄黄秘，百读人宜手一编。

我亦邯郸觉后身，自甘鸠拙且芸人。
论交翻恨相知晚，说法争传片语珍。
道在逢原优入圣，言皆有物信通神。
季方济美尤堪羡，一卷青囊寿世新。

八

丹徒**李正学**密父

星宿罗胸手可扪，常从天性悟根源。

人生知命为君子，宣圣何曾尽罕言。

沧桑浩劫几摧残，理数何尝一例看。

可惜繁华都是梦，黄粱奇遇问邯郸。

湖海知名尽品题，一篇讨论古人稽。

零玑碎璧搜多少，大集觥觥付枣梨。

忆昔论交已十年，三生石上证前缘。

舌耕我亦嗟行役，大半生涯仗砚田。

九

丹徒**杨鸿发**子槃

开天一画始苞符，性命精言启宋儒。

凿破胚胎窥奥窔，前推羲圣后尧夫。

元晦曾云命理微，时流敢笑古人非。

休言末技同医卜，天地阴阳入范围。

汝南名士寓江南，造化精微一一探。

手订成书贻后学，五行万理尽包涵。

权利纷纷逐鹿忙，河山半作战争场。

早知命数由天定，兵气销为日月光。

十

上虞**罗振镛**颂西

宣尼与利罕言之，何苦先生演妙词。

多少奸回不受命，天将木铎任君持。

南昌故郡想宗风，著作居然相士同。
闲向柳庄一凭吊，浪花淘尽古英雄。

名缰利锁卅年多，壮志风云倏已磨。
李广无功刘下第，不知天意更如何。
佛教崇闳道教微，可怜儒理竟忘归。
南蛮鴃舌非吾愿，何日西风扫叶飞。

十一

江都倪宝琛筠瑞

山环灵草仙人药，① 楼筑松风处士家。②
酷爱江城如画里，荻帘新卷日初斜。

时行时止非人力，③ 得失还须叩历翁。
落笔千言逢醉后，人间又见李虚中。

磨蝎宫临岁几更，每怀行露惮宵征。
浊流滚滚能容否，只合悠悠了此生。

十二

永宁刘汉光缉熙

青灯滟滟照四壁，重帏静锁万缘寂。
手把鸿篇索修绠，顿使繁芜尽销涤。
觥觥巨笔大如椽，秘旨微言资剖析。
少年意气撼云宵，七尺珊瑚唾壶击。

---

① 居近云台山侧弟桂生，精岐黄术。
② 陶宏景有《三命钞》。
③ 朱子句。

腾骧磊落绝尘埃，未必骍骝终伏枥。

何期阳九丁我躬，土崩鱼烂交忧讧。

搔首问天天梦梦，霹雳白昼惊西东。

萍踪浪迹更无定，随风飘瞥如飞蓬。

达人知命敢自负，得不嗟叹时运穷。

羡君行藏能自得，著书立说矜奇特。

落笔能操造化权，机缄未露君先识。

我生之初岁在巳，百岁光阴已半蚀。

依稀磨蝎坐星宫，入世常悲世途仄。

凭君片语度迷津，宝镜尘祛勤拂拭。

他日过君为君式。

凡 例

一、本书大旨以徐居易《渊海子平》为主。间采各家，而以刘青田所注之《滴天髓》，及陈素庵之《命理约言》，沈孝瞻之《子平真诠》，为最精当，与诸书不同，故所采独多。

二、是编纂述前人者为多，间有重者删之，冗者节之，略者详之，疑者阙之。然俱标明著者姓字，或载明出自某书，不敢掠美。间有妄参末议，及略有发明者，概加"按"字以别之。

三、自来著命学书者，皆不详言本原所以然之理，恐人费解厌读。故学者每于干支生克，合冲刑害之义，亦多茫然。甚至无识者反谓干支二十二字，乃人物事之代名词，并无五行生克，寓乎其间，可慨也夫！因是不避繁琐，特引《易经》、《尚书》、《礼记》、《独断》、《阴符经》、《白虎通》、《淮南子》、《春秋繁露》、《史记律历》、《说文》、《尸子》、《五行大义》、《空同子》、《蠡海集》、《辍耕录》、《瑞桂堂暇录》、《群书考异》、《渊海子平》、《三命通会》、《协纪辨方》等书，以证明之。间有不甚明了，及未备者，则据己意以阐发之，非敢辞费，盖欲使学者知古人定名，具有精义在也。

四、《起例》散见诸书，从未有一家完备者。此编推年法、推时法、推大运法与夫胎息变通等法，俱本于《渊海子平》。推宫法，则本于俞曲园太史《游艺录》。推限法，则本于闽汀廖瀛海《星平集腋》。至于推年法、推日法、推流年法，及推大运交脱法，他书均略而不详，兹特谨据管见所及以补足之，俾初学者一览了然。

五、五行生克，及支藏五行，不列于《本原》而列于《起例》者，盖便初学推演比食财官印而设，读者幸勿疑之。

六、比食财官印，因十干生克定名。其义甚微，其理至精，先贤固未明言，后学尤难领会。珊天资鲁钝，学殖荒芜，安能妄解。然观于人情、物理、治乱、兴衰之道，与此若合符节，故特著浅说申明之。古人有云："观斗蛇而字法进，观舞剑而画事工。"由此类推，益信斯言不谬。

七、《子平》、《神峰》所载神煞，详略不同，且未言吉凶所以然之理，而用法亦不完备，人每疑之。兹选近理切用者二十种，参考各家，折衷诸说。既详其本原，复述其用法。不独便于后贤，且可存古人星命之真谛也。

八、比食伤财官杀印之宜忌，其所以然之理，前人多有未道及者。兹选《子平撮要》、《玄机赋》、《古歌》所载之成法，分为七篇，皆据梼昧之见，一一释之。高明之士，倘能加以针砭，匡其不逮，则幸甚幸甚。

九、取用神法，诸书散见，且议论各别，从未有纲举目张者，故初学读之，每多不解。兹编详加选择，参以愚见，另列一门，俾易升堂入室。

十、化合刑冲之作用，他书所载，繁简不同。兹编以《三命通会》、《滴天髓》、《命理约言》、《子平真诠》为主，间附管见以说明之。

十一、评断运气之议论，悉本先贤，若宫限之吉凶，前人俱未道及。有及之者，亦不过泥于星盘而已。珊留心实验，深知宫限之向背，与命运有绝大关系。当以生克制化、合冲刑害之理衡之，故特另题说明。

十二、论六亲妇幼，只采《滴天髓》、《命理约言》、《子平真诠》三家，盖其文简理足，皆由《子平》变化而出。至《命学新义》，所论亦颇新颖，今亦采入两则。

十三、《格局》首论八格，即官财印绶食伤等。次论从局、化局。次论一行得气，两神成象，及暗冲暗合。最后论外格、杂格。其他偏枯虚渺，想象怪诞，无甚义理者，一概不取。盖简则易从，繁则迷惑也。

十四、先贤名论，美不胜收，兹特选其理明词达、最合实用者十八篇，学者若能潜心玩索，即可游刃有余。至于首列《子平源流考》者，盖欲示人以命学源流，及命学变迁之梗概。次及《指迷赋》、《明通赋》，而结以论十干有得时不旺、失时不弱，及论纳音五行者，盖由唐至清，循序而来也。

十五、《杂说》，采集诸家，足补命学书之不逮，阅者幸毋忽视。至金君雯琦，干支五行之数学纯粹用算学方法，证明干支五行生克合冲，公式自然，不假造作，此诚有功命学之大著。朱君季华，论相同之命补救法，拟将生时改为二十四小时计算；又拟按地球经纬度数，各划六十甲子云云。非具有卓识大胆者，不能道出只字。又坚复先生，定命论与孪生子之说。谓为欧西人士，也深信定命论的，看来，犹不及中国命学家，以阴阳干支来得极细微的分析。备言孪生子，生活状况形形色色，莫不相同。尤足证明贤愚贵贱、修短吉凶，无非命定，非人力圣智所能改易。兹特一一备录，借供同好研讨。

十六、末附《润德堂存稿》及《星家十要》者，一可为初学之借镜，一可为星家之格言。究心斯道者，尤宜加意。

十七、《星命丛谈》乃节录古今名公巨卿、鸿儒硕学之著述而成。其间有发议论者，有纪事实者，既可为星命学之考据，又可为星命学之成绩。三复此书，即不致怨天尤人，而为守分安命之君子，其有裨于身心，岂浅鲜哉！

十八、通天地人谓之儒，百家艺术，皆士大夫所宜究心。况荣枯系乎一生，岂可胸无成竹。此编简括明备，人人易晓。但能读书明理者，略一披览，就自身八字，对书考证，则荣枯立辨，得失可知，未始非立身修己之一助云。

目 录

卷一　本原

天干地支

甲、乙、丙、丁、戊、己、庚、辛、壬、癸，此为十天干。

子、丑、寅、卯、辰、巳、午、未、申、酉、戌、亥，此为十二地支。

《五行大义》云：枝干者，因五行而立之。昔轩辕之时，大挠之所制也。蔡邕《月令章句》云："大挠探五行之情，占斗机所建，始作甲乙以名日，谓之干；作子丑以名月，谓之枝。"有事于天则用日，有事于地则用辰。阴阳之别，故有枝干名也。枝干者，"干"字有三种不同：一作榦，二作幹，三作干。今解"榦"字者，此枝榦既相配成用，如树木之有枝条茎干，共为树体，所以云"榦"；有作"幹"者，幹济为义，枝者支任为义，以此日辰，任济万事，故云"枝幹"；又作"干"字者，亦是榦义，如物之在竿上，能竖立显然，故亦云"竿"也。世书从易，故多作干支也。

《群书考异》云：甲者，拆也，言万物剖符甲而出也。《易》曰"百果草木，皆甲拆"是也。乙者，轧也，言万物初生，自抽轧而出也。丙者，炳也，言万物炳然著见也。丁者，强也。言万物之丁壮也。故邦国图籍曰"成丁"是也。戊者，茂也，言万物之茂盛，故《汉志》曰"孳茂于戊"是也。己者，纪也，言万物有形可纪识也。庚者，坚也，言万物收敛而有实。辛者，新也，言万物初新，皆收成也。壬者，任也，言阳气任养万物于下也。癸者，揆也，言万物可揆度也。

又云：子者，孳也，阳气既动，万物孳萌于下也。丑者，纽也，纽者，系也，续萌而系长也。寅者，移也，亦云"引"也，物芽稍吐，引而伸之，移出于地也。卯者，冒也，万物冒地而出也。辰者，震也，物尽震动而长也。巳者，已也，已起也，万物至此，已毕尽而起也。午者，仵也，亦云"咢"也，万物盛大，枝柯咢布也。未者，昧也，阴气已长，万物稍衰，体暧昧也。申者，身也，万物之身体，皆成就也。酉者，老也，万物老极而成熟也。戌者，灭也，万物皆衰灭也。亥者，核也，万物收藏，皆坚核也。

干支阴阳

甲、丙、戊、庚、壬为阳，乙、丁、己、辛、癸为阴。

子、寅、辰、午、申、戌为阳，丑、卯、巳、未、酉、亥为阴。

《协纪辨方》云：阳从阳，阴从阴。子寅辰午申戌六阳辰，即先天乾、兑、离、震四阳卦纳之。丑卯巳未酉亥六阴辰，即先天巽、坎、艮、坤四阴卦纳之。

按：《易》云：太极生两仪。朱子谓：万物各具一太极。五行之木火土金水，乃万物之最大最著者，其始也具太极，故甲乙同一属木。其继也生两仪，故甲为阳，乙为阴也；丙丁同一属火，而丙为阳，丁为阴；戊己同一属土，而戊为阳，己为阴；庚辛同一属金，而庚为阳，辛为阴；壬癸同一属水，而壬为阳，癸为阴；寅卯同一属木，而寅为阳，卯为阴；巳午同一属火，而午为阳，巳为阴；申酉同一属金，而申为阳，酉为阴；亥子同一属水，而子为阳，亥为阴。土居四维，王在四季之末，故辰戌丑未同一属土，而辰戌为阳，丑未为阴。即证以数理一三五七九，莫不属阳；二四六八十，莫不属阴。亦若合符契也。

地支生肖

子鼠、丑牛、寅虎、卯兔、辰龙、巳蛇、午马、未羊、申猴、酉鸡、戌犬、亥猪。

王逵《蠡海集》云：子为阴极，幽潜隐晦，以鼠配之，鼠藏迹；午为阳极，显明刚健，以马配之，马快行；丑为阴，俯而慈爱，以牛配之，牛舐犊；未为阳，仰而秉礼，以羊配之，羊跪乳；寅为三阳，阳胜则暴，以虎配之，虎性暴；申为三阴，阴胜则黠，以猴配之，猴性黠；卯酉为日月之门，二肖皆一窍。兔舐雄毛则孕，感而不交也。鸡合踏而无形，交而不感也；辰巳阳起而变化，龙为盛，蛇次之，故龙蛇配辰巳。龙蛇者，变化之物也，戌亥阴敛而持守，狗为盛，猪次之，故狗猪配戌亥。狗猪者，镇静之物也。

《考原》云：十二辰禽象。其说相沿已久，莫知其所自来。虽于经典无见，然以传记子史考之，则不独宋以后也。如韩愈《毛颖传》谓食于卯地；《祭张员外文》谓虎取而去，来寅其征则唐时有之矣。《管辂传》推东方朔龙蛇之占，以为变化相推，会于辰巳。又谯周谓"司马为典午"，则汉晋时有之矣。溯而上之，陈敬仲筮者，言"当昌于姜姓之国"，而《释春秋》[①]谓"观之六四，纳得辛未，辛为巽长女，未为羊，羊加女为姜"，则是周时又已有之也。

空同子曰："十二支子鼠丑牛等，初皆取象耳。"然木人见漆则痒，猫见寅人则衔其儿走，徙其窠。昨问刘南宫，刘曰："是真有之也。不但取象，朱子论'乾马、坤牛、巽鸡、坎豕、离雉、艮狗、兑羊'曰：'此取象亦自有来历，非假譬之。'由是观之，十二支象真有之矣。"

按：己酉秋，晤宋午庭先生，询以贵处东台，滨海之地，物产必饶。渠云："东海出产，以动物占多数，而尤以闰鱼为最奇异。盖寻常之鱼，无论巨细，形状不更，每年应时而出。闰鱼则非闰年不可见也，且形状不一。按其所闰之年支生肖而变更焉。如子年则鼠首鱼尾，丑年则牛首鱼尾，推而至于寅年虎首、卯年兔首，无不酷肖。光绪甲申闰五月，余曾亲见闰鱼之形状，猴首鱼尾，身长十余丈，肋骨几及丈余者。但此鱼非人力所能捕获，必待海潮骤落，自毙沙滩。"乙卯秋，又与叶子实先生纵谈及此，所见亦同。据二君之言，则海隅动物有若是之灵异，地支生肖有若是之明证，谁谓干支假设，生肖无凭耶？

---

① 点校者注：《释春秋》，即《新刊校正音释春秋》一书。

干支五行及四时方位

甲乙属木，为东方；丙丁属火，为南方；戊己属土，为中央；庚辛属金，为西方；壬癸属水，为北方。

寅卯辰属木，司春，为东方；巳午未属火，司夏，为南方；申酉戌属金，司秋，为西方；亥子丑属水，司冬，为北方。辰未戌丑四支，单位言之属土，为四季，为四维。

《五行大义》云：夫万物自有体质，圣人象类而制其名。故曰"名以定体"。无名乃天地之始，有名则万物之母。以其因功涉用，故云称谓。《礼》云：子生三月，咳而名之。及其未生，本无名字。五行为万物之先，形用资于造化，岂可不先立其名，后明其体用耶？《白虎通》云：少阳见于寅，盛于卯，衰于辰，其日甲乙属木。《春秋元命苞》曰：木者，触也，触地而生。许慎云：木者，冒也，言冒地而出。字从中，下象其根也。其时春。《礼记》曰：春之为言"蠢"也，产万物者也，其位在东方。《尸子》云：东者，动也，震气故动。《白虎通》云：太阳见于巳，壮盛于午，衰于未，其日丙丁属火。火之为言"化"也，阳气用事，万物变化也。许慎曰：火者，炎上也。其字炎而上，象形者也。其时夏。《尚书大传》云：何以谓之夏？夏，假也。假者，呼万物而养之。《释名》曰：夏假者，宽假万物，使生长也，其位南方。《尚书大传》云：南，任也，物之方任也。《白虎通》云：土为中宫，其日戊己。《元命苞》曰：土之为言"吐"也，含吐气精，以生于物。许慎云：土者，吐生者也。王肃云：土者，地之别号，以为五行也。许慎云：其字二，以象地之下，与地之中；以一直画，象物初出地也。其时季夏。季，老也。万物于此成就方老，王于四时之季，故曰老也。其位主内。内，通也。《礼斗威仪》云：得皇极之正气，含黄中之德，能苞万物。《白虎通》云：少阴见于申，壮于酉，衰于戌，其日庚辛属金。许慎云：金者，禁也。阴气始起，万物禁止也。金生于土，字从土左右注，象金在土中之形也。其时秋。《礼记》云：秋之为言"愁"也，愁之以时，察守义者也。《尸子》云：秋，肃也。万物莫不肃敬恭庄，礼之主也。《说文》曰：天地反物为秋，其位西方。《尚书大传》

云：西，鲜也。鲜，讯也。讯者，始入之貌也。《白虎通》云：太阴见于亥，壮于子，衰于丑，其日壬癸属水。水之为言"准"也，养物平均，有准则也。《元命苞》曰：水之为言"演"也。阴化淖濡，流施潜行也。故水字，两人交一，以中出者为水。一者数之始，两人譬男女，阴阳交以起一也。水者，五行始焉，元气之凑液也。《管子》云：水者，地之血气筋脉之流通者，故曰水。许慎云：其字象泉并流，中有微阳之气。其时冬。《尸子》云：冬，终也，万物至此终藏也。《礼记》云：冬之为言"中"也。中者，藏也，其位北方。《尸子》云：北，伏也。万物至冬皆伏，贵贱若一也。

六十花甲子纳音五行

甲子乙丑海中金，丙寅丁卯炉中火。

戊辰己巳大林木，庚午辛未路傍土。

壬申癸酉剑锋金，甲戌乙亥山头火。

丙子丁丑涧下水，戊寅己卯城头土。

庚辰辛巳白蜡金，壬午癸未杨柳木。

甲申乙酉泉中水，丙戌丁亥屋上土。

戊子己丑霹雳火，庚寅辛卯松柏木。

壬辰癸巳长流水，甲午乙未沙中金。

丙申丁酉山下火，戊戌己亥平地木。

庚子辛丑壁上土，壬寅癸卯金箔金。

甲辰乙巳覆灯火，丙午丁未天河水。

戊申己酉大驿土，庚戌辛亥钗钏金。

壬子癸丑桑柘木，甲寅乙卯大溪水。

丙辰丁巳沙中土，戊午己未天上火。

庚申辛酉石榴木，壬戌癸亥大海水。[①]

陶宗仪《辍耕录》云"甲子乙丑海中金"者，子属水，又为湖，又为

---

① 钏，音串，臂环也，俗谓之镯。

水旺之地；兼金死于子，墓于丑，水旺而金死墓，故曰"海中金"也。

"丙寅丁卯炉中火"者，寅为三阳，卯为四阳，火既得地，又得寅卯之木以生之，此时天地开炉，万物始生，故曰"炉中火"也。

"戊辰己巳大林木"者，辰为原野，巳为六阳；木至六阳，则枝荣叶茂。以茂盛之木，而在原野之间，故曰"大林木"也。

"庚午辛未路傍土"者，未中之木，而生午位之旺火，火旺则土于斯而受刑，土之始生，未能育物，犹路傍土若也，故曰"路傍土"也。

"壬申癸酉剑锋金"者，申酉金之正位，兼临官申、帝旺酉，金既生旺，则成刚矣，刚则无踰于剑锋，故曰"剑锋金"也。

"甲戌乙亥山头火"者，戌亥为天门，火照天门，其光至高，故曰"山头火"也。

"丙子丁丑涧下水"者，水旺于子，衰于丑，旺而反衰，则不能为江河，故曰"涧下水"也。

"戊寅己卯城头土"者，天干戊己属土，寅为艮山，土积而为山，故曰"城头土"也。

"庚辰辛巳白蜡金"者，金养于辰，生于巳，形质初成，未能坚利，故曰"白蜡金"也。

"壬午癸未杨柳木"者，木死于午，墓于未，木既死墓，虽得天干壬癸之水以生之，终是柔弱，故曰"杨柳木"也。

"甲申乙酉井泉水"者，金临官申，帝旺酉，金既生旺，则水由以生，然方生之际，力量未洪，故曰"井泉水"也。

"丙戌丁亥屋上土"者，丙丁属火，戌亥为天门，火既炎上，则土非在下而生，故曰"屋上土"也。

"戊子己丑霹雳火"者，丑属土，子属水，水居正位，而纳音乃火，水中之火，非龙神则无，故曰"霹雳火"也。

"庚寅辛卯松柏木"者，木临官寅，帝旺卯，木既生旺，则非柔弱之比，故曰"松柏木"也。

"壬辰癸巳长流水"者，辰为水库，巳为金长生之地，金生则水性已存，以库水而逢生金，则泉源终不竭，故曰"长流水"也。

"甲午乙未沙中金"者，午为火旺之地，火旺则金败；未为火衰之地，火衰则金冠带。败而方冠带，未能斫伐，故曰"沙中金"也。

"丙申丁酉山下火"者，申为地户，酉为日入之门，日至此时而藏光，故曰"山下火"也。

"戊戌己亥平地木"者，戌为原野，亥为木生之地，夫木生于原野，则非一根一株之比，故曰"平地木"也。

"庚子辛丑壁上土"者，丑虽土家正位，而子则水旺之地，土见水多则为泥也，故曰"壁上土"也。

"壬寅癸卯金箔金"者，寅卯为木旺之地，木旺则金赢；又金绝于寅，胎于卯；金既无力，故曰"金箔金"也。

"甲辰乙巳覆灯火"者，辰为食时，巳为禺中，日之将中，艳阳之势，光于天下，故曰"覆灯火"也。

"丙午丁未天河水"者，丙丁属火，午为火旺之地，而纳音乃水，水自火出，非银汉不能有也，故曰"天河水"也。

"戊申己酉大驿土"者，申为坤，坤为地；酉为兑，兑为泽。戊己之土，加于地泽之上，非其他浮薄之土也，故曰"大驿土"也。

"庚戌辛亥钗钏金"者，金至戌而衰，至亥而病，金既衰病，则诚柔矣，故曰"钗钏金"也。

"壬子癸丑桑柘木"者，子属水，丑属金，水方生木，金则伐之，犹桑柘方生，人便以喂蚕，故曰"桑柘木"也。

"甲寅乙卯大溪水"者，寅为东北维，卯为正东，水流正东，则其性顺，而川涧池沼，俱合而归，故曰"大溪水"也。

"丙辰丁巳沙中土"者，土库辰，绝巳，而天干丙丁之火，至辰冠带，巳临官，土既库绝，旺火复与生之，故曰"沙中土"也。

"戊午己未天上火"者，午为火旺之地，未中之木，又复生之，火性炎上，又逢生地，故曰"天上火"也。

"庚申辛酉石榴木"者，申为七月，酉为八月，此时木则绝矣，惟石榴之木反结实，故曰"石榴木"也。

"壬戌癸亥大海水"者，水冠带戌，临官亥，水临临官冠带，则力厚矣，兼亥为江，非他水之比，故曰"大海水"也。

《瑞桂堂暇录》云：六十甲子之纳音，以金木水火土之音而明之也。

一六为水，二七为火，三八为木，四九为金，五十为土。然五行之中，惟金木有自然之音。水火土必相假而后成音。盖水假土，火假水，土假火，故金音四九，木音三八，水音五十，火音一六，土音二七。此不易之论也。何以言之？甲己子午九也，乙庚丑未八也，丙辛寅申七也，丁壬卯酉六也，戊癸辰戌五也，巳亥四也。甲子乙丑，其数三十有四，四者，金之音也，故曰金；戊辰己巳，其数二十有三，三者，木之音也，故曰木；庚午辛未，其数三十有二，二者，火也，土以火为音，故曰土；甲申乙酉，其数三十，十者，土也，水以土为音，故曰水；戊子己丑，其数三十有一，一者，水也，火以水为音，故曰火。凡六十甲子，莫不皆然。此纳音之所由起也。

五合五行

甲与己合化土，乙与庚合化金，丙与辛合化水，丁与壬合化木，戊与癸合化火。

《考原》曰：五合者，即五位相得，而各有合也。河图一与六，二与七，三与八，四与九，五与十，皆各有合。以十干之次言之，一为甲，六为己，故甲与己合；二为乙，七为庚，故乙与庚合；三为丙，八为辛，故丙与辛合；四为丁，九为壬，故丁与壬合；五为戊，十为癸，故戊与癸合。

陶宗仪《辍耕录》云：甲己土，乙庚金，丁壬木，丙辛水，戊癸火，此十干化五行真气也。其法取岁首月建之干。如甲己丙作首，丙为火，火生土，故化土。余仿此。又一说亦通，谓遇龙则化。龙，辰也。甲己得戊辰，戊属土；故化土，乙庚得庚辰，庚属金，故化金。丙辛以下皆然。

六合五行

子与丑合属土，寅与亥合属木，卯与戌合属火，辰与酉合属金，巳与申合属水。午与未合，午太阳，未太阴也。

《协纪辨方》云：天者，日也，月也。星者，日月之余也。午未者，离。子丑者，坎。离为日，坎为月。午之为日是已，子之不为月者何？月者，水之精。悬乎上，而受日之光者，非北方子之位也。子丑之气，冲乎上，而与日并，其方固必在未也。地者，水也，土也。子水丑土，丑又比水之土，其为地之体，无可疑也。地，土也。故子丑为土也。天位乎上，地位乎下。行乎两间者，必木火金水矣。子丑为水土。水土之际，木必生焉，所以亥寅为木。木成而火已出矣，故卯戌为火也。卯戌为火，则戌为黅天之气，戌之所居。黅天之气始于辰，辰亦戌也。土旺必生金，故辰酉为金。酉者，金之帝也。酉居金位之极，于其未至于极。而水已生于申，对宫为巳。巳，金之母也，水必以申巳者：申巳逼于午未最高之地，无水也。举母则子归，水不得舍土而自立，其丽于土者，即子丑之位。土之所摄，命为土而不命为水。若其离土而言水，必纳于母气，故申巳为水也。水为生物之源，是以丽乎日月。其次则金，其次则火，其次则木，其次则土。五纬之序，水最近日，金次之，火又次之，木又次之，土又次之。此丽乎天者，自然之序也。水土所生者木，上升而为火土，又上升而为金，又上升而为水，如画卦之由下而上也。此行乎地者，自然之序也。然则五星五行，具有实理，而非人所能强为也。①

三合五行

申子辰合水局，亥卯未合木局，寅午戌合火局，巳酉丑合金局。

《考原》曰：三合合者，取生旺墓，三者以合局也。水生于申，旺于子，墓于辰，故申子辰合水局也；木生于亥，旺于卯，墓于未，故亥卯未合木局也；火生于寅，旺于午，墓于戌，故寅午戌合火局也；金生于巳，旺于酉，墓于丑，故巳酉丑合金局也。

六 冲

子午相冲，丑未相冲，寅申相冲，卯酉相冲，辰戌相冲，巳亥相冲。

---

① 黅，音金，黄色也。黄帝《素问》：天有五气，黅天之气，经于心尾。

万育吾曰：地支取七位为冲，犹天干取七位为杀之义。如子午对冲，子至午七数。甲逢庚为杀，甲至庚七数。数中六则合，七则过，故相冲击为杀也。观易坤元用六，其数有六无七，七乃天地之穷数，阴阳之极气也。

按：六冲者，即地位相敌，五行相克之义。子午相冲者，子藏癸水，克午藏丁火；午藏己土，克子藏癸水也。丑未相冲者，丑藏辛金，克未藏乙木；未藏己土、丁火，克丑藏癸水、辛金也。寅申相冲者，寅藏甲木，克申藏戊土；申藏庚金、壬水，克寅藏甲木、丙火也。卯酉相冲者，酉藏辛金，克卯藏乙木也。《经》云：东冲西不动。殆即卯木不能返冲酉金之义。辰戌相冲者，辰藏癸水，克戌藏丁火；戌藏辛金，克辰藏乙木也。巳亥相冲者，巳藏庚金，克亥藏甲木；亥藏壬水，克巳藏丙火也。

六　害

子未相害，丑午相害，寅巳相害，卯辰相害，申亥相害，酉戌相害。

《考原》云：六害者，不和也。凡事莫不喜合而忌冲。子与丑合，而未冲之，故子与未害；丑与子合，而午冲之，故丑与午害；寅与亥合，而巳冲之，故寅与巳害；卯与戌合，而辰冲之，故卯与辰害；辰与酉合，而卯冲之，故辰与卯害；巳与申合，而寅冲之，故巳与寅害；午与未合，而丑冲之，故午与丑害；未与午合，而子冲之，故未与子害；申与巳合，而亥冲之，故申与亥害；酉与辰合，而戌冲之，故酉与戌害；戌与卯合，而酉冲之，故戌与酉害；亥与寅合，而申冲之，故亥与申害也。

三　刑

子刑卯，卯刑子，为无礼之刑；寅刑巳，巳刑申，申刑寅，为恃势之刑；丑刑戌，戌刑未，未刑丑，为无恩之刑；辰午酉亥，为自刑之刑。

《阴符经》云：恩生于害，害生于恩。三刑生于三合，亦如六害生于六合之义。如申子辰三合，加寅卯辰三位，则申刑寅，子刑卯，辰见辰自刑。寅午戌加巳午未，则寅刑巳，午见午自刑，戌刑未。巳酉丑加申酉戌，则巳刑申，酉见酉自刑，丑刑戌。亥卯未加亥子丑，则亥见亥自刑，卯刑子，未刑丑。合中生刑，犹人夫妇相合，而反致刑伤。造化人事，其理一而已矣。

《翼氏风角》曰：金刚火强，自刑其方，木落归本，水流趋东。故巳酉丑金位，其刑皆在西方；寅午戌火位，其刑皆在南方，是金刚火强，自刑其方也。亥卯未木位，其刑皆在北方。亥者木之根，言木落归本者，草木至冬而摇落，归根之谓也。申子辰水位，其刑皆在东方。辰者水之府，言水流趋东，逝而不返也。子卯一刑也，寅巳申二刑也，丑未戌三刑也。

《三车一览》云：子卯为无礼。子属水，卯属木，水能生木。则子水为母，卯木为子，子母相刑，故曰"无礼"。寅巳申为恃势。以三位中各有长生临官，恃强而刑，故曰"恃势"。丑戌未为无恩。以三位皆属土，比和为兄弟，今乃同室操戈，故曰"无恩"。辰午酉亥为自刑。谓寅申巳亥，有寅巳申互相刑，内有亥无刑；辰戌丑未，有戌丑未互相刑，内有辰无刑；子午卯酉，有子卯互相刑，内有午酉无刑，是以此四位谓之"自刑"。盖无别物相加，故曰"自"也。

十二月建

正月建寅，二月建卯，三月建辰，四月建巳，五月建午，六月建未，七月建申，八月建酉，九月建戌，十月建亥，十一月建子，十二月建丑。

郑康成曰：正月为孟春者，日月会于娵訾，而斗建寅之辰也。二月为仲春者，日月会于降娄，而斗建卯之辰也。三月为季春者，日月会于大梁，而斗建辰之辰也。四月为孟夏者，日月会于实沈，而斗建巳之辰也。五月为仲夏者，日月会于鹑首，而斗建午之辰也。六月为季夏者，日月会于鹑火，而斗建未之辰也。七月为孟秋者，日月会于鹑尾，而斗建申之辰也。八月为仲秋者，日月会于寿星，而斗建酉之辰也。九月为季秋者，日月会于大火，而斗建戌之辰也。十月为孟冬者，日月会于析木，而斗建亥之辰也。十一月为仲冬者，日月会于星纪，而斗建子之辰也。十二月为季

冬者，日月会于元枵，而斗建丑之辰也。^①

二十四节气

古歌云：正月立春雨水节，二月惊蛰及春分。三月清明并谷雨，四月立夏小满方。五月芒种及夏至，六月小暑大暑当。七月立秋还处暑，八月白露秋分忙。九月寒露及霜降，十月立冬小雪张。冬月大雪与冬至，腊月小寒大寒昌。

万育吾曰：立节中气，其春秋有分，而不言至；夏冬有至，而不言分。及夫雨水惊蛰以降。二十四气，分属有名，亦必有所以为名者。何言乎？四立者，四时之节气也。丑之终、寅之始，则为节。月之半，则为中。二分者，阴阳相半之谓也。二至者，至有二义。子至巳为六阳，午至亥为六阴。至者，介乎巳午亥子之间也。冬至亥阴极，故曰子。子者，止也，阳于此生，故亦曰至。夏至巳阳极，故曰午。午者，仵也，阴于此生，故亦曰至。自秋分水始涸，立冬水始冰，冬至水泉动，大寒水泽腹坚。雨水者，先是为露，为霜、为雪，皆水气凝结。以至于寒之极，春则暑气顺行，而又为暑之始。况天一生水，人物之生，皆始于水。春属木，木生于水。立春后，继以雨水，宜也。卦气正月为泰。天气下降，当为雨水。二月大壮，雷在天上，当为惊蛰。先雨水而后惊蛰，亦宜也。惊蛰者，万物出乎震，震为雷也。清明者，万物齐乎巽，巽为风也。巽洁齐而曰清明，清明乃洁齐之义。谷雨三月中。自雨水后，土膏脉动，至此又雨，则土脉生物，所以滋五谷之种也。小满四月中。先儒云：小雪后，阳一日生一分，积三十日，生三十分，而成一昼为冬至。小满后，阴生亦然。夫四月乾之终，谓之满者。姤初六，羸豕孚蹢躅。^②坤初六，履霜坚冰至。羸豕，喻其小。蹢躅，喻其满。履霜，喻其小。坚冰，喻其满。《易》言于"既生"之后，《历》言于"一阴方萌"之初，虑之深，防之预也。小雪后，即大雪。此但有小满，无大满，意可知矣。至若三月中谷

---

① 娵，虞韵，俗读作邹。訾，音子，与觜通，觜读如追，支韵。娵訾，星次之名。

② 蹢音掷，躅音逐。

雨，五月中芒种，此二气独指谷麦言。谷必原其生之始。谷种于春，得木之气，残于秋，金克木也。麦必要其成之终。麦种于秋，得金之气，成于夏，火克金也。六月节小暑，六月中大暑。夏至后，暑已盛。不当又谓小。殊不知《易》曰：寒往则暑来，暑往则寒来。寒去相推，而岁成焉。通上半年之半，皆可谓暑。通下半年之半，皆可谓寒。正月暑之始，十二月寒之终。而曰大暑小暑者，不过上半年之辞耳。六月中，暑之极，故谓之大，然则未至于大，则犹为小也。七月中处暑。七月暑之终，寒之始。大火西流，暑气于是乎处矣。处者，隐也，藏伏之义也。白露八月节，寒露九月节。秋本属金，金色白，金气寒。白者露之色，寒者露之气。先白而气始寒，固有渐也。九月中霜降，露寒始结霜也。立冬后曰小雪、大雪。寒气始于露，中于霜，终于雪。霜之前为露，露由白而始寒，霜之后为雪，雪由小而至大，皆有渐也。至小寒、大寒。《豳风》云：一之日觱发，二之日栗烈。觱发风寒，故十一月之余为小寒。栗烈气寒，故十一月之终为大寒也。大抵合而言之，上半年主长生，曰雨，曰雷，曰风，皆生之气；下半年主生成，曰露，曰霜，曰雪，皆成之气。下半年言天时，不言农时。农时莫急于春夏也。先儒云：变者化之渐，化者变之成。立春雨水后，寒气渐变。至立夏，则寒尽化为水矣。然曰小暑大暑，其化固有渐也。立秋处暑后，暑气渐变。至冬至，则暑气尽化为寒矣。然曰小寒大寒，其化亦有渐也。又曰：日月运行而四时成，以其有常也。故圣人立法以步之，阴阳相错而万物生，以其无穷也。故圣人指物以候之，贯六气终始早晏，五运大小盈虚。原之以至理，考之以至数，而垂示万古，无有差忒也。《经》曰：五日谓之候，三候谓之气，六气谓之时，四时谓之岁。又曰：日为阳，月为阴。行有分纪，周有道里，日行一度，月行十三度而有奇焉。故大小月三百六十五日而成岁，积气余而盈闰矣。《经》曰：日常于昼夜行天之一度，则一日也。共三百六十五日四分之一，而周天度乃成一岁。常五日一候应之，故三候成一气，即十五日也。三气成一节。节谓立春、春分、立夏、夏至、立秋、秋分、立冬、冬至，此八节也。三八二十四气，而分主四时，一岁成矣。春秋言分者，以六气言之。则二月半，初气终，而交二之气。八月半，四气尽，而交五之气。若以四时之分言之，则阴阳寒暄之气，到此可分之时也。昼夜分五十刻，亦阴阳之中分。故《经》曰：分则气异，此之谓也。冬夏曰至者，以六气言之。则五月半，司天之气，至其所在。十一月半，在泉之气，至其所在。以四时之令言之，则阴阳至此，极至之时也。夏至日长，不过六十刻，阳至此而极。冬至日短，不过四十刻，阴至此而极。皆天候之未变，故《经》曰：至则气同，此之谓也。《三才发秘》云：岁首者，必取乎子之半，以子半为阳气初生之地也。三冬皆为北方之气，惟仲冬为正北之候。其中气，乃正北之正中也。[①] 故岁首必定乎仲冬之中。或谓仲冬既可为岁首也，即可为年首。今年首不于仲冬，而必于孟春者，何也？然春夏秋冬，即东南西北之气也。春令即东方之气，得寅卯辰之三支。寅卯辰，乃太阳所出之地，[②] 阳气之所起。万物因之而生，故立为一年之首，取其气能为之发生也。夏令即南方之气，得巳午未之三辰。巳午未乃日光之正位，阳气最盛之地也，故万物因之而茂。秋令即西方之气，得申酉戌之三辰。申酉戌乃太阳入没之乡，阳气所收之地也，故万物因之而敛。冬令即北方之气，得亥子丑之三辰。亥子丑乃不见日光之位，为太阳所藏之地，故万物因之而藏。虽子中有阳生之机，而不立于明地，不能有长生之功，故不立为年季之首也。

又云：太阳所起处，为一岁之首。太阳所出处，为一年之首。故仲冬之月令子，孟春之月令寅，为万世之则法，理之不可易者也。

陈畊山曰：夏以寅月为年首之正月，体天地之正气也。其后，周以子月为正月，乃仲冬之月而书春，非天时之正。故孔子书之曰：春，王，正月。言此春正月，乃时王之正月，非天时之正月也。孔子又曰：行夏之时。亦示人当以寅月为年首矣。

《六经天文编》引夏氏云：《春秋》所书，乃孔子尊王，故以周正数之。其实，周时数月，实用夏正，今《七月》、《四月》之诗可见矣。兼《秦本纪》亦以十月为岁首，则岁首但以十月为之而已，非改十月为正月也。

---

① 冬至为中气。

② 夏至前后，日出寅入戌，两分前后，日出卯入酉。冬至前后，日出辰入申。故云然也。

卷二　起例

推年法

推年之法，视人所值生年之干支为主。而以立春节为纲，其区别有三：如在本年正月立春后生者，即以本年之干支为主；在本年正月立春前生者，即以上一年之干枝为主；在本年十二月立春后生者，即以下一年干支为主。

手　掌　图

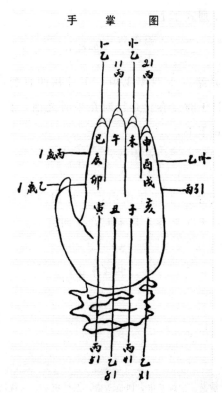

· 15 ·

例一：假如今年民国四年乙卯，其人四十九岁。欲知所生之年为何干支，须用掌上捷法推之，便自确当。由本年一岁起乙卯，以次顺推。十一岁起乙巳，二十一岁起乙未，三十一岁起乙酉，四十一岁起乙亥。由乙亥，再以次逆行八位，^① 即知四十九岁为丁卯也。列式于上。

例二：又如今年民国五年丙辰，其人七十一岁。欲知所生之年为何干支，亦用掌上捷法顺行推之。由本年一岁起丙辰，十一岁起丙午，二十一岁起丙申，三十一岁起丙戌，四十一岁起丙子，五十一岁起丙寅，周而复始。六十一岁又起丙辰，即知七十一岁又为丙午年也。

例三：又如清光绪三十二年丙午，正月十二日子时生人。万年历载明，是日子时立春。是子时已交立春，即作丙午年推命。列式于下。

丙　午（年柱）

例四：又如清光绪三十二年丙午，十二月二十三日辰时生人。万年历载明，是年十二月二十三日卯时立春。是辰时在卯之后，已过立春，应作下一年丁未年推命。列式于下。

丙午作（年柱）
丁　未

例五：又如清光绪三十四年戊申，正月初四日巳时生人。万年历载明，是年正月初四日午时立春。是巳时在午时之前，犹未立春，应作上一年丁未年推命。列式于下。

戊申作（年柱）
丁　未

例六：又如清光绪三十四年戊申，正月初四日未时生人。万年历载明，是年正月初四日午时立春。是未时在午时之后，已过立春，即作戊申年推命。列式于下。

戊　申（年柱）

① 一位甲戌，二位癸酉，三位壬申，四位辛未，五位庚午，六位己巳，七位戊辰，八位丁卯。

年上起月检查表

（横推直看）

生年＼月干＼月支	寅	卯	辰	巳	午	未	申	酉	戌	亥	子	丑
甲	丙	丁	戊	己	庚	辛	壬	癸	甲	乙	丙	丁
乙	戊	己	庚	辛	壬	癸	甲	乙	丙	丁	戊	己
丙	庚	辛	壬	癸	甲	乙	丙	丁	戊	己	庚	辛
丁	壬	癸	甲	乙	丙	丁	戊	己	庚	辛	壬	癸
戊	甲	乙	丙	丁	戊	己	庚	辛	壬	癸	甲	乙
己	丙	丁	戊	己	庚	辛	壬	癸	甲	乙	丙	丁
庚	戊	己	庚	辛	壬	癸	甲	乙	丙	丁	戊	己
辛	庚	辛	壬	癸	甲	乙	丙	丁	戊	己	庚	辛
壬	壬	癸	甲	乙	丙	丁	戊	己	庚	辛	壬	癸
癸	甲	乙	丙	丁	戊	己	庚	辛	壬	癸	甲	乙

推月法

推月之法，由人生年遁月之干支为主，以节令为纲。其区别有三：如在本月节令后生者，即以本月所遁干支为主；在本月节令前生者，即以上月所遁干支为主；在本月下一节令生者，即以下月所遁干支为主。甲年、己年，正月起丙寅。乙年、庚年，正月起戊寅。丙年、辛年，正月起庚寅。丁年、壬年，正月起壬寅。戊年、癸年，正月起甲寅。此即古歌所云：甲己之年丙作首，乙庚之岁戊为头。丙辛必定寻庚起，丁壬壬位顺行流。更有戊癸何方觅，甲寅之上好追求。盖行夏之时，寅为岁首也。

《考原》云：上古历元，年月日时，皆起于甲子。是甲子年必甲子月，为年前冬至十一月也。而正月建寅，就得丙寅。二月丁卯，以次顺数，至次年正月得戊寅。故乙年正月起戊寅。从甲至己，越五年共六十月，花甲周而复始，故己年正月亦为丙寅也。

例一：假如清光绪三十二年丙午，正月十二日子时生人。万年历载明，是年正月十二日子时立春。是子时已交立春，即作丙午年正月推。古歌云：丙辛必定寻庚起。是丙年正月遁得庚寅。列式于下。

丙　午（年柱）

庚　　寅（月柱）

例二：又如清光绪三十二年丙午，十二月二十三日辰时生人。万年历载明，是年十二月二十三日卯时立春。是辰时在卯时之后，已过立春，不独丙午年作下一年丁未年推，且须作丁未年正月推。古歌云：丁壬壬位顺行流，是丁年正月遁得壬寅。

丙午作（年柱）
丁　未

壬　　寅（月柱）

例三：又如清光绪三十四年戊申，正月初四日巳时生人。万年历载明，是年正月初四日午时立春。是巳时在午时之前，犹未立春，不独戊申年应作上一年丁未年推，且须作丁未年十二月推。古歌云：丁壬壬位顺行流，是丁年正月遁得壬寅。以次顺推，至十二月乃是癸丑。列式于下。

戊申作（年柱）
丁　未

癸　　丑（月柱）

例四：又如清光绪三十四年戊申，正月初四日未时生人。万年历载明，是年正月初四日午时立春。是未时在午时之后，已过立春，作戊申年正月推。古歌云：更有戊癸何方觅，甲寅之上好追求。是戊年正月遁得甲寅。列式于下。

戊　申（年柱）

甲　　寅（月柱）

推日法

推日之法，由人生日，定其干支。视万年历所载，某月初一日某干支，十一日某干支，二十一日某干支。以次顺数，则某月某日某干支，可屈指得矣。

例一：假如民国元年壬子，正月初九日辰时生人。万年历载明，是年正月初一日甲子。以次顺数，初二日乙丑，初三日丙寅，初四日丁卯，初五日戊辰，初六日己巳，初七日庚午，初八日辛未，即知初九日为壬申。列式于下。

壬子（年柱）

壬寅（月柱）

壬申（日柱）

例二：又如民国元年壬子，十二月二十九日戌时生人。万年历载明，是年十二月初一日戊子，十一日戊戌，二十一日戊申。以次顺数，二十二日己酉，二十三日庚戌，二十四日辛亥，二十五日壬子，二十六日癸丑，二十七日甲寅，二十八日乙卯，即知二十九日为丙辰。是日酉时，即交立春。今戌时生人，在立春节后，不独壬子年作癸丑年推，且须作癸丑年正月推。列式于下。

壬子作
癸　丑（年柱）

甲　寅（月柱）

丙　辰（日柱）

日上起时检查表

（横推直看）

时干\日干 时支	子	丑	寅	卯	辰	巳	午	未	申	酉	戌	亥
甲	甲	乙	丙	丁	戊	己	庚	辛	壬	癸	甲	乙
乙	丙	丁	戊	己	庚	辛	壬	癸	甲	乙	丙	丁
丙	戊	己	庚	辛	壬	癸	甲	乙	丙	丁	戊	己
丁	庚	辛	壬	癸	甲	乙	丙	丁	戊	己	庚	辛
戊	壬	癸	甲	乙	丙	丁	戊	己	庚	辛	壬	癸
己	甲	乙	丙	丁	戊	己	庚	辛	壬	癸	甲	乙
庚	丙	丁	戊	己	庚	辛	壬	癸	甲	乙	丙	丁
辛	戊	己	庚	辛	壬	癸	甲	乙	丙	丁	戊	己
壬	庚	辛	壬	癸	甲	乙	丙	丁	戊	己	庚	辛
癸	壬	癸	甲	乙	丙	丁	戊	己	庚	辛	壬	癸

推时法

推时之法，由人生日之天干，遁得生时之天干为主。甲日、己日，起甲子时。乙日、庚日，起丙子时。丙日、辛日，起戊子时。丁日、壬日，起庚子时。戊日、癸日，起壬子时。此即古歌所云：甲己还生甲，乙庚丙作初。丙辛从戊起，丁壬庚子居。戊癸何方发，壬子是真途。是也。

《考原》云：甲子日起甲子时，从甲子日顺数，至次日子时丙子，故乙日起丙子。从甲至己，越五日，共六十时。花甲周而复始，故己日子时，亦为甲子时。①

例一：假如壬子年、壬寅月、壬申日、辰时生人。古歌云：丁壬庚子居。是壬日子时遁庚子，以次顺数，至辰时遁得甲辰。列式于下。

壬　子（年柱）

壬　寅（月柱）

壬　申（日柱）

甲　辰（时柱）

例二：又如癸丑年、甲寅月、丙辰日、戌时生人。古歌云：乙庚丙作初。是庚日子时遁丙子。以次顺数，至戌时，遁得戊戌。列式于左。

壬子作（年柱）
癸　丑

甲　寅（月柱）

丙　辰（日柱）

戊　戌（时柱）

推大运法

凡推大运，始行之岁数，俱从所生之日时起。阳年生男、阴年生女则顺行，数至未来节日时。阴年生男、阳年生女则逆行，数至已往节日时。皆遇节而止。得足数三日，为一岁。三十日为十岁。余一日，作多一百二十天算。少一日，作欠一百二十天算。余一时，作多十天算。少一时，作欠十天算。凡夜子时，不论多欠，俱作五天算。不多不欠者，作整数论。其起大运之干支，当以所生之月干支为主。顺行者以次顺布，逆行者以次逆排。上干下支，共为一运，管十年吉凶。书云：一运管十年，荣枯有准；五行配四柱，休戚相连。

万育吾曰：古人以大运一辰应十年，折除三日为一岁者，何也？盖一月之终，晦朔周，而有三十日。一日之终，昼夜周，而有十二时。总十年

---

① 《己疟编》云：星命家以人所值年月日时推算吉凶，而必归重于日主，颇亦有说。夫十二时皆生于日，积日而后成月，积月而后成岁，故日干为最重。盖日缠于子宫，则谓之子时，丑寅之类皆然。无日则无时，而月与岁皆无从推矣。虽小道，亦尝窥测阴阳之际者。

· 21 ·

之运气，而有一百二十月，即古人以人百二十岁为周天之义。

按：每日十二时，每时两点钟，每点钟为五天，实历三日，即七十二点钟，恰符三百六十日为一岁之数。一月得三百六十时，正应三千六百日为一辰十岁之数。若论推算之法，必须用生者实历日时，数其节气，较其多寡。阳男阴女，则大运顺行，数至生日后，未来节日时为止。阴男阳女，则大运逆行，数至生日前，已往节日时为止。如离节三日，则为一岁行运。离节六日，则为二岁行运。离节三十日，则为十岁行运。必足三十六时，方算一日。必足三日，方算一岁。若余一时，则为多十天。余十时，则为多一百天。若少一时，则为欠十天。少十时，则为欠一百天。惟遇夜子时，只作五天计算。必须扣足某年某月某日某时交运，不得混称几岁。假如阳年生男，正月初一日丑时正一刻生，至初四日丑时正一刻立春节，乃足一岁。若春在寅时，则余一时，为多十天。若春在子时，则少一时，为欠十天。至于交运之年，亦必扣足。如阳男甲子年十二月二十四日巳时生，是月二十九日申时立春，得五日三时，乃一岁奇九个月之运。必自十二月生日后，实历二十一个月，方交大运。如此推之，乃是丙寅年九月二十四日巳时，始交大运。

阳男阴女

阳男者，甲、丙、戊、庚、壬五阳年所生之男也。假如民国元年壬子正月初九日辰时生，阳年男命顺行。由正月初九日，数至十八日卯时惊蛰节，实历有九十天，欠一时。以三日为一岁折之，是为三岁，欠一十天。起运从生月壬寅顺布，始行癸卯。列式于下。

甲	壬	壬	壬
辰	申	寅	子

七六	五四	三二	十初
三三	三三	三三	三三
庚己	戊丁	丙乙	甲癸
戌酉	申未	午巳	辰卯

大运三岁，扣足欠一十天。每逢甲己之年，十二月二十九日辰时，交换。

阴女者，乙、丁、己、辛、癸五阴年所生之女也。假如民国元年壬子，十二月二十九日戌时生女。节过立春，作癸丑论。阴年顺数，由壬子年十二月二十九日戌时，数至癸丑年正月二十九日午时惊蛰节，实历有三十天，欠四时。以三日为一岁折之，是为十岁，欠四十天。起运从生月甲寅顺布，始行乙卯。列式于下。

戊	丙	甲	癸壬
			子
戌	辰	寅	丑作

八十	七十	六十	五十	四十	三十	二十	初十
壬	辛	庚	己	戊	丁	丙	乙
戌	酉	申	未	午	巳	辰	卯

大运十岁，扣足欠四十天。每逢丁壬之年，十一月十九日戌时，交换。

阴男阳女

阴男者，乙、丁、己、辛、癸五阴年所生之男也。假如民国元年壬子，十二月二十九日戌时生男。节过立春，壬子作癸丑推。阴年生男逆数，由是日戌时，数至二十九日酉时立春节。实历有一时，仅抵十天。以三百六十天为一岁折之，是为一岁，欠三百五十天。起运从生月甲寅逆布，始行癸丑。列式于下。

```
戊   丙   甲   癸壬
                子
戊   辰   寅   丑作
```

```
七六  五四  三二  十初
一一  一一  一一  一一
丙丁  戊己  庚辛  壬癸
午未  申酉  戌亥  子丑
```

大运一岁，扣足欠三百五十天。每逢戊癸之年，正月初九日戌时，交换。

阳女者，甲、丙、戊、庚、壬五阳年所生之女也。假如民国元年壬子正月初九日辰时生，阳年女命逆行。由壬子正月初九日辰时，数至辛亥十二月十八日午时立春节。实历有二十天零十时。以三日为一岁折之，是为七岁，欠二十天。起运从生月壬寅逆布，始行辛丑。列式于下。

```
甲   壬   壬   壬
辰   申   寅   子
```

```
七六  五四  三二  十初
七七  七七  七七  七七
甲乙  丙丁  戊己  庚辛
午未  申酉  戌亥  子丑
```

大运七岁，扣足欠二十天。每逢戊癸之年，十二月十九日辰时，交换。

推夜子时大运交脱法

万年历所载节气，有夜子时、正子时之分。故推算之法，亦稍有不同。所谓夜子时者，乃今日之夜，非明日之早也。凡在午后十一点至十二点钟生人者，为夜子时。其生日干支，仍属今日。生时干支，当作明日推算。所谓正子时者，乃明日之早，非今日之夜也。凡在午后十二点至一点钟生人者，乃为正子时。其日时干支，始可俱从明日推算。详见本书《杂说》。

例一：乾造民国三年甲寅，古正月初十日夜子时生（初十日午后十一点至十二点钟）。日为辛酉，时属庚子。此乃今日之夜，非明日之早也。列式于下。

庚	辛	丙	甲
子（时柱）	酉（日柱）	寅（月柱）	寅（年柱）
八十 七十	六十 五十	四十 三十	二十 初十
甲 癸	壬 辛	庚 己	戊 丁
戌 酉	申 未	午 巳	辰 卯

生年甲寅，阳年男命顺行，正月初十日夜子时生。是月大建，顺数至二月初十日酉时惊蛰节。实历二十九天零九时有半。此为十岁，欠二十五天。每逢戊癸之年，十二月十五日夜子时，交换。

例二：坤造民国三年甲寅，古正月十一日正子时生（初十日午后十二点至一点钟）。日属壬戌，时为庚子。此乃明日之早，[①] 非今日之夜也。[②]

---

① 初十日生人：明日之早，指十一日言。
② 此与初十日之夜子时不同。

庚	壬	丙	甲
子（时柱）	戌（日柱）	寅（月柱）	寅（年柱）

七六 一	五四 一	三二 一	十初 一
戊己	庚辛	壬癸	甲乙
午未	申酉	戌亥	子丑

生年甲寅，阳年女命逆行，正月十一日子时生。逆数至正月初十日夜子时立春节。实历一点钟，仅得半时，作五天论。此为一岁，欠三百五十五天。每逢甲己之年，正月十六日子时，交换。

例三：坤造民国三年甲寅，古正月初十日亥时生（初十日午后九点钟至十点五十九分）。是年正月初十日夜子时立春节。是亥时在夜子时之前，犹未立春，不独甲寅年作上一年癸丑年推，且须作癸丑年十二月乙丑推，日为辛酉，时为己亥，仍如常法。

己	辛	乙	癸甲 丑寅 作（年柱）
亥（时柱）	酉（日柱）	丑（月柱）	

七六 一	五四 一	三二 一	十初 一
癸壬	辛庚	己戊	丁丙
酉申	未午	巳辰	卯寅

生年癸丑，阴年女命顺行，正月初十日亥时顺数至夜子时立春。实历一点钟，仅得半时，作五天论。此为一岁，欠三百五十五天。每逢甲己之年，正月十五日亥时，交换。

例四：坤造民国三年甲寅，古正月初十日夜子时生（初十日午后十一点至十二点钟）。日为辛酉，时属庚子。此乃今日之夜，非明日之早也。列式于下。

庚	辛	丙	甲
子（时柱）	酉（日柱）	寅（月柱）	寅（年柱）
七六 一一	五四 一一	三二 一一	十初 一一
戊巳	庚辛	壬癸	甲乙
午未	申酉	戌亥	子丑

生年甲寅，阳年女命逆行，正月初十日夜子时生。逆数至正月初十日夜子时立春节，并无实历时间。此为一岁，欠三百六十天。每逢甲己之年，正月初十日夜子时，交换。

五行相生

木生火，火生土，土生金，金生水，水生木。此为五行相生。

河图：一六为水居北，二七为火居南，三八为木居东，四九为金居西，五十为土居中。北方水生东方木，东方木生南方火，南方火生中央土，中央土生西方金，西方金生北方水。此五行相生之序也。

《白虎通》云：木生火者，木性温暖，火伏其中，钻灼而出，故木生火。火生土者，火热故能焚木，木焚而成灰，灰即土也。土生金者，金居石依山，津润而生，聚土成山，山必生石，故土生金。金生水者，少阴之气，温润流泽，销金亦为水，所以山云而从润，故金生水。水生木者，因水润而能生，故水生木也。

五行相克

木克土，土克水，水克火，火克金，金克木。此为五行相克。

洛书：戴九履一，左三右七，二四为肩，六八为足，五居中央。一六水克二七火，二七火克四九金，四九金克三八木，三八木克五中土，五中土克一六水。此五行相克之序也。

《白虎通》云：五行所以相害者，天地之性。众胜寡，故水胜火也。精胜坚，故火克金。刚胜柔，故金胜木。专胜散，故木胜土。实胜虚，故土胜水也。

按：《白虎通》：云害云胜，虽未云克，其义实同。《说文》云：害，伤也。《增韵》云：害，残也。《师古》曰：五胜，五行相胜也。《广韵》云：胜者，负之对也。

支藏人元五行

《古歌》云：子宫癸水在其中，丑癸辛金己土同。寅宫甲木兼丙戊，卯宫乙木独相逢。辰藏乙戊三分癸，巳中庚金丙戊丛。午宫丁火并己土，未宫乙己丁共宗。申位庚金壬水戊，酉宫辛字独丰隆。戌宫辛金及丁戊，亥藏壬甲是真踪。即子藏癸，丑藏癸、辛、己，寅藏甲、丙、戊，卯藏乙，辰藏乙、戊、癸，巳藏庚、丙、戊，午藏丁、己，未藏乙、己、丁，申藏庚、壬、戊，酉藏辛，戌藏辛、丁、戊，亥藏壬、甲是也。

王逵《蠡海集》云：地枝内所藏天干者，子午卯酉为四极，寄四禄焉。辰戌丑未为四藏，寓四墓焉。故此八枝，各藏一阴。寅申巳亥为四开阖，就生四禄焉，故各藏二阳。戊藏于辰戌，己藏于丑未，阴阳各归其所。戊藏于巳，己藏于午，则亦就寄禄而藏焉。

按：支藏之五行，以孟仲季区别之，其义有三。四孟者，乃阳干长生、临官寄临之所也。寅为丙、戊之长生，又为甲之临官，故丙火、戊土、甲木寓焉。巳为庚之长生，又为丙、戊之临官，故庚金、丙火、戊土寓焉。申为戊、壬之长生，又为庚之临官，故戊土、壬水、庚金寓焉。亥为甲之长生，又为壬之临官，故甲木、壬水寓焉。四仲者，乃阴干临官寄临之所也。子为癸之临官，故癸水寓焉。卯为乙之临官，故乙木寓焉。午为丁、己之临官，故丁火、己土寓焉。酉为辛之临官，故辛金寓焉。四季者，乃阴干、阳干冠带、墓寄临之所也。丑为癸之冠带，金之墓，又为己之墓，故癸水、辛金、己土寓焉。辰为乙、戊之冠带，又为水之墓，故乙木、戊土、癸水寓焉。未为丁、己之冠带，又为木之墓，故丁火、己土、乙木寓焉。戌为辛之冠带，火之墓，又为戊土之墓，故辛金、丁火、戊土寓焉。《考原》云：金长生于巳。故丑可为辛金之墓。水长生于申，故辰可为癸水之墓。木长生于亥，故未可为乙木之墓。火长生于寅，故戌可为丁火之墓也。

十干生克定名

凡推十干生克，以日干为我，与年干、月干、时干及枝中所藏之干相比较，观其为比、为生、为克。阳见阴、阴见阳，则为正。阳见阳、阴见阴，则为偏。与我比者，为比肩、比劫。我生者，为伤官、食神。我克者，为正财、偏财。克我者，为正官、偏官。生我者，为正印、偏印①。

《命学新义》云：欲学推命，必先知推命大原则。大原则为何？曰：命理以生为本，推命以我为主。言命理者，莫不根据五行。五行者，金木水火土也。五行相互之关系，仅有二种：曰生、曰克。析言之，即火生土，土生金，金生水，水生木，木生火；火克金，金克木，木克土，土克水，水克火。克即是生，火克金，使金成器也；金克木，使木成材也；木克土，所以疏土之气也；土克水，所以使其不泛滥滔淫也；水克火，所以使火不至自焚也。生固是生，克亦是生，五行相互关系，惟有生与克。生固是生，克亦是生，故曰：命理以生为本。推命以我为主。我，日主也。以日之干，配合其他天干，以及干藏之干。因其生克关系，而有印、财、

_____

① 比劫亦曰劫财，又曰败财。偏官亦曰七杀。偏印亦曰枭神，又曰倒食。

正官、七杀、食神、伤官诸名词。不有日主，此名词何由生，故曰：推命以我为主，盖必先有我，而后方有其他诸神也。

按：先贤论命之旨，本乎阴阳，察乎人情，非无因也。观其以木、火、土、金、水之五行，而演成比、食、财、官、印五种。即知其定名之义，莫不由亲切处来也。

何以谓之我比者？如甲乙木日干，见甲乙木是也。然我比之中，有亲疏之别，故有为比肩、为败财、为劫财之不同。甲属木为阳，乙属木为阴。甲见甲，同一属木，同一为阳。乙见乙，同一属木，同一为阴。既可同声相应，又可同气相求，此我比之亲者，故为比肩。甲见乙，同一属木，有阴阳之异。乙见甲，同一属木，亦有阴阳之异。虽可声应，不可气求，此我比之疏者，故为败财、劫财。语云：众擎易举，独力难成。故人命贵有比我者之劫财、败财，而尤贵有比我者之比肩也。①

何以谓之我生者？如甲乙木日干，见丙丁火是也。然我生之中，有直接间接之分，故有为食神、为伤官之不同。甲属木为阳，丙属火亦为阳，甲见丙，以我阳木生彼阳火。乙属木为阴，丁属火亦为阴，乙见丁，以我阴木生彼阴火。一气相生，出乎天然，此我生之直接者，故为食神。甲属木为阳，丁属火为阴，甲见丁，以我阳木生彼阴火。乙属木为阴，丙属火为阳，乙见丙，以我阴木生彼阳火。异气相生，迫于人情，此我生之间接者，故为伤官。古云：人贵自食其力。盖人必聚精会神，始能作事。能作事始得报酬，得报酬始有饮食，先贤定名曰"我生者为食神、伤官"，即此义也。又云：凡人须勤做生活，盖能生始能活也。然间接生活，不若直接生活之自然，所以食神胜于伤官。故人命贵有我生者之伤官，而尤贵有我生者之食神也。

何以谓之我克者？如甲乙木日干，见戊己土是也。然我克之中，有偏正之分，故有为偏财、为正财之不同。甲属木为阳，戊属土亦为阳，甲见戊，以我阳木克彼阳土。乙属木为阴，己属土亦为阴，乙见己，以我阴木克彼阴土。只有以力假仁之霸，并无阴阳融洽之情，此我克之偏者，故为偏财。甲属木为阳，己属土为阴，甲见己，以我阳木克彼阴土。乙属木为

---

① 余干同此。

阴，戊属土为阳，乙见戊，以我阴木克彼阳土。既有阴阳融洽之情，又有以德行仁之妙，此我克之正者，故为正财。《大学》十章，理财居半。盖人主之所以加惠天下者财，奔走人才者亦财。天子无财，不能泽一民，不能办一事，而况其下焉者乎？又曰：以义为利，则财恒足。夫利本于义，其出于正可知。利本于非义，其出于偏更可知。故人命贵有我克者之偏财，而尤贵有我克者之正财也。

何以谓之克我者？如甲乙木日干，见庚辛金是也。然克我之中，有偏正之殊，故有为偏官、为正官之不同。甲属木为阳，庚属金亦为阳，甲见庚，以彼阳金克我阳木。乙属木为阴，辛属金亦为阴，乙见辛，以彼阴金克我阴木。只有专制压迫之力，并无刚柔宽猛之方，此克我之偏者，故为偏官，又为七杀。甲属木为阳，辛属金为阴，甲见辛以彼阴金克我阳木。乙属木为阴，庚属金为阳，乙见庚，以彼阳金克我阴木。既有阴阳和协之功，必得劝惩赏罚之效，此克我之正者，故为正官。孔子曰：君子怀刑，小人怀惠。怀刑者，畏官法也。怀惠者，贪货利也。世人苟怀官刑，而不贪货利，则各安生理，有不家齐而国治者乎？故人命贵有克我者之偏官，而尤贵有克我者之正官也。

何以谓之生我者？如甲乙木日干，见壬癸水是也。然生我之中，有偏正之异，故有为偏印、为正印之不同。甲属木为阳，壬属水亦为阳，甲见壬，以彼阳水生我阳木。乙属木为阴，癸属水亦为阴，乙见癸，以彼阴水生我阴木。只有物质名分之相生，并无阴阳密迩之关切，此生我之偏者，故为偏印。甲属木为阳，癸属水为阴，甲见癸，以彼阴水生我阳木。乙属木为阴，壬属水为阳，乙见壬，以彼阳水生我阴木。既有物质名分之相生，又得阴阳密迩之关切，此生我之正者，故为正印。《说文》云：印者，执政所持之印也。万育吾曰：朝廷设官分职，畀以印绶，使之掌管。官而无印，何所凭据？是以印继官后，盖有印之官，始能福民利国。故人命贵有生我者之偏印，而尤贵有生我者之正印也。以上五节，悉本人情物理，能明乎此，即爱群、生活、齐家、守法、敦信之道亦寓于中，岂特为究心命理者所当知哉！

十干生克检查表

（横推直看）

日干\生克	比肩	比劫	食神	伤官	偏财	正财	偏官	正官	偏印	正印
甲	甲	乙	丙	丁	戊	己	庚	辛	壬	癸
乙	乙	甲	丁	丙	己	戊	辛	庚	癸	壬
丙	丙	丁	戊	己	庚	辛	壬	癸	甲	乙
丁	丁	丙	己	戊	辛	庚	癸	壬	乙	甲
戊	戊	己	庚	辛	壬	癸	甲	乙	丙	丁
己	己	戊	辛	庚	癸	壬	乙	甲	丁	丙
庚	庚	辛	壬	癸	甲	乙	丙	丁	戊	己
辛	辛	庚	癸	壬	乙	甲	丁	丙	己	戊
壬	壬	癸	甲	乙	丙	丁	戊	己	庚	辛
癸	癸	壬	乙	甲	丁	丙	己	戊	辛	庚

例一：假如壬子年、壬寅月、壬申日甲辰时。以日干为主，壬属水为阳。先论天干。年干见壬水，为我比者，阳见阳为比肩。月干又见壬水，为我比者，阳见阳亦为比肩。时干见甲木，为我生者，阳见阳为食神。次论地支年支见子，《古歌》云：子宫癸水在其中。是子藏癸水也。癸水为我比者，阳见阴为比劫，又曰劫财。月支见寅，《古歌》云：寅宫甲木兼丙戊。是寅藏甲木、丙火、戊土也。甲木为我生者，阳见阳为食神；丙火为我克者，阳见阳为偏财；戊土为克我者，阳见阳为偏官，又曰七杀。日支见申，《古歌》云：申位庚金壬水戊。是申藏庚金、壬水、戊土也。庚金为生我者，阳见阳为偏印；壬水为我比者，阳见阳为比肩；戊土为克我者，阳见阳为七杀。时支见辰，《古歌》云：辰藏乙戊三分癸。是辰藏乙木、戊土、癸水也。乙木为我生者，阳见阴为伤官，戊土为克我者，阳见阳为七杀，癸水为我比者，阳见阴为劫财。列式于下。

乾造民国元年古历正月初九日辰时生

食神	日主	比肩	比肩
甲辰	壬申	壬寅	壬子

比七伤	七比偏	比偏食	比
劫杀官	杀肩印	杀财神	劫

七三	六三	五三	四三	三三	二三	十三	三岁
庚戌	己酉	戊申	丁未	丙午	乙巳	甲辰	癸卯

大运三岁，扣足欠一十天。每逢甲己之年，十二月二十九日辰时，交换。

例二：又如癸丑年、甲寅月、丙辰日、戊戌时。以日干为我，丙属火为阳。先论天干。年干见癸水，为克我者，阳见阴为正官。月干见甲木，为生我者，阳见阳为偏印。时干见戊土，为我生者，阳见阳为食神。次论地支。年支见丑，《古歌》云：丑癸辛金己土同。是丑藏癸水、辛金、己土也。癸水为克我者，阳见阴为正官；辛金为我克者，阳见阴为正财；己土为我生者，阳见阴为伤官。月支见寅，《古歌》云：寅宫甲木兼丙戊。是寅藏甲木、丙火、戊土也。甲木为生我者，阳见阳为偏印；丙火为我比者，阳见阳为比肩；戊土为我生者，阳见阳为食神。日支见辰，《古歌》云：辰藏乙戊三分癸。是辰藏乙木、戊土、癸水也。乙木为生我者，阳见阴为正印；戊土为我生者，阳见阳为食神；癸水为克我者，阳见阴为正官。时支见戌，《古歌》云：戌宫辛金及丁戊。是戌藏辛金、丁火、戊土也。辛金为我克者，阳见阴为正财；丁火为我比者，阳见阴为劫财；戊土为我生者，阳见阳为食神。列式于下。

坤造民国元年古历十二月二十九日戌时生

食神	日元	偏印	正官
戊	丙	甲	癸壬
戌	辰	寅	子丑作
食劫正	正食正	食比偏	伤正正
神财财	官神印	神肩印	官财官

八十	七十	六十	五十	四十	三十	二十	十岁
壬	辛	庚	己	戊	丁	丙	乙
戌	酉	申	未	午	巳	辰	卯

大运十岁，扣足欠四十天。每逢丁壬之年十一月十九日戌时，交换。

例三：又如甲寅年、丙寅月、辛酉日、庚子时。以日干为主，辛属金为阴。先论天干。年干见甲木，为我克者，阴见阳为正财。月干见丙火，为克我者，阴见阳为正官。时干见庚，为我比者，阴见阳为劫财。次论地支。年、月二支见寅，《古歌》云：寅宫甲木兼丙戊。是二寅之中，各藏甲木、丙火、戊土也。甲木为我克者，阴见阳为正财；丙火为克我者，阴见阳为正官；戊土为生我者，阴见阳为正印。日支见酉，《古歌》云：酉宫辛字独丰隆。是酉中独藏辛金也。辛金为我比者，阴见阴为比肩。时支见子，《古歌》云：子宫癸水在其中。是子中独藏癸水也，癸水为我生者，阴见阴为食神。列式于下。

乾造民国三年古历正月初十日夜子时生

劫	日	正	正
财	主	官	财
庚	辛	丙	甲
子	酉	寅	寅
食	比	正正正	正正正
神	肩	印官财	印官财

八十	七十	六十	五十	四十	三十	二十	十岁
甲	癸	壬	辛	庚	己	戊	丁
戌	酉	申	未	午	巳	辰	卯

大运十岁，扣足欠二十五天。每逢癸戊之年，十二月十五日夜子时，交换。

例四：又如辛亥年、癸巳月、丁酉日、己酉时。以日干为我，丁属火为阴。先论天干。年干见辛金，为我克者，阴见阴为偏财。月干见癸水，为克我者，阴见阴为七杀。时干见己土，为我生者，阴见阴为食神。次论地支。年支见亥，《古歌》云：亥藏壬甲是真踪。是亥藏壬水、甲木也。壬水为克我者，阴见阳为正官；甲木为生我者，阴见阳为正印。月枝见巳，《古歌》云：巳宫庚金丙戊从。是巳藏庚金、丙火、戊土也。庚金为我克者，阴见阳为正财；丙火为我比者，阴见阳为劫财；戊土为我生者，阴见阳为伤官。日、时二支见酉，《古歌》云：酉宫辛字独丰隆。是酉中独藏辛金也。辛金为我克者，阴见阴为偏财。列式于下。

坤造清宣统三年四月二十九日酉时生

食神	日元	七杀	偏财
己	丁	癸	辛
酉	酉	巳	亥
偏财	偏财	伤劫正官财财	正正印官

七三	六三	五三	四三	三三	二三	十三	三岁
辛	庚	己	戊	丁	丙	乙	甲
丑	子	亥	戌	酉	申	未	午

大运三岁，扣足多一百七十天。每逢甲己之年，十月十九日酉时，交换。

推命宫法

凡推命宫，先由手掌子位起正月，向亥逆数，至所生之月为支止。再以所生之时，加临生月所临之支位，以次顺数，至卯字为止。即以卯字所临手掌定位之支为某宫。欲知某宫之干，再以年干遁之。

俞曲园《游艺录》云：凡欲求命宫，先从子上起正月，逆行十二辰。乃将所生之时，加于所生之月，顺行十二位，遇卯。即命宫也。

推命宫之法，固以生月为主，然古人谓交过中气，须作次月推，此又不可不知。中气者何？正月雨水，二月春分，三月谷雨。余仿此。

手掌定位之图

巳 八月	午 七月	未 六月	申 五月
辰 九月	至卯字为止	至后顺数生时 先逆数生月 至所生之月为止	酉 四月
卯 十月			戌 三月
寅 十一月	丑 十二月	子 正月	亥 二月

例一：假如乾造民国十三年甲子，古历三月十六日酉时生。未过谷雨，作三月算。如手掌子位起正月。逆数，二月莅亥，三月莅戌。再以所生酉时，加临戌位，以次顺数，至卯字为止。卯字恰临手掌辰位，再以生年之甲遁干，正月起丙寅。则辰位之干为戊辰，即知命宫为戊辰也。列式于下。

伤	日主	比	杀
辛酉	戊戌	戊辰	甲子
伤	伤印比	官比财	财

七五	六五	五五	四五	三五	二五	十五	五岁
丙子	乙亥	甲戌	癸酉	壬申	辛未	庚午	己巳

大运五岁，扣足多一百七十天。每逢甲己之年九月初六日酉时交换。命宫戊辰。

例二：又如坤造民国十三年古历三月十七日戌时生。节过谷雨，作四月算。如手掌子位起正月。逆数，二月莅亥，三月莅戌，四月莅酉。再以所生戌时，加临酉位，以次顺数，至卯字为止。卯字恰临手掌寅位，再以生年之甲遁干，正月起丙寅。则寅位之干为丙寅，此即命宫丙寅也。列式于下。

官	主 日	劫	官
甲	己	戊	甲
戌	亥	辰	子
食 劫 卩	财 官	杀 劫 才	才

七 五 庚 申	六 五 辛 酉	五 五 壬 戌	四 五 癸 亥	三 五 甲 子	二 五 乙 丑	十 五 丙 寅	五 岁 乙 卯

大运五岁，扣足多五十天。每逢甲己之年五月初七日戌时交换。命宫丙寅。

推小限法

凡推小限，以生年之支为主，加于命宫之上，以次逆数，至本流年岁支为止，视岁支所临之手掌定位为某支，即知为某限。再以命宫之干，以次逆数，至本流年为止，即知小限为某干矣。更有捷法，如命宫为甲子，则一岁之小限，亦必为甲子。以次逆行，二岁癸亥，三岁壬戌，四岁辛酉，至十一岁甲寅，二十一岁甲辰，三十一岁甲午，四十一岁甲申，五十一岁甲戌，六十一岁又值甲子。如此推排，一年一易，则小限干支，循环无端矣。

假如甲子命戊辰宫，于二十八岁辛卯年推其小限，即以生年之子加临辰宫，以次逆数至本流年岁支卯止。卯字所临手掌定位是丑，即知为丑限。欲知丑限为某干，捷法以命宫干支起一岁，以次逆数，此造命宫戊辰，一岁小限即戊辰，十一岁小限即戊午，二十一岁戊申，逆数至二十八岁，即知小限为辛丑矣。

乾造民国十三年甲子古历三月十六日酉时生

伤官	日主	比肩	七杀
辛	戊	戊	甲
酉	戌	辰	子
伤	伤印比	官比财	财

七五	六五	五五	四五	三五	二五	十五	五岁
丙	乙	甲	癸	壬	辛	庚	己
子	亥	戌	酉	申	未	午	巳

命宫戊辰，小限辛丑，流年辛卯。

心算命宫小限法

　　凡推命宫，须以生月之数①，与生时之数合算②，得十四，为本位。如月时之数合算，而不满十四者当加之，加到十四为止。即以所加之数为某宫。如满十四数者，当加至二十六为本位。亦以所加之数为某宫。欲知某宫之干，再以年干遁之，与年上起月法相同。若推小限，须以命宫之数与生年之数合算，再减本流年之数，即以所余之数为某限。如命宫与生年之数合算，而不足减本流年之数者，当再加十二；若减本流年之数而有余者，当再减十二。均以所余之数为某限。欲知某限之干，再以命宫之干以次逆数，至本流年为止，即知某限之干矣。

　　按：上论推算命宫小限之法，固已详明。惟推命宫法第一看所生之时，第二看所生之月。而所生之月有节过中气，须作次月推算之别。初学读之，犹有迷惑。兹将所生十二时及生月之中气一一区分，列表于后，俾便检查。凡子时生人，在大寒后雨水前者，皆为卯宫。丑时生人，皆为寅宫。寅时生人，皆为丑宫。凡亥时生人，在雨水后春分前者，皆为卯宫。子时生人，皆为寅宫。丑时生人，皆为丑宫。欲知命宫之干，再以生年之干遁之。如甲年生人，即为丁卯宫。乙年生人，即为己卯宫。丙年生人，即为辛卯宫是也。

---

①　如过中气，作次月之数推。
②　寅一、卯二、辰三、巳四、午五、未六、申七、酉八、戌九、亥十、子十一、丑十二。

命宫检查表

节气＼命宫（生时）	卯宫	寅宫	丑宫	子宫	亥宫	戌宫	酉宫	申宫	未宫	午宫	巳宫	辰宫
大寒后 雨水前	子时	丑时	寅时	卯时	辰时	巳时	午时	未时	申时	酉时	戌时	亥时
雨水后 春分前	亥时	子时	丑时	寅时	卯时	辰时	巳时	午时	未时	申时	酉时	戌时
春分后 谷雨前	戌时	亥时	子时	丑时	寅时	卯时	辰时	巳时	午时	未时	申时	酉时
谷雨后 小满前	酉时	戌时	亥时	子时	丑时	寅时	卯时	辰时	巳时	午时	未时	申时
小满后 夏至前	申时	酉时	戌时	亥时	子时	丑时	寅时	卯时	辰时	巳时	午时	未时
夏至后 大暑前	未时	申时	酉时	戌时	亥时	子时	丑时	寅时	卯时	辰时	巳时	午时
大暑后 处暑前	午时	未时	申时	酉时	戌时	亥时	子时	丑时	寅时	卯时	辰时	巳时
处暑后 秋分前	巳时	午时	未时	申时	酉时	戌时	亥时	子时	丑时	寅时	卯时	辰时
秋分后 霜降前	辰时	巳时	午时	未时	申时	酉时	戌时	亥时	子时	丑时	寅时	卯时
霜降后 小雪前	卯时	辰时	巳时	午时	未时	申时	酉时	戌时	亥时	子时	丑时	寅时
小雪后 冬至前	寅时	卯时	辰时	巳时	午时	未时	申时	酉时	戌时	亥时	子时	丑时
冬至后 大寒前	丑时	寅时	卯时	辰时	巳时	午时	未时	申时	酉时	戌时	亥时	子时

推流年法

凡推流年，即以所值本流年干支为主。其论生克名词，亦如上例。《经》云：太岁为一年主宰，乌可不重视之哉！假如戊土日主，于辛卯年推，即流年辛卯。辛金为我生者，阳见阴为伤官。列式于下。

伤官	日主	比肩	七杀
辛	戊	戊	甲
酉	戌	辰	子
伤官	比肩 正印 伤官	正财 比肩 正官	正财

七五	六五	五五	四五	三五	二五	十五	五岁
丙	乙	甲	癸	壬	辛	庚	己
子	亥	戌	酉	申	未	午	巳

大运五岁，扣足多一百七十天。每逢甲己之年九月初六日酉时交换。命宫戊辰，小限辛丑，流年辛卯，伤官主事。

推胎元法

俞曲园《游艺录》云：四柱之外，佐以胎元。胎元者，受胎之月也。生月干前一位、支前三位即是。如己巳月生，则胎元在庚申。壬午月生，则胎元在癸酉。余仿此。《三命通会》云：以当生前三百日为十月之气，乃是受胎之正。如甲子日生，即以甲子为受胎之日。盖五六计三百日也。

按：此二说俱有理由，合并录之。

推息法

《渊海子平》云：起息之法，取日主天干合处、地支合处即是。《星平会海》云：假如甲子日主，取天干甲与己合，又取地枝子与丑合，即己丑是息。余日仿此。

推变法

《渊海子平》云：起变之法，取时上天干合处、时下地支合处即是。《星平会海》云：假如丙寅时，取天干丙与辛合，地支寅与亥合，即辛亥是变。余时仿此。

推通法

《渊海子平》云：起通法，假如甲子月寅时生，卯上安通。取"甲己之年丙作首"之丙寅，即丁卯是通。原注云：寅卯相通，辰巳相通，午未相通，申酉相通，戌亥相通是也。

按：人之穷通，系乎命运。而宫限之向背与命运攸关，皆宜重视。若胎息变通四法不过为古书言命之一说，似可毋庸拘泥。兹因古籍所载，录之聊备一格。

推小运法

《星平会海》云：小运之法本由时，阳男阴女顺相宜。阴男阳女随逆转，一位一岁不差移。假如阳年男命顺行，甲子时生，一岁即行乙丑，二岁丙寅，三岁丁卯。阳年女命逆行，甲子时生，一岁即行癸亥，二岁壬戌，三岁辛酉。一位一年，周而复始。阴年男命逆行，阴年女命顺行亦然。

卷三　强弱

天干生旺死绝名词

　　长①生、沐浴、冠带、临官、帝旺、衰、病、死、墓、绝、胎、养，此十干寄临之十二名词也。

　　甲木长生在亥，乙木长生在午，丙火、戊土长生俱在寅，丁火、己土长生俱在酉，庚金长生在巳，辛金长生在子，壬水长生在申，癸水长生在卯。阳干顺行，阴干逆行。自长生、沐浴至胎、养，十二支周矣。

五阳干生旺死绝定局

日干横看	甲	丙	戊	庚	壬
长生	亥	寅	寅	巳	申
沐浴	子	卯	卯	午	酉
冠带	丑	辰	辰	未	戌
临官	寅	巳	巳	申	亥
帝旺	卯	午	午	酉	子
衰	辰	未	未	戌	丑
病	巳	申	申	亥	寅
死	午	酉	酉	子	卯
墓	未	戌	戌	丑	辰
绝	申	亥	亥	寅	巳
胎	酉	子	子	卯	午
养	戌	丑	丑	辰	未

---

　　① 长，上声，读掌。

五阴干生旺死绝定局

日干横看	乙	丁	己	辛	癸
长生	午	酉	酉	子	卯
沐浴	巳	申	申	亥	寅
冠带	辰	未	未	戌	丑
临官	卯	午	午	酉	子
帝旺	寅	巳	巳	申	亥
衰	丑	辰	辰	未	戌
病	子	卯	卯	午	酉
死	亥	寅	寅	巳	申
墓	戌	丑	丑	辰	未
绝	酉	子	子	卯	午
胎	申	亥	亥	寅	巳
养	未	戌	戌	丑	辰

沈孝瞻曰：十干自长生至胎、养，分十二宫。气之由盛而衰，衰而复盛。逐节而分，遂成十二。而长生、沐浴等名，则假借形容之词。长生，犹人之初生也。沐浴，犹人既生之后，沐浴以去垢。如果核已苗，则苗端之青壳已离也。冠带，犹人年长而冠带也。临官，犹人既长而壮，可以出仕宰民也。帝旺，犹人壮盛之极，可以出辅帝王，而大有为也。衰，盛极而衰，物之初变也。病，衰之盛也。死，则气尽而无余也。墓者，造化收藏，犹物之埋于土也。绝者，前气已绝，而后气将续也。胎者，后之气续，而结聚成胎也。养者，如人养胎于母腹也。自是而复长生，循环无穷矣。

《考原》曰：木长生于亥，火长生于寅，金长生于巳，水长生于申，土亦长生于申、寄生于寅。各由长生、沐浴、冠带、临官、帝旺、衰、病、死、墓、绝、胎、养顺历十二辰。盖天道循环，生生不已。故木方旺而火已生，火方旺而金已生，金方旺而水已生，水方旺而木已生。由长生而顺推，稚则必壮，盛则必衰。终而复始，迭运不穷。此四时之所以错行，五气之所以顺布也。至于土生申而寄于寅，则后天坤艮之位。故《易》于坤曰：万物皆致养焉。于艮曰：万物之所以成终而成始也。

《协纪辨方》云：五行长生之义。《考原》之说甚明。而土之生于寅申，则引而未发。由今考之，水土之同生于申也，申为坤，坤为地，水土之所凝也。土寄生于寅者，寅为孟春之月。天气下降，地气上腾。天地所以和同，草木所以萌动也。是故洪范家独以土生于申为五行之体，阴阳选择诸家皆以土生于寅为五行之用。盖长生在寅，则临官在巳，乃为土旺金生，与木火水同为一例。然则以土为生于寅者，所以顺五行相生之序，与月令土旺于夏秋之交，以顺四时相生之序者，同出于理之自然，而非臆说也。此外又有阳死阴生、阳顺阴逆之说。甲木死于午，则乙木生焉。丙戊死于酉，则丁己生焉。庚金死于子，则辛金生焉。壬水死于卯，则癸水生焉。由长生而沐浴，十二位皆逆转。阳死则阴生，阴死则阳生，此二气之分也。阳临官则阴帝旺，阴临官则阳帝旺，此四时之会也。顺逆分合，俱极有妙理。论十干则分阴阳，论五行则阳统阴，皆天地自然之义。故凡言数者，皆祖之。

陈素庵云：旧书十干从各支，起长生、沐浴、冠带、临官、帝旺、衰、病、死、墓、绝、胎、养十二位。有阳生阴死，阴生阳死之异焉。夫五阳育于生方，盛于本方，毙于泄方，尽于克方，于理为顺。若五阴生于泄方，死于生方，于理未通，即曲为之说。而子午之地终无产金产木之道，寅亥之地终无灭火灭水之道。诸旧书命格：丁遇酉，以财论；乙遇午、己遇酉、辛遇子、癸遇卯，以食神论，俱不以生论；乙遇亥、丁遇寅、癸遇申，以正印论；己遇寅藏之丙，辛遇巳藏之戊，亦以正印论，俱不死论。其论墓，则木必于未，火必于戌，金必于丑，水土必于辰。从无以戌为乙墓，丑为丁己墓，辰为辛墓，未为癸墓者，则阴阳同生同死为是。《考广录》云：甲乙一木而分阴阳，非可以死木、活木歧而二之。既为一木，同生同死。故古人止有四长生，此说可为确据矣。至其中命名取义，亦多未通。如长生之后，继以沐浴，谓之败地。若婴儿初生，沐浴气弱，不能胜而败也。夫沐浴细事，既不足列于生旺之属，且世无洗儿遂至败坏者，又以为淫欲之杀，岂裸形而浴者，皆宣淫乎？况自生趋旺，一路发荣滋长，方生何以忽败，既败又何以能复旺也。冠带虽成立之义，亦为不伦。临官之官，帝旺之帝，尤属无谓。当正其名曰：生、长、成、盛、旺、衰、病、死、墓、绝、胎、养。生者始生，长者渐长，成者初成，盛者正盛，旺者太旺，旺极而衰、病，诸位继焉，则名当而理顺矣。至于土之生旺墓，有从寅起者，有从申起者。夫土位乎中央，贯乎八方，旺乎四季。原不必与四行同例，必不得已则起寅近是。盖申酉皆我生，既泄我气，难言生长；亥子皆我克，亦劳我力，难言盛旺。倘云水土一家之气，则我克者尚为一家。生我之火，我生之金，安在非一家乎？若起寅，则母生俱生，母死俱死，其理差长。然自生寅至旺午，可以从母，至未戌丑皆其本气，又难分衰墓养矣。则论土之法，只当以巳午为生，寅卯为克，申酉为泄，亥子为财，四季为旺，更自合理。何必拘拘数十二位乎？或曰：临官即禄也，帝旺即刃也。禄刃以阳顺阴逆取，则生死亦应以阳顺阴逆取矣，是大不然。帝旺者，十干历十二支盛衰之序也。失时退气，则有衰病。当时得气，则为帝旺也。禄刃者，十干遇十二支取用之法也。异类有生克，则取财官。同类无生克，则取禄刃也。昭然两义，何容借口乎？

按：此篇议论，颇为新颖，惜失之于偏。参观沈孝瞻及《考原》、《协纪》等说，其义自明。

五行用事

甲乙寅卯木，旺于春；丙丁巳午火，旺于夏；庚辛申酉金，旺于秋；壬癸亥子水，旺于冬；戊己辰戌丑未土，旺于四季。

《神枢经》云：五行旺各有时，惟土居无所定。乃于四立之前，各旺一十八日。《历例》云：立春木，立夏火，立秋金，立冬水，各旺七十二日。土于四立之前，各旺一十八日。合之亦为七十二日，总三百有六十日而岁成矣。

《白虎通》云：土所以王四季何？木非土不生，火非土不荣，金非土不成，水非土不高。土扶微助衰，历成其道。故五行更旺，亦须土也。王四季，居中央，不名时。

沈新周曰：春木，夏火，秋金，冬水，非言其形，言其气也。

醉醒子曰：立春之后，则用阳木三十六日，艮土分野，丙戊长生。惊蛰后六日，则用阴木三十六日，癸水寄生。清明后十二日，则用戊土十八日。阳水归库，阴水返魂。夏秋冬亦如此。又支中所藏止以月论，年日时不论，盖人命重提纲也。

四时休王[①]

春木王，火相，水休，金囚，土死；夏火王，土相，木休，水囚，金死；秋金旺，水相，土休，火囚，木死；冬水王，木相，金休，土囚，火死；四季土王，金相，火休，木囚，水死。

《五行大义》云：凡当王之时，皆以子为相者，以其子方壮，能助治事。父母为休者，以其子当王气，正盛。父母衰老，不能治事，如尧老禅舜委以国政也。所克为死者，以其身王，能制杀之。所畏为囚者，以其子为相，能囚仇敌也。[②]

《三命通会》云：盛德乘时曰王，如春木王。王则生火，火乃木之子，子承父业，故火相。木用水生，生我者父母，今子嗣得时，登高明显赫之地，而生我者当知退矣，故水休。休者，美之至极，休休然无事之义。火能克金，金乃木之鬼，被火克制不能施设，故金囚。火能生土，土为木之财，财为隐藏之物。草木发生，土气散漫，所以春木克土则死。夏火王，火生土则土相，木生火则木休，水克火则水囚，火克金则金死。季土王，土生金则金相，火生土则火休，木克土则木囚，土克水则水死。秋金王，金生水则水相，土生金则土休，火克金则火囚，金克木则木死。冬水王，水生木则木相，金生水则金休，土克水则土囚，水克火则火死。观夏月大旱，金石流，水土焦。六月暑气增，寒气灭。秋月金胜，草木黄落。冬月大寒天冷，水结冰凝，火气顿减。其旺其死，概可见矣。盖四时之序，节满即谢，五行之性，功成必覆。故阳极而降，阴极而升。日中则昃，月盈

---

① 王，去声，读旺。
② 相，去声，读向。

则亏，此天之常道也。人生天地，势积必损，财聚必散，年少反衰，乐极反悲，此人之常情也。故一盛一衰，或得或失，荣枯进退，难逃此理也。

　　按：强弱者，乃表示盛衰之代名词也。盖有强必有弱，有弱必有强。断无强者终强，弱者终弱之理。欲知命之荣枯者，须先辨强弱。欲明强弱之义者，须先知天干生旺死绝之法。而尤须深明五行用事，四时休王之理。否则，用神无所适从，吉凶何由而判耶？

卷四　神煞

天　德

《古歌》云：正丁二坤中，三壬四辛同。五干六甲上，七癸八艮逢。九丙十居乙，子巽丑庚中。以日为主，如正月逢丁日，三月逢壬日是也。《幽微赋》云：**仁慈敏惠，天月二德呈祥。**《考原》云：**天德者，三合之气也。**如寅午戌合火局，故以火为德。正月丁，九月丙，五月乾戌，火墓在乾宫也。卯未亥合木局，故以木为德。六月甲，十月乙，二月坤未，木墓在坤宫也。辰申子合水局，故以水为德。三月壬，七月癸，十一月巽辰，水墓在巽宫也。巳酉丑合金局，故以金为德。四月辛，十二月庚，八月艮丑，金墓在艮宫也。寅申巳亥月，乃五行长生之位，故配阴干。辰戌丑未月，乃五行墓库之位，故配阳干。子午卯酉月，乃五行当王之位，故配以墓辰本宫之卦。不用支而用干者，枝，地也，干，天也。名曰天德，故用天干。又用四卦以代辰戌丑未者，不用地支故也。

　　按：《渊海子平》谓坤即申，乾即亥，巽即巳，艮即寅。而《考原》谓乾即戌，艮即丑，巽即辰，坤即未。以枝论之似异，以卦论之实同，盖一卦管三山也。然考之《协纪辨方》之月表，二、五、八、十一月并无天德。可见，只用天干，不用地支也。

月　德

《渊海子平》云：**寅午戌月在丙，申子辰月在壬，亥卯未月在甲，巳酉丑月在庚。**以日为主，正、五、九月逢丙日，三、七、十一月逢壬日是也。

　　陈素庵云：人命值此二德，多多益善，吉者增吉，凶者减凶。临于财官印食，福力倍隆。即临枭杀劫伤，暴横益化。若二德自遭冲克，则亦无力。

《协纪辨方》云：月阴也，阴无德，以阳之德为德。其一乎阳者皆德也，其二乎阳者皆慝也。是故正五九火则以丙为德。丙天上之火也，天上之火，地火之所禀也。故寅午戌火月，以丙为月德。余仿此推。甲丙庚壬皆阳也。阳者德也，是以不用乙丁辛癸也。然则天德何以有乙丁辛癸也？曰：从天而言之，天秉阳，故德宜阳而阳，德宜阴而阴也。从月而言之，月秉阴，故专以阳为德也。然则何以无戊也？曰：三合只四行也，土寄其中，无适而非土也。居中者用中，生杀并施，德刑互济。今专以德言之。则当王之一行为德，自不得及乎土也。土者地也，无德之德，是谓大德，大德者必不德也。①

月　将

《命理约言》云：正月雨水后在亥，二月春分后在戌，三月谷雨后在酉，四月小满后在申，五月夏至后在未，六月大暑后在午，七月处暑后在巳，八月秋分后在辰，九月霜降后在卯，十月小雪后在寅，十一月冬至后在丑，十二月大寒后在子。

凡命生正月雨水后、二月春分前，地支得亥；命生二月春分后、三月谷雨前，地支得戌，皆是。余仿此。

原书云：太阳所临，吉增凶散。其用与天月二德同，系吉神则益吉，系凶神则减凶。较太阳三合之将星尤为亲切。即值空亡，亦不以空亡论。盖太阳为诸曜之主，不可得而空也。

天　赦

《渊海子平》云：春戊寅，夏甲午，秋戊申，冬甲子。

以日为主，如春月逢戊寅日是也。《三车一览赋》云：命中若逢天赦，

---

① 慝，音忒，匿恶也。

一生处世无忧。《天宝历》云：赦者，赦过宥罪之辰也。天之生育甲与戊，地之成立子午寅申，故以甲戊配成天赦也。

天乙贵人

《古歌》云：甲戊庚牛羊，乙己鼠猴乡。丙丁猪鸡位，壬癸兔蛇藏。六辛逢虎马，此是贵人方。

以日为主，如甲日见未为阳贵，见丑为阴贵。戊日、庚日见丑为阳贵，见未为阴贵。乙日见申为阳贵，见子为阴贵，皆是。《三车》云：天乙贵人，得之聪明。曹震圭曰：天乙者，乃紫微垣左枢傍之一星，万神之主宰也。一日二贵，阴阳分治，内外之义也。辰戌为魁罡之位，故贵人不临。丑未乃紫微垣前后门阴阳之界，故阳贵以甲加未顺行。甲得未，乙得申，丙得酉，丁得亥，己得子，庚得丑，辛得寅，壬得卯，癸得巳，此昼贵也。阴贵以甲加丑逆行，甲得丑，乙得子，丙得亥，丁得酉，己得申，庚得未，辛得午，壬得巳，癸得卯，此夜贵也。戊以阳土助甲成功，故亦得丑未。若六辛之独得寅午，则自然所致，更无疑矣。

按：此篇承吴椒甫先生由粤寄示，与《协纪》所载大致相同，较原刊储泳之解尤为明白，故特改之。

文　昌

《紫微斗数》云：甲乙巳午报君知，丙戊申宫丁己鸡。庚猪辛鼠壬逢虎，癸人见兔入云梯。

以日为主，如甲日见巳，乙日见午是也。《经》云：文昌入命，聪明过人，又主逢凶化吉。

按：文昌者，乃食神之临官、长生所也。甲以丙为食神，丙临官于巳，故甲以巳为文昌也。乙以丁为食神，丁临官于午，故乙以午为文昌也。丙以戊为食神，戊寄生于申，故丙以申为文昌也。戊以庚为食神，庚临官于申，故戊亦以申为文昌也。丁以己为食神，己长生于酉，故丁以酉为文昌也。己以辛为食神，辛临官于酉，故己亦以酉为文昌也。庚辛壬癸仿此。

华　盖

《渊海子平》云：寅午戌见戌，巳酉丑见丑。申子辰见辰，亥卯未见未。

以日为主，如寅午戌日，而年月时见戌者即是。《三车赋》云：华盖重重，辛勤学艺。《造微赋》云：印逢华盖，翰苑尊居。《经》云：华盖逢空，偏宜僧道。

《三命通会》云：华盖者，象形之称也。盖天有此星，其形如盖，常覆乎大帝之座。故以三合本库为华盖也。如寅午戌见戌，火库也。巳酉丑见丑，金库也。余仿此。

将　星

《神峰通考》云：寅午戌见午，巳酉丑见酉。申子辰见子，亥卯未见卯。

以日为主，如寅午戌日，而年月时见午者即是。《古歌》云：将星文武两相宜，禄重权高足可知。

《三命通会》云：将星者，如大将驻扎中军也。故以三合中位为将星。如寅午戌三合，午为中位，见午者是。巳酉丑三合，酉为中位，见酉者是。余仿此。

驿　马

《渊海子平》云：申子辰马在寅，寅午戌马在申。巳酉丑马在亥，亥卯未马在巳。

以日为主，如申子辰日，而年月时见寅者即是。《子平约言》云：申子辰年马在寅，以年为主，未免太泛。又云：人命吉神为马，大则超迁之喜，小则顺动之利。凶神为马，大则奔蹶之患，小则驰逐之劳。逢冲譬之加鞭，遇合等于掣足，行运流年亦然。然皆比拟如此，非真驿递之驿、车马之马也。《身命赋》云：马奔财乡，发如猛虎。《造微论》云：马头带剑，威镇边疆。带剑者，壬申、癸酉是也。

《协纪辨方》云：寅为功曹，申为传送，亥为天门，巳为地户，皆道路之象也。三合在寅午戌，则对寅之申，有驿马之象焉。三合在巳酉丑，则对巳之亥，有驿马之象焉。又驿马者，不安其居之谓也。数穷则变，寅午戌之数尽，而恰遇夫申，则火将变而之乎水矣。火生于木，木绝于申，而申又生水以生木，是火以变而不穷也。巳酉丑之数尽，而恰遇夫亥，则金将变而之乎木矣。金生于火土，火土绝于亥，而亥又生木以生火，是金以变而不穷也。申子辰、亥卯未仿此。

三　奇

《渊海子平》云：天上三奇甲戊庚，地下三奇乙丙丁，人中三奇壬癸辛。

以日为主，顺治者是，逆乱者非。《三命通会》云：凡命遇三奇，主人精华异常、襟怀卓越、好奇尚大、博学多能。带天乙贵人者，勋业超群。带天月二德者，凶灾消散。带三合入局者，国家良臣。带空亡生旺者，山林隐士，富贵不淫、威武不屈，诚上格也。

《珞琭子》曰：奇者，贵也，异也。谓万物以贵为奇也。甲戊庚之所以为奇者，得贵人同临之妙也。盖先天起贵，三干同临于丑未。后天起贵，三干亦同临于丑未，此与别干迥异也。乙丙丁之所以为奇者，得贵人干德配支之妙也。盖阳贵甲德起子，则乙德在丑，丙德在寅，丁德在卯。阴贵甲德起申，乙德在未，丙德在午，丁德在巳。三干相联无间，此与他干之间罗网，间天空，及不相联者迥异。辛壬癸之所以为奇者，得天干联珠相生之妙也。《太乙经》以为水奇，其义未明，姑缺之。

六甲空亡①

《渊海子平》云：甲子旬中无戌亥，甲戌旬中无申酉。甲申旬中无午未，甲午旬中无辰巳。甲辰旬中无寅卯，甲寅旬中无子丑。

如日元在甲子旬中者，年月时支见戌亥即是空亡，见辰巳即是孤虚。原注云：空亡对冲者为孤虚。《造微赋》云：空亡更临寡宿，孤独踽踽。《三命通会》云：凡带此煞，生旺则气度宽大，多获意外名利。死绝则多成多败，飘泊无踪，惟与贵人、华盖、三奇、长生并见者，主大聪明。

《考原》云：十日为旬，以十干配十二支，自甲至癸而止，余二辰天干不及，故为空亡。如甲子至癸酉，不及戌亥，故甲子旬以戌亥为空亡。余仿此。

《协纪辨方》云：刘歆七略，有风后孤虚二十卷，今其书亡矣。古人以旬空为虚，其对为孤。如甲子旬中无戌亥，则戌亥为虚，辰巳为孤也。《兵法》曰：背孤击虚，一女可敌十夫。又按：旬中空亡，固不利矣。然犹有火空则发，金空则鸣之义，随五行之性，与所遇之格以为断，未可概作凶论。

四大空亡

《渊海子平》云：甲子并甲午，旬中水绝流。甲寅与甲申，金气杳难求。

如日元在甲子甲午旬中，而生年值纳音之水。日元在甲寅甲申旬中，而生年值纳音之金即是。《三命通会》云：凡带此煞，主一生蹇滞，且多夭折。《壶中子》曰：颜回夭折，只因四大空亡。

原注云：六甲中，只有甲辰甲戌二旬，纳音之五行俱全。若甲子甲午旬，则纳音无水矣。甲寅甲申旬，则纳音无金矣。因此，四旬五行不备，故名四大空亡。

---

① 孤虚附。

十恶大败①

《渊海子平》云：**甲辰乙巳与壬申，丙申丁亥及庚辰。戊戌癸亥加辛巳，己丑都来十位神。**

以日主见者为是，年月时不论。《三命通会》云：此煞入命，未必皆凶。《协纪辨方》云：与天德月德并者，不忌。得岁建月建太阳填实者，亦不忌。惟癸亥为干支俱尽，虽得吉解，仍忌。

《通书》云：甲禄在寅，乙禄在卯，甲辰旬寅卯空，故甲辰、乙巳为无禄日也。庚禄在申，辛禄在酉，甲戌旬申酉空，故庚辰、辛巳为无禄日也。丙戊禄在巳，甲午旬巳空，故丙申、戊戌为无禄日也。丁己禄在午，甲申旬午空，故丁亥、己丑为无禄日也。壬禄在亥，甲子旬亥空，故壬申为无禄日也。癸禄在子，甲寅旬子空，故癸亥为无禄日也。此十日名曰无禄，又曰十恶大败。

四　废

《协纪辨方》云：**春庚申、辛酉，夏壬子、癸亥，秋甲寅、乙卯，冬丙午、丁巳。**

以日为主，年月时不论。如春月逢庚申、辛酉日，皆为四废。《三命通会》云：命带四废，主人作事不成，有始无终。如有生扶，不作此论。

曹震圭曰：四废者，干支俱绝也。假令庚申、辛酉绝于春，寅卯辰也。余仿此。

天地转煞

《渊海子平》云：**春乙卯辛卯，夏丙午戊午，秋辛酉癸酉，冬壬子丙子。**

以日为主，如春月逢乙卯日，为天转。逢辛卯日，为地转。《三命通

---

① 一名无禄。禄元附。

会》云：命逢此日，必主夭折。《玄微赋》云：韩信被诛，因逢天地转煞。如有制伏，不作此论。《原注》云：天地转者，乃干支纳音，俱专旺于四时之谓也。如春月乙卯日，干支皆属木，专旺于春之时也，故为天转。辛卯日纳音属木，地支又属木，亦专旺于春之时也，故为地转。余仿此。

劫　煞

《三命通会》云：**申子辰见巳，寅午戌见亥，巳酉丑见寅，亥卯未见申。**

以日为主，月时见之最重，年较轻。如申子辰日，见巳月巳时是也。《古歌》云：劫煞为灾不可当，徒然奔走利名场。

原注云：劫者，夺也。自外夺之，谓之劫，盖劫在五行绝处也。如申子辰水局绝于巳，巳中戊土劫水，故以巳为劫煞也。寅午戌火局绝于亥，亥中壬水劫火，故以亥为劫煞也。余仿此。

亡　神

《三命通会》云：**申子辰见亥，寅午戌见巳，巳酉丑见申，亥卯未见寅。**

以日为主，月时见之最重，年较轻。如申子辰日，见亥月亥时是也。《古歌》云：亡神入命祸非轻，用尽机关心不宁。

原注云：亡者，失也。自内失之，谓之亡，盖亡在五行临官之地也。如申子辰水局，临官于亥，亥中甲木盗水，故以亥为亡神也。寅午戌火局，临官于巳，巳中戊土盗火，故以巳为亡神也。余仿此。

天罗地网

《渊海子平》云：**戌亥为天罗，辰巳为地网。凡纳音火命者，见戌亥日为天罗。水土命，见辰巳日为地网。金木二命无之。**

原注云：此煞入命，多主蹇滞。如并恶煞，而又五行无气，必主死亡。行运至此亦然。

《三命通会》云：罗网之说，其义甚明。然何以戌亥为天罗，辰巳为地网。盖世道污隆，人事得失俱有终极。戌亥者，六阴之终也。辰巳者，六阳之终也。阴阳终极，则暗昧不明，如人之在罗网也。

咸　池①

《三命通会》云：**寅午戌见卯，巳酉丑见午，申子辰见酉，亥卯未见子。**

以日为主，如寅午戌日，纳音又属火，见卯月卯时皆是。申子辰日，纳音又属水，见酉月酉时皆是。《协纪》云：凡寅午戌月见卯日，巳酉丑月见午日，皆为咸池。余仿此，亦是一法。《幽微赋》云：酒色猖狂，只为桃花带煞。

原注云：淮南子曰：日出扶桑，入于咸池。故五行沐浴之地，名咸池。是取日人之义，万物暗昧之时也。寅午戌合火局，长生于寅，沐浴于卯，故以卯为咸池。巳酉丑合金局，长生于巳，沐浴于午，故以午为咸池。余仿此。

按：陈素庵云：凡人命吉凶，皆由格局运气，安可以偶合神煞而信之？即如桃花煞为男女淫欲之征，然端人正士、烈妇贞女，犯之者甚多，况桃花煞。亥卯未在子，寅午戌在卯之类，皆五行生印，何所见其淫褒乎？此说甚当，特节录之，以告读者，毋固执也。

羊　刃②

《渊海子平》云：**甲日羊刃在卯，乙日羊刃在辰，丙戊日羊刃在午，丁己日羊刃在未，庚日羊刃在酉，辛日羊刃在戌，壬日羊刃在子，癸日羊刃在丑。**

如甲日见卯年卯月卯时皆是。《经》云：煞刃两停，位至侯王。又云：

---

① 一名败神，一名桃花煞。
② 对宫曰飞刃，又曰唐符。

身强遇刃，灾祸勃然。

希夷曰：阴阳万物之理，皆恶极盛。当其极处，火则焦灭，水则溃竭，金则破缺，土则崩裂，木则摧折。故既盛而未极则为吉，已极则反为凶。极盛之地，十干中正处是也。卯者甲之正位，为阳木之极。辰者乙之正位，为阴木之极。午者丙之正位，为阳火之极。未者丁之正位，为阴火之极。酉者庚之正位，为阳金之极。戌者辛之正位，为阴金之极。子者壬之正位，为阳水之极。丑者癸之正位，为阴水之极。当其极处，其性刚烈，其气暴戾，所以禄前一辰为羊刃，对冲为飞刃。既盛而未极，则温柔和畅，故刃后一辰为禄也。

按：《易》云：兑为羊，其质好刚卤。《说文》云：刃，刀坚也，象刀有刃之形。古人以极盛之处曰羊刃，极言其至刚至坚，而易蹈危险也。《乾元秘旨》泥于禄前一位为刃之说，并不深思五行之义，误以乙刃在寅，丁己刃在巳，辛刃在申，癸刃在亥，殊难凭信。《命理约言》谓为阴刃在巳亥寅申，以阳刃在子午卯酉，皆是劫财作比例，亦复欠妥。《三才分类粹言》则谓五行惟土不伤人，力言辰戌丑未非刃，尤不足为训。至以寅申巳亥为五阴干之帝旺，尚与古法相同。《三才发秘》以羊易阳，谓为阳干有刃，阴干无刃，更属武断。查阴刃阳刃之名称，始见于珞琭子《三命指迷赋》，岳珂注云：禄后一辰名阴刃，如六甲生人见丑。禄前一辰名阳刃，如六甲生人见卯，皆是。由是观之，不独阳日有阳刃，且又有阴刃。不过岳珂所言"阳日阴刃"，与《秘旨》、《约言》、《粹言》等书所说之"寅申巳亥为五阴日之刃"迥乎不同耳。

又按：吉神犹君子也，凶煞犹小人也。亲君子，远小人，古有明训。然君子小人又有真伪之分，不可不辨。真君子亲之固宜，伪君子又岂可亲之乎？真小人远之固宜，伪小人又何必远之耶？况伪君子之为祸，人皆不测，故受害独多。真小人之为祸，人可易防，故受害较少。如贵人文昌等，神益日主，诚君子矣；然有反伤八字之用神者，乃伪君子也，当以凶言。咸池羊刃等，妨碍日主，诚小人矣；然有反助八字之用神者，乃伪小人也。又岂可以凶言乎？此特言其大要而已。至于吉神力微其福轻，凶煞势盛其祸烈，尤不可不细心鉴别之。

卷五　宜忌

论四柱总纲

陈素庵曰：年月日时，列为四柱。天干地支，辨其五行。以月令为提纲，得时者荣，而失时者悴。取日干为主宰，益我者喜，而损我者憎。爰察诸神之区别，皆因命主之克生。克我者阳克阴、阴克阳，为正官，反是则为七杀之号[①]。我克者阳克阴、阴克阳，为正财，反是则有偏财之名。生我者阳生阴、阴生阳，为正印，反是则有枭神之目[②]。我生者阳生阳、阴生阴，为食神，反是则有伤官之称。同我者阳见阳、阴见阴，是为比肩而可用。异我者阳见阴、阴见阳，是为劫财而起争。古分六格兮，六未足以尽干支之理。旧取一用兮，一岂能以尽喜忌之情。为印为官、为食为财，虽正而有时不贵。曰枭曰杀、曰伤曰劫，虽凶而间亦为祯。有病方为奇，然究竟议抑议扶，仍归纯粹。无格可取用，若大端有体有用，亦主光亨。格局纷纭，是者而从，而妄者必辟。神杀杂乱，多则无主，而简则可从。总之，命贵中和，偏枯终于有损。理求平正，高远不足为精。

论天干宜忌[③]

甲木参天，胞胎要火。春不容金，秋不容土。火炽乘龙，水荡骑虎。地润天和，植立千古。

（注）甲为根干纯阳之木，参天雄壮。火者，木之子也。旺木得火而

---

① 亦为偏官。
② 亦为偏印。
③ 京图撰，明刘基注，清陈素庵点定。

愈敷荣。生于春，则助火而不能容金也。生于秋，则助金而不能容土也。寅午戌丙丁多见，而坐辰则能摄之。申子辰壬癸多见，而坐寅则能纳之。使土气不乾，水气不消，则能长生矣。

（又）辰为水库，能制火滋木，而土能泄火，则甲之根润，故不怕火。甲禄于寅，寅属艮，土厚故能纳水。

乙木虽柔，刲羊解牛。怀丁抱丙，跨凤乘猴。虚湿之地，骑马亦忧。藤萝系甲，可春可秋。

（注）乙为枝叶之木，柔如花卉。然坐丑未能制之，如宰羊割牛。只要有一丙丁，则虽申酉之月，亦不畏怯。生于子月而又庚辛壬癸透者，则虽得午，亦难发生。若甲与寅多见，譬之藤萝附乔木，春月、秋月皆可。

（又）丑未阴土，故乙木能制之。生于子月木叶凋零之时，水多益寒。乙虽生午，然午能泄乙，且一火不能敌众水也。

丙火猛烈，欺霜侮雪。能煅庚金，逢辛反怯。土众成慈，水猖显节。虎马犬乡，甲来焚灭。

（注）丙为亢烈之火，纯阳之性。故不畏秋而欺霜，不畏冬而侮雪。庚命虽顽，力能煅之。辛金虽柔，合而反弱。土其子也，见戊己多，而成慈惠之德。水其君也，遇壬癸旺，而显忠节之风。至于未遂炎上之性，而遇寅午戌一二位，更露甲木，则燥而焚灭也。

（又）身旺遇印，是以焚灭。

丁火柔中，内性昭融。抱乙而孝，合壬而忠。旺而不烈，衰而不穷。如有嫡母，可秋可冬。

（注）丁为温暖之火，其性虽烈而属阴，则柔而得其中矣。外柔顺而内文明，内性岂不昭融乎？乙乃丁之母，畏辛而丁抱之，不若丙抱甲而反能焚甲也，不若己抱丁而反能晦丁也。其孝异乎人矣。壬为丁之君，壬所畏者戊。外则抚恤戊土，使土不来欺壬也。内则暗化木神，使戊不能抗壬也。其忠异乎人矣。生于夏令，其焰不至于烈。生于秋冬，得一甲木，虽衰不至于穷。故曰：可秋可冬，皆柔道也。

戊土固重，既中且正。静翕动辟，万物司命。水润物生，火燥物病。若在艮坤，怕冲宜静。

（注）戊为山冈之土，非城墙之谓。较己土特高厚刚燥，乃己土之发

源地也。得乎中气，而且正大。春夏则气辟而生万物，秋冬则气翕而成万物，故为司命。其气属阳，喜润恶燥。坐寅怕申，坐申怕寅。盖冲则根动，非地道之正也，故宜静。

按：今人每以戊为城墙堤岸之土，谓为不能发育万物。读此便知其误。若夫"水润物生，火燥物病"二语，其义重在润字燥字。非谓戊土不宜见火，只宜见水也。若四柱水多，必须火暄，不可以燥言。四柱火多，必须水润，不可以湿言。明乎此，不独可以论戊土，而己土亦可类推。

己土卑湿，中正蓄藏。不愁木盛，不畏水狂。火少火晦，金多金光。若要物昌，宜助宜帮。

（注）己为田园之土，其性卑湿，乃戊土枝叶之地。亦主中正，蓄藏万物。土柔能生木，非木所能克，故不愁木盛。土深能纳水，非水所能荡，故不畏水狂。无根之火，不能生湿土，故火少而火晦。湿土能润金，故金多，而金之光彩反精莹可观。此其无为而有为之妙用。若欲充盛长旺乎万物，则宜帮助为佳。

按：不愁木盛，盖为有金。不畏水狂，盖为有火。否则，仍不免土衰土流之弊。

庚金带煞，刚健为最。得水而清，得火而锐。土润则生，土干则脆。能赢甲兄，输于乙妹。

（注）庚乃阳金，是太白之精，带煞而刚健。健而得水，则气流而清。刚而得火，则气纯而粹。有水之土，能全其生。有火之土，能使其脆。甲木虽强，力足伐之。乙木虽柔，合而输之。

辛金软弱，温润而清。畏土之叠，乐水之盈。能扶社稷，能救生灵。热则喜母，寒则喜丁。

（注）辛乃阴金，非珠玉之谓，特温柔清润耳。戊土多则埋，故畏之。壬水多则秀，故乐之。辛为丙之臣也，抚恤壬水，使不克丙火，而匡社稷。辛为甲之君也，合化丙火，使不焚甲木，而救援生灵。生于九夏而得己土，则能晦火而存之。生于隆冬而得丁火，则能敌寒而养之。故辛金生于冬月，见丙则男命不贵，虽贵亦不忠。女命克夫，不克亦不和。若见丁，则男女皆贵且顺。

（又）丙辛合而化水，果冬生得令，而无其他破败，未可遽作不贵不忠论。

按：辛金软弱，似与庚金刚健不同。然寒则喜丁，亦有非火不为功者。今人泥辛如珠玉之说，概谓忌火毁伤，岂不谬甚。

壬水汪洋，能泄金气。刚中之德，周流不滞。通根透癸，冲天奔地。化则有情，从则相济。

（注）壬乃癸水之源，有分有合，运行不息。为百川，亦为雨露，不可歧而二之。壬水能泄西方金气。其德刚中，而又周流不滞。若遇申子辰，而又透癸，则其势不可遏也。合丁化木，又生丁火，可谓有情。能制丙火，不夺丁火之爱，故为夫义而君仁。生于九夏，则巳午未中，火土之气得壬水熏蒸而成雨露，故虽从火土，未尝不相济也。

癸水至弱，达于天津。龙德而运，功化斯神。不畏火土，不论庚辛。合戊化火，化象斯真。

（注）癸乃纯阴而至弱，然上达天津。凡柱中有甲乙寅卯，皆能运用水气。生木制火，润土养金。如龙能运水，火土虽多不畏。至于庚辛，则不赖其生，亦不忌多。惟合戊化火，必通火根，乃为真也。

按：旧本原文："得龙而润。"故旧注有"得龙而成云雨"之说。陈本易为"龙德而运"，注谓"如龙能运水"，具言癸水之德如龙。既非言真龙，亦非谓须见辰字，始显癸水之龙德也。

论干支覆载[①]

《命理约言》云：取用干支之法，干以载之之支为切，支以覆之之干为切。如喜甲乙，而载以寅卯亥子则生旺，载以申酉则克败矣。忌丙丁，而载以亥子则制伏，载以巳午寅卯则肆逞矣。又如喜寅卯，而覆以甲乙壬癸则生旺，覆以庚辛则克败矣。忌巳午，而覆以壬癸则制伏，覆以丙丁甲乙能肆逞矣。不特此也，干通根于支，支逢生扶，则干之根坚。支逢冲克，则干之根拔矣。支受荫于干，干逢生扶，则支之荫盛。干逢凶克，则支之荫衰矣。凡命四柱干支，有显然吉神，而失其吉。确乎凶神，而不为

---

① 清初相国海昌陈之遴素庵撰。

凶。皆是故也，可不详察而审处之乎？

论干支异同

沈孝瞻《子平真诠》云：天地之间，一气而已。惟有动静，遂分阴阳。有老少，遂分四象。老者极动极静之时，是为太阴太阳。少者初动初静之际，是为少阴少阳。有是四象，而五行具于其中矣。水者太阴也。火者太阳也。木者少阳也。金者少阴也。土者阴阳老少，木火金水冲气之所结也。有是五行，何为又有十干十二枝乎？盖有阴阳，因生五行，而五行之中各有阴阳。即以木论，甲乙者，木之阴阳也。甲者乙之气，乙者甲之质。在天为生气，而流行于万物者甲也。在地为万物，而承兹生气者乙也。又细分之，生气散布者甲，而生气之凝成者甲之乙。万物之所以有是枝叶者，乙之甲。而万物之枝枝叶叶者，乙之乙也。方其为甲，而乙之气已备。及其为乙，而甲之质乃坚。有是甲乙，而木之阴阳具矣。何以复有寅卯、寅卯者，又与甲乙分阴阳天地而言之者也。以甲乙而分阴阳，则甲为阳、乙为阴，木之行于天而为阴阳者也。以寅卯而分阴阳，则寅为阳、卯为阴，木之存乎地而为阴阳者也。以甲乙寅卯而统分阴阳，则甲乙为阳、寅卯为阴，木之在天成象，而在地成形者也。甲乙行乎天，而寅卯受之。寅卯存乎地，而甲乙施之。是故甲乙为官长，寅卯为该管地方。甲禄于寅、乙禄于卯，如府官在郡、县官在邑，而各司一月之令也。甲乙在天，故动而不居。建寅之月，岂必常甲。建卯之月，岂必常乙。寅卯在地，故止而不迁，甲虽递易，月必建寅。乙虽递易，月必建卯。以气而论，甲旺于乙。以质而论，乙坚于甲。而俗书谬以甲为大林，盛而宜斫。以乙为微苗，嫩而莫伤。可谓不知阴阳之理者矣。以木类推，余者可知。惟土为木火金水之冲气，故寄王于四时，而阴阳气质之理，亦同此论。欲学推命者，先须知干支之理，然后可以入门。

按：甲为大林，盛而宜断。乙为微苗，嫩而莫伤。乃是至论，未可谓为俗书。

论五行生克制化宜忌

徐大升曰：金赖土生，土多金埋。土赖火生，火多土焦。火赖木生，木多火炽。木赖水生，水多木漂。水赖金生，金多水泛。

金能生水，水多金沉。水能生木，木多水缩。木能生火，火多木焚。火能生土，土多火晦。土能生金，金多土弱。

金能克木，木坚金缺。木能克土，土重木折。土能克水，水多土流。水能克火，火炎水灼。火能克金，金多火熄。

金衰遇火，必见销镕。火弱逢水，必为熄灭。水弱逢土，必为淤塞。土衰逢木，必遭倾陷。木弱逢金，必为砍折。①

强金得水，方挫其锋。强水得木，方泄其势。强木得火，方化其顽。强火得土，方止其焰。强土得金，方宣其滞。

论四时之木宜忌

《穷通宝鉴》云：春月之木，犹有余寒。得火温之，始无盘屈之患。得水润之，乃有舒畅之美。然水多则木湿，水缺则木枯，必须水火既济方佳。至于土多则损力堪虞，土薄则丰财可许。如逢金重，见火无伤。假使木强，得金仍发。

夏月之木，根干叶燥。由曲而直，由屈而伸。喜水盛以润之，忌火炎以焚之。宜薄土，不宜厚土，厚则为灾。恶多金，不恶少金，多则受制。若夫重重见木，徒自成林。叠叠逢华，终无结果。

秋月之木，形渐凋零。初秋则火气犹在，喜水土以资生。中秋则果实已成，爱刚金以斫削。霜降后不宜水盛，水盛则木漂。寒露前又宜火炎，火炎则木实。木多有多材之美，土厚无自立之能。

冬月之木，盘屈在地。欲土多以培养，恐水盛则亡形。金纵多，克伐无害。火重见，温暖有功归根复命之时，木病安能辅助。惟忌死绝，只宜

---

① 砍，音坎，斫也。

生旺。

论四时之火宜忌

《穷通宝鉴》云：春月之火，母旺子相，势力并行。喜木生扶，不宜
过旺，旺则火炎。欲水既济，不宜水多，多则火灭。土多则晦，火盛则
亢。见金可以施功，纵叠见富余可望。

夏月之火，势力当权。逢水制，则免自焚之咎。见木助，必遭夭折之
忧。遇金必发，得土皆良。然金土虽为美利，无水则金燥土焦。若再火
盛，太过必致倾危。

秋月之火，性息体休。得木生，则有复明之庆。遇水克，难逃熄灭之
灾。土重掩光，金多夺势。火见火以光辉，虽叠见亦有利。

冬月之火，体绝形亡。喜木生而有救，遇水克以为殃，欲土制为荣。
爱火比为利，见金则难任为财，无金则不遭磨折。

论四时之土宜忌

《穷通宝鉴》云：春月之土，其势最孤。喜火生扶，忌木克削。喜比
助力，忌水扬波。得金制木为强，金重又盗土气。

夏月之土，其性最燥。得盛水滋润成功，见旺火亢燥为害。木助火
炎，生克不取。金生水足，财禄有余。见比肩蹇滞不通，如太过又宜
木袭。

秋月之土，子旺母衰。金多则盗泄其气，木盛则压迫纯良。火重不
厌，水泛非祥。得比肩则能助力，至霜降不比无妨。

冬月之土，外寒内温。水旺财丰，金多则贵。火盛有荣，木多无咎。
再逢土助尤佳，惟喜身强益寿。

论四时之金宜忌

《穷通宝鉴》云：春月之金，余寒未尽，贵乎火气为荣。体弱性柔，欲得土生乃妙。水盛则金寒，有用等于无用。木盛则金折，至刚转为不刚。金来比助，扶持最喜。比而无火，失类非良。

夏月之金，尤为柔弱。形质未备，更忌身衰。水盛呈祥，火多不妙。遇金则扶持精壮，见木则助鬼伤身。土厚埋没无光，土薄资生有益。

秋月之金，当权得令。火来煅炼，遂成钟鼎之材。土复资生，反有顽浊之气。见水则精神越秀，逢木则琢削施威。金来愈刚，过刚则折。

冬月之金，形寒性冷。木多则难施斧凿之功，水盛则不免沉潜之患。土能制水，金体不寒。火来生土，子母成功。喜庚辛类聚相扶，欲火土温养为妙。

论四时之水宜忌

《穷通宝鉴》云：春月之水，性滥滔淫。若逢土制，则无横流之害。再逢水助，必有崩堤之忧。喜金生扶，不宜金盛。欲火既济，不宜火炎。见木施功，无土散漫。

夏月之水，外实内虚。时当涸际，欲得比肩。喜金生助体，忌火旺太炎。木盛则耗泄其气，土盛则克制其源。

秋月之水，母旺子相。得金助则清澄，逢土旺则混浊。火多而财盛，太过不宜。木重而身荣，中和为贵。重重见水，增其泛滥之忧。叠叠逢土，始得清平之象。

冬月之水，正应司权。遇火除寒，见土归宿。金多反致无义，木盛是为有情。水太微，则喜比为助。水太盛，则喜土为堤。

按：《滴天髓》之论十干宜忌，可谓义理精深矣。陈素庵、沈孝瞻之论干支覆载异同，可谓发前人之所未发矣。徐大升之论五行生克，《穷通宝鉴》之论五行，有四时宜忌，俱可谓简括详明矣。然初学读此，犹难解悟。兹特提纲挈领言之，俾研究命理者知宜忌所在，即可定用神之去取也。

　　凡日主属木者，须辨其木势盛衰。木重水多则为盛，宜金斫木。金少者，逢土亦佳。木微金刚则为衰，宜火制金。火少者，逢木亦妙。至于水多则木漂，取土为上，火次之。土重则木弱，取木为上，水次之。火多则木焚，取水为上，金次之。

　　凡日主属火者，须辨其火力有余、不足。火炎木多则为有余，宜水济火。水衰者，逢金亦妙。火弱水旺则为不足，宜土制水。土衰者，逢火亦佳。至于木多则火炽，取水为上，金次之。金多则火熄，取火为上，木次之。土多则火晦，取木为上，水次之。

　　凡日主属土者，须辨其土质厚薄。土重水少则为厚，宜木疏土。木弱者，逢水亦佳。土轻木盛则为薄，宜金制木。金弱者，逢土亦妙。至于火多则土焦，取水为上，金次之。水多则土流，取土为上，火次之。金多则土弱，取火为上，木次之。

　　凡日主属金者，须辨其金质老嫩。金多土厚则为老，宜火炼金。火衰者，逢木亦妙。木重金轻则为嫩，宜土生金。土衰者，逢金亦佳。至于土多则金埋，取木为上，水次之。水多则金沉，取土为上，火次之。火多则金伤，取水为上，金次之。

　　凡日主属水者，须辨其水势大小。水多金重则为大，宜土御水。土弱者，逢火亦妙。水少土多则为小，宜木克土。木弱者，逢水亦佳。至于金多则水泛，取火为上，木次之。火多则水灼，取水为上，金次之。木多则水缩，取金为上，土次之。

论五行四时九州分野宜忌

　　万育吾曰：二气者，阴阳也。五行者，金木水火土也。四时，春夏秋冬也。九洲者，冀、青、兖、徐、扬、荆、梁、雍、豫也。盖天有阴阳，行于四时。地有五行，具于九洲。正朱子所谓：五行质具于地，气行于天。故天有春夏秋冬，地有金木水火，皆以时地相须为用也。今之谈命者，但知论阴阳五行，而不知兼论方隅，与昼夜阴晴。所以有年月日时同，而贵贱寿夭迥异，便谓五行无据，不亦诬乎？盖人生天地，莫逃五行。九洲分疆，风气异宜。阴晴寒暖，理难一律。人禀天地灵气以生，一时得气，各自不同。所以，贵贱寿夭不可尽以八字拘也。夫以甲乙寅卯属木，生于兖青为得地，春令为得时。丙丁己午属火，生于徐扬为得地，夏令为得时。戊己辰戌丑未属土，生于豫州为得地，四季月为得时。庚辛申酉属金，生于荆梁为得地，秋令为得时。壬癸亥子属水，生于冀雍为得地，冬令为得时。况昼夜阴晴之间，有寒有暖。阴阳造化之内，有喜有忌。生克制化，抑扬轻重，妙在识其通变，不可固执一论也。

按：凡八字用神，所取在木者，生春令，产兖青诸域[①]必发，晴雨昼夜相同。若生秋令，产荆梁诸域不发，天雨夜深犹可，天晴傍午更逊。用神所取在火者，生夏令，产徐扬诸域必发，天晴傍午大发，天雨夜深稍减。若生冬令，产冀雍诸域不发，天晴傍午尚可，天雨夜深更逊。用神所取在土者，生四季，产豫州诸域必发，天晴傍午大发，天雨夜深稍减。若生春令，产兖青诸域不发，天晴傍午尚可，天雨夜深更逊。用神所取在金者，生秋令，产荆梁诸域必发，天雨夜深犹可，天晴傍午稍减。若生夏令，产徐扬诸域不发，天晴傍午尚可，天雨夜深更逊。用神所取在水者，生冬令，产冀雍诸域必发，天雨夜深大发，天晴傍午稍减。若生夏令及四季，而又生徐扬豫诸域不发，天雨夜深尚可，天晴傍午更逊。盖八字用神，全赖天时地利，交相资助，两得者大发。得天时而不得地利者次，得地利而不得天时者又次。若天时地利皆不得，则用神无所依附。独木不能成林，孤军不能独胜，必主贫夭。然先哲有言：勤俭以救贫，摄生以治夭。此又人力之所当尽，未尝不可培补后天也。

论比肩宜忌[②]

《子平撮要》云：比肩要逢官杀制。《玄机赋》云：日干无气，遇劫为强。

按：比肩何以要官杀制？盖日主太强，八字中比肩、劫财、败财层见

---

① 此就禹域而言。余仿此。
② 劫财、败财同。

叠出，而伤官、食神鲜见，必须官杀以制之，俾可循礼守法，步入正轨。犹人之兄弟众多，必须长官以约束之，严师以教导之，乃成优美人材。故《子平撮要》云：比肩要逢官杀制。

日干无气，又何以遇劫为强？盖日主太弱，八字中并无正印，而官杀财伤甚重，不得已而借劫财、败财之赞助。犹人之身体废弛不能自治，必须兄弟辈襄理一切，乃可转弱为强。故《玄机赋》云：日干无气，遇劫为强。

论食神宜忌

《子平撮要》云：用之食神不可夺。《古歌》云：食种最喜劫财乡。

按：用之食神，何以不可夺？盖日主太强，八字中比劫林立，而财官卒鲜，正赖食神，盗泄其精华，使之尽其所长，若见印绶以夺之，乌乎可。犹人之年方少壮，正可发抒抱负、进取利名。若以微禄羁縻之，虚荣束缚之，岂不贻误人材乎？故《子平撮要》云：用之食神不可夺。

食神又何以最喜劫财？盖日主太弱，八字中食神重重，而又有财无印，用财星而力量难胜，用食神而元气更伤，不得已借劫财、败财之赞助。犹人之精神不足，事务太繁，必须得同心之人佐理，乃可化难为易。故《古歌》云：食神最喜劫财乡。

论伤官宜忌

《古歌》云：伤官伤尽最为奇。又云：伤官见官祸百端。《子平撮要》云：伤官尤喜见财星。《玄机赋》云：伤官用印宜去财。《古歌》云：伤官不怕比劫逢。

按：伤官何以伤尽为奇？盖日主太强，八字中比劫重逢，而财星甚少，正赖伤官生财，以尽其妙。犹人之年少家贫，必须振刷精神，扩张事业。故《古歌》云：伤官伤尽最为奇。

伤官又何以见官为祸？盖日主太强，八字中比劫重逢，而伤官当道，若见正官，则伤官必奋起而戕害之。犹人之背理涉讼，恃强侮官，有不遭谴责者乎？故又云：伤官见官祸百端。

伤官又何以喜见财？盖日主太强，八字中比劫重逢，而伤官、正官又同处战争地位，是必用财化解。犹人之忤官获罪，判施罚金，即可消患无形。故《子平撮要》云：伤官尤喜见财星。

伤官用印，又何以宜去财？盖日主太弱，八字中伤官叠出，正赖印绶生扶，始免伤官盗泄之害，若见财星，则印绶破伤。犹人之体弱事繁，正值节劳静养，服药调摄之时，岂堪再冒险而谋利乎？故《玄机赋》云：伤官用印宜去财。

伤官又何以不怕比劫？盖日主太弱，八字中伤官重逢，用伤官而元气不经盗泄，用财杀而身体不胜摧残，惟有取比肩，劫财、败财为用，始免此患。犹人之精神委靡，不能治事，必赖同气者协助乃佳。故《古歌》云：伤官不怕比劫逢。

论财星宜忌

《子平撮要》云：用之财星不可劫。《古歌》云：身强财旺皆为福，若带官星更妙哉！又云：日主无根财太重，全凭印绶护身躯。《玄机赋》云：财旺者，遇比何妨。子平云：日主无根，弃命从财。

按：财星何以不可夺？盖日主太强，八字中财星不多，官杀罕见，正赖财星为用，若见比劫，则财星破矣。犹人之家贫人众，全赖此少数储金为生活之资本，岂堪再经盗劫。故《子平撮要》云：用之为财不可劫。

财旺身强，又何以带官更妙？盖日主太强，八字中比劫虽多，而财星颇旺，身强用财，固是美事，再带官星，以去比劫，妙不可言。犹人之身强家富，固已愉快，若再礼贤下士，好义急公，即不身列庙堂，亦应荣夸乡里。故《古歌》云：身强财旺皆为福，若带官星更妙哉！

财太重，又何以全凭印绶？盖日主太弱，八字中财星叠见，比劫不逢，必须印绶护持之，乃免财多身弱之患。犹人之资财富足，而无自治能力，必赖桩萱庇荫，始无散失之虞。故《古歌》云：日主无根财太旺，全凭印绶护身躯。

财星旺，又何以遇比无妨？盖日主太弱，八字中财星叠见，印绶无权，必须比劫资助之，乃得众擎易举之效。犹人之财产丰盈，不遑兼顾，必须慎选会计为之管理。故《玄机赋》云：财旺者，遇比何妨。

日主无根，又何以弃命从财？盖日主太弱，八字中财星叠见，欲借印绶护持，而印绶阙如，欲借比劫资助，而比劫亦阙如，无已，惟有弃命从财，反取财为用神。犹人之家贫亲逝，既无昆仲，又无奥援，只有舍丈夫之特性，作赘婿之新郎，庶可免凄凉之苦，而得家室之欢。故子平云：日主无根，弃命从财。

论正官宜忌

《子平撮要》云：用之正官不可伤。又云：官轻见财为福利。《继善篇》云：有官有印，无破作廊庙之材。《玄机赋》云：重犯官星，只宜制伏。

按：用之官星何以不可伤？盖日主太强，八字中比劫甚重，财星不多，正赖官星以制比劫，使之不敢夺财。若见伤官以伤之，则官星失其效力，而比劫猖狂矣。犹人之家道饶余，全凭法律保护。若世乱官戕，则盗贼横行，身家不保，其害可胜言哉！故《子平撮要》云：用之正官不可伤。

官星轻，又何以见财为福？盖日主太强，八字中比劫重，官星轻，但凭无力之官星，不能制有气之比劫，必须借财生官，而官星始有效力。犹人之因争涉讼，既具充足理由，又占富余地位，则长官必使之略事让步，而秉公判直也。故《子平撮要》云：官轻见财为福利。

有官又何以要有印？盖日主太弱，八字中官星颇旺，比劫甚少，必须印绶生扶，而官星始为我福。犹人之既得功名，又受权印，即可荣膺重任，福被群伦，否则不过一闲曹，岂能更图远大哉！故《继善篇》云：有官有印，无破作廊庙之材。

重犯官星，又何以只宜制伏？盖日主太弱，八字中官星叠见，印绶不逢，有克无生。不得已，借伤官以伤之，庶不致摧残净尽。犹人之势孤涉讼，屡遭扑责，必得强有力者，为之据理抗争，始可转危为安。故《玄机赋》云：重犯官星，只宜制伏。

论七杀宜忌

《继善篇》云：身强杀浅，假杀为权。《经》云：杀轻者喜财生之。《玄机赋》云：杀重身轻，制乡有益。又云：身弱有印，杀旺无妨。《子平》云：日主无根，弃命从杀。

按：身强杀浅，何以假杀为权？盖日主太强，八字中比劫多，财星少，官星晦，正赖七杀，补官星之不逮，以制比劫，使之不敢觊觎财星。犹人之财产丰富，既少长官法律之保护，必须联合乡党之强有力者，为之屏障。此即古人自治之义。故《继善篇》云：身强杀浅，假杀为权。

杀轻何以喜财生者？盖日主太强，八字中比劫重，七杀轻，若借七杀，以制比劫，而七杀畏难思退，必须财星生之，乃有效力。犹人之僻居乡里，因事相争，每借乡里之强有力者，为之排难解纷。然若无隆情酬报，彼亦岂能为我直耶？故《经》云：杀轻者喜财生之。

杀重身轻，又何以制乡有益？盖日主太弱，八字中七杀多，比劫少，既无比劫夺财，何须七杀戕身，必赖食神伤官以制之，乃可自存。犹人之家资颇富，并无亲族贫乏者，与之为难，彼亦何苦受权豪之剥夺。是必施其智谋以抵抗之，始可安乐。故《玄机赋》云：杀重身轻，制乡有益。

身弱有印，又何以杀旺无妨？盖日主太弱，八字中七杀虽旺，得印绶以生身，究无他害。犹人之智识浅薄，家资富余，小人逼处，似属危险，然得桩萱庇荫，仍可暇豫无伤。故《玄机赋》云：身弱有印，杀旺无妨。

日主无根，又何以弃命从杀？盖日主太弱，八字中七杀林立，既无印绶护身、比劫助势，又无伤食制杀，独立无援，不得已而弃命从杀，反取七杀为用神。犹人之孤身远行，途遇盗贼，惟有俯首贴耳，听其搜索，乃可保生命而步康庄。若稍示违抗，即有杀身之祸。故子平云：日主无根，弃命从杀。

论印绶宜忌

《玄机赋》云：印多者行财而发。《子平撮要》云：用之印绶不可破。

按：印多何以行财而发？盖日主太强，八字中印绶多，比劫众，必赖财星破印，始免满损之虞。犹人之年富力强，衣丰食足，必须发奋经营，多方劳动，而身体始可康宁。若但饱食终日，无所事事，则疾病相侵矣。故《玄机赋》云：印多者喜行财地。

用之印绶又何以不可破？盖日主太弱，八字中官杀重，比劫轻，正赖印绶生扶，始免摧残之害。犹人之家富身衰，只宜息肩养性，不可争利好名。若不知此而妄为，未有不因劳致疾者。故《子平撮要》云：用之印绶不可破。

以上所释，皆以日主强弱为纲，用神宜忌为目。凡先贤定名取用之义，皆以浅说申明之，非敢谓为尽是，要亦不出先贤人情物理寓劝于惩之意。至于次序先后，与古人略异者，盖古人以吉凶名词分先后，兹以十干生克次序分先后。故一曰比劫，二曰食伤，三曰财星，四曰官杀，五曰印绶。犹人之先有身体，后有学术，再后有财产。有财产而后借长官保护，权印设施，乃可治安。此理势之自然，断非人力私智之所能造作也。沈孝瞻曰：财与印不分偏正，同为一格论。故此篇偏财、偏印，不另赘述。

又按：老友潘君子端所著《命学新义》，说理新颖，超越寻常。戊寅冬，余曾不辞谫陋，为序发端。其论六神简明新颖，尤为余所心折。兹特节录于后，借贡知音参考。

（一）论印绶

印为禀赋，自有强弱之分。强弱之间，犹有不强不弱者在。按之命理，强者宜泄，惟印不能泄，因我受生于印，无力以支配之也。禀赋过弱，应主不存。然苟得其养，亦无碍焉。若不强不弱，是乃扶身之本，不可伤之。故曰：用之印绶不可破。

（二）论财星

印云强弱，财论多寡，财多支配为难，易招灾祸。遇人分劫，重累可减。若过多，则我放弃一切，专行理财。若仅足以养生，不可去之。故曰：用之为财不可劫。

（三）论正官

官乃利他心之表现，以合作手段为社会服务也。社会服务，外诱极多，故官不宜见过多之财。若贪图利己，结党营私，则官伤。又或一意高傲，纵情诗酒，则官亦伤。社会服务，尤须有强健之体格。故云：身旺方可任财官。

（四）论七杀

七杀性质与官同，惟手段采取竞争。竞争需力，故喜身强，畏财多以分其心。若能使之对私利采取合作，对社会力图竞争，则为人刚而黠。若对己对人，一律采取竞争手段，势必两败俱伤，毫无成就。

（五）论伤官

伤官乃利己心之表现，以合作手段，为自己谋利益。因其为利己的，须驱使群众，为我而活动。成就常较正官为难。驱使群众，首在识人。伤官气盛者，多能之辈也。能者多劳，故需至强之禀赋。尤需多财，以尽其能。

（六）论食神

食神与伤官异，以竞争手段，遂其利己心。竞争较合作为难，但成就多清高。身弱财多食强，多灾多难。身强财多食弱，富屋贫人。食伤之别，乃伤气为横为杂，食气为直为纯，伤气为显出的，食气为深入的。伤杂食气，不失其为混杂、浅浮。食杂伤气，则失其为清标绝俗。官及伤官，为外向的性格。食及七杀，为内向的性格。外向者懒散，内向者晶明。懒散无可托，晶明则否。譬如经营各业，则广而不美；学习百艺，则博而不精。不如专营一业，心不外驰，败固可以自救，胜则终身可托。又或专心一艺，苦心孤诣，虽不为人所知，一旦艺成，即可恃之为生，尤胜积财千万。故食杀可托，官伤不能。亦即古书所云：弃命从杀，从食之义。官及伤官，不可从也。

卷六　用神

论病药①

　　何以谓之病？八字中原有所害之神也。何以谓之药？八字中原有所害而得一字以去之也。如朱子所谓："各因其病而药之。"故《书》云："有病方为贵，无伤不是奇。格中如去病，财禄两相随。"命书甚多，此四句可为括要。盖人造化虽贵中和，若一于中和，则安得探其消息，而论其休咎。愚先未谙病药之说，屡以中和究人造化，十无一二验。又以财官为论，亦无归趣。后始悟病药之旨，再以财官中和参看，则十验八九。如人八字中，四柱纯土，遇水日干，则为杀重。金日干，则为土重埋金。火日干，则为晦火无光。木日干，则为财多身弱。土日干，则为比肩太重。是则土为诸格之病，但喜木为药，以医其病也。又如用财，见比劫为病，喜官杀为药。用食伤，以印为病，喜财为药。用官杀，以食伤为病，喜印绶为药。或本身病重而药轻，或本身病轻而药重，以行运取其中和。若病重而得药，大富大贵之人也。病轻而得药，小富小贵之人也。无病而无药，不富不贵之人也。看病药之法，先看日干，次看月令。如令中所属是火，先看此一火起，又看年上或有火，日月时上或有火，指点此火作一处看。或为病，或非病，虽藏有别物，且不必看。恐再看别物，则混杂不明。故曰：从重者论。若财官印绶有病，就要医财官印绶。身主有病，就要医身主。如八字纯然无杂，不旺不衰财官印食，俱无损伤。日干之气，又得中和，而并无起发可观。此即平常之人耳。

　　素庵老人曰：张神峰病药之说，其法甚悉。然方取病伤，即求医药。既用医药，仍归中和。非舍正理而尚奇僻也。惟所云：八字纯然，不旺不

---

　　① 明张楠神峰撰，清陈素庵厘正。

弱。财官无损，日主中和。断为常人之命，则其说偏矣。人命纯粹中和，安有不贵不富。特纯粹之中暗藏驳杂，中和之内嫌于浅露，仍是不纯粹、不中和耳。尝见大富贵命，无病无伤，不旺不弱。运历五行而皆美，身备五福而无亏。岂非纯粹中和之确验，何必过拘病药之说乎？

论衰旺

《滴天髓》云：能知衰旺之真机。其于三命之奥，思过半矣。

刘诚意曰：旺则宜泄宜伤，衰则喜帮喜助，子平之理也。然旺中有衰者存，不可损也。衰中有旺者存，不可益也。旺之极者不可损，以损在其中矣。衰之极者不可益，以益在其中矣。至于所当损者而损之反凶，所当益者而益之反害。如此真机，皆能知之。又何难于详察三命之微奥焉。

按：欲求用神之所在，当知衰旺之真相。欲知衰旺之真相，当知旺中有衰，衰中有旺，旺极忌损，衰极忌益之义。否则似是而非，岂能鉴别荣枯耶？

论命总法一

《命理约言》云：看命大法，不过生克扶抑而已。列下四柱，先看日干。是何五行，随看月支。或是生我克我，或是我生我克。如月支本气透于天干，寅透甲，午透丁，即取为格。系正官、食神、偏财、偏印，则宜生之助之。系偏官、伤官，则宜制之化之。若本气不透遭克，则寅不用甲，而用所藏之丙戊。午不用丁，而用所藏之己。若所藏之神又不透遭克，则不用月支，而别用干支之势盛力旺者为格。其禄刃比劫，无论在干在支，均不以之取格，但用为日干之助耳。总之，以日干与财官等较其强弱，强者抑之，弱者扶之。局不能扶抑者，以运扶抑之。其必不可扶者，则弃之。必不可抑者，则顺之。惟合化格，一气两神格，暗冲暗合格，不在此例。总之，浅而易见者小，深而难测者大。清而有神者贵，浊而无气者贱。纯粹中和者贵而安，奇怪偏驳者贵而危。或谓太平之世取正，有事之世取奇。余尝阅古今命数万，承平安乐，尽多七杀伤官。开创经纶，不少正官正印，特奇正之命。世多世少，气运偶然。非奇者生太平之世必无用，正者生有事之世必不贵也。

论命总法二

又云：推命先看日干。或得时，或失时，或得势，或失势。下坐某支，紧贴某干，于日干生克扶抑何如。随看余三干及四支，于日干生克扶抑何如，此恒法也。然不特日干而已。凡柱中干支，皆当如此研究。如看年干，先看得时得势否。下坐何支，紧贴何干，于年干生克扶抑何如。随看余三干及四支，于年干生克扶抑何如。月干时干亦然。如看年支，先看得时得势否。上载何干，紧贴何支，于年支生克扶抑何如。随看余三支及四干，于年支生克扶抑何如。月日时支亦然。如此一一研究的确，然后用之为官杀、为财印、为食伤。其是强是弱，当用当舍，自然精当无渣，洞澈不惑矣。此看命第一要诀也。

论用神法

又云：命以用神为紧要。看用神之法，不过扶抑而已。凡弱者宜扶，扶之者即用神也。扶之太过，抑其扶者为用神。扶之不及，扶其扶者为用神。凡强者宜抑，抑之者即用神。抑之太过，抑其抑者为用神。抑之不及，扶其抑者为用神。如木弱扶之以水，水扶太过，制水以土。水扶不及，生水以金。木强抑之以金，金抑太过，制金以火。金抑不及，生金以土。至同类之相助，则气之相资，亦扶也。生物泄其气，克物杀其势，亦抑也。是故有日主之用神焉，六神之扶抑日主者是也。有六神之用神焉，六神之互相扶抑者是也。六神之用神，即为日主用也。有原局之用神焉，局中本具之扶抑是也。有行运之用神焉，运中补足之扶抑是也。行运之用神，即为原局用也。用神无破为吉，有助则更吉。用神有损为凶，无救则更凶。命譬之身，用神譬之身之精神。精神厚则身旺，精神薄则身衰。精神长存则身生，精神坏尽则身死。看命者看用神而已矣。然取用神之法，虽当专一而不眩，亦宜变通而勿拘。如正偏官格，有时制化互用，甚或生制参用。况行运数十年，无俱木俱金之理。尝见大富贵之命，不恃一神为用。其专恃一神者，乃补偏救弊之命耳。抑更有说焉，有体而后有用。日主六神，体也。扶抑日主用神者，用也。苟日主六神，或强不可制，或衰不堪扶，或散漫无伦，或战争不定。是则体先不成，用于何有，其为下命决矣。

论生年法

又云：古时以生年干支论命，后来专主日主，然生年终为根本。年干重于月干，年支重于月支。若得时得势，气力较大，其干支之力亦相等。术家多有重年干轻年支者。盖惑于流年重天干之说，谓柱中亦然耳。无论干支共司一岁之事，即如种种神煞，从年干起者少，从年支起者多，何容妄自轩轻乎？若旧书所立岁德扶官扶杀扶财等格，则又不然。夫五阳干为岁德，五阴干为岁德合，安可混以德称。且官杀财可扶，印食何不可扶。况杀非吉神，方将制之化之，奈何扶之。总之，合四柱干支取断，斯无弊之道耳。

论月令法一

又云：格局先取当令，次取得势。若日主之为旺为弱，官杀财印食伤之为旺为弱，亦先以月令推之。如木在春月为旺，在惊蛰以后谷雨以前，为尤旺。在秋月为弱，在白露以后霜降以前，为尤弱。或党多援众，则秋木亦旺。势孤克众，则春木亦弱。余皆例此。神峰张楠，谓生本月之气反不能任克，止可一二点克神，多必克。倒生受克之月而有生扶者，反能任克。试之屡验。以为理外之见，余考旧命诚有之。此盛衰倚伏，亦非理外也。若令支所藏，或二神，或三神，其取用之法。如甲生寅月，先论甲木，次论丙火戊土。或寅字损坏无气，则取丙戊。或寅字虽无伤损，而丙戊中有一透干成象者，则亦取之。否则，无舍甲而用丙戊者。余支皆然。旧书谓行运必不可冲月令，冲必不利。夫人生六十岁左右，不论顺运逆运，无不冲令者，多有安富尊荣，岂皆不利乎？且格局有不恃令神者，又有令神强旺不畏冲者，何可概论乎？惟原命止恃此令神，而令神本来单弱，则诚不可冲耳。

论月令法二

又云：旧书十二月支中所藏诸干，俱分日用事。相沿既久，遵若金科玉律。但实理不然，推本论之，寅卯只是甲乙木，巳午只是丙丁火，申酉只是庚辛金，亥子只是壬癸水，辰戌丑未只是戊己土。若亥有甲，寅有丙，巳有庚，申有壬，盖木火金水生地之故。未有乙，戌有丁，丑有辛，辰有癸，盖木火金水墓地之故。辰又有乙，未又有丁，戌又有辛，丑又有癸，盖木火金水余气之故。寅巳又有戊，午又有己，盖土随火母生旺之故。总之，但有其气，非能分诸支之位。而各得若干日也，惟有其气。故论命者，必兼取之。惟不能分其位，故论命者，必以本支为主，而后及其所藏也。

论日主法

又云：旧书论日主，或专取强旺，或反尚衰弱。盖以太强则得抑有力，太弱则得扶立效，此即有病方为贵之说，皆偏见也。凡日主最贵中和，自然吉多凶少。日主太强太弱，自然吉少凶多。惟可抑之强，可扶之弱，则存乎作用耳。作用之法，如木日强，则用金克之，用火泄之。木日弱，则用水生之，用木助之。若得土而杀其势，亦所以抑之。借土而培其根，亦所以扶之。其要归于中和而已。旧谓男命日主不嫌于强，然过强则亦取咎。女命日主不嫌于弱，然过弱则亦受亏。至于日主所坐之支，较为亲切。但坐财官等吉神，亦须四柱透露扶助。坐伤劫等凶神，四柱亦能伐而去之。非坐下一支，遂定休咎也。

论生时法一

又云：自日干而外，三干四支均有关系，而时尤紧要。盖时乃全局之归宿，不特日主引至时上，喜生旺，恶衰绝。凡局中喜神，引至时上，生旺则愈吉，衰绝则不吉。局中忌神，引至时上，生旺则愈凶，衰绝则不凶。又有喜神过旺，喜时上克之泄之；凶神无制，喜时上克之化之，较为得力。若日干苟非太过，未有不喜时上生旺者。即日主太过，亦喜时上克泄，然死绝终非所宜耳。或曰：时既要紧如此，则以时取格，何不可？不知归宿特重生时，格局须合全柱，何可概论乎！

论生时法二

又云：旧有时分上中下刻之说，谓四柱同而穷达不同，职此故也。其说似乎精晰，然昔贤论此者甚少，偶有及之者，不过谓时支分刻用事，亦若月支分日用事耳。如寅时一二刻则丙火用事，三四刻则戊土用事，后四刻则甲木用事。夫月支尚无分日用事之理，安有一时之间，某刻金水当权，某刻木火司柄者乎？若时支如是，则日支亦然。何不分昧爽以前，某神用事；日出以后，某神用事；日中以后，某神用事乎？不知生于某月，不拘何日，月支之气俱备。生于某时，不拘何刻，时枝之气俱备。如生寅时，不拘何刻，甲丙戊之气俱备。只看三者之中，何神得时得势则用之，何神失时失势则舍之。如是取断，于理最当，勿信分刻虚谈可也。

论四吉神能破格

沈孝瞻曰：财官印食，四吉神也。然用之不当，亦能破格。如食神带煞，透财为害，财能破格也。春木火旺，见官则忌，官能破格也。杀逢食制，透印无功，印能破格也。财旺生官，露食则杂，食能破格也。是故官用食破，印用财破。譬之用药，参苓芪术。本属良材，用之失宜，反足害人。

论四凶神能成格

又曰：杀伤枭刃，四凶神也。然施之得宜，亦能成格。如印绶根轻，透杀为助，杀能成格也。财逢比劫，伤官可解，伤能成格也。食神带杀，灵枭得用，枭能成格也。财逢七杀，刃可解厄，刃能成格也。是故印不忌杀，财不忌伤，官不忌枭，杀不忌刃。如治国者，用长枪大戟，本非善具。施之得宜，可以戡乱。

按：四吉神能破格，四凶神能成格。古人间有言之者，多不明了。熟读此篇，固不致见财官印食即言吉，见杀伤枭刃即言凶，且可知成格、破格所以然之理矣。

论用神成败救应

又曰：用神专寻月令，以四柱配之，必有成败。何谓成？如官逢财印，又无刑冲破害，官格成也。财旺生官，或财逢食生，而身强带比，或财格透印，而位置妥帖，两不相克，财格成也。印轻逢杀，或官印双全，或身印两旺，而用食伤泄气，或印多逢财，而财透根轻，印格成也。食神生财，或食带杀而无财，弃食就杀而透印，食格成也。身强七杀逢制，杀格成也。伤官生财，或伤官佩印，而伤官旺，印有根，或伤官旺，身主弱，而透杀印，或伤官带杀而无财，伤官格成也。羊刃透官杀，而露财印，不见伤官，羊刃格成也。建禄月劫，透官而逢财印，透财而逢食伤，透杀而遇制伏，建禄月劫之格成也。何谓败？官逢伤克刑冲，官格败也。财轻比重，又透七杀，财格败也。印轻逢财，或身强印重而透杀，印格败也。食神逢枭，或生财露杀，食神格败也。七杀逢财无制，七杀格败也。伤官非金水而见官，或生财而带杀身轻，或佩印而伤轻身旺，伤官格败也。阳刃无官杀，刃格败也。建禄月劫，无财官，透杀印，建禄月劫之格败也。成中有败，必是带忌。败中有成，全凭救应。何谓带忌？如正官逢财，而又透伤，透官而又逢合。财旺生官，而又逢伤逢合。印透食以泄气，而又遇财露。透杀以生印，而又透财以去印存杀。食神带杀印，而又逢财。七杀逢食制，而又逢印。伤官生财，而财又逢合。佩印而印又遭伤。阳刃透官而又被伤，透杀而又被合。建禄月劫，透官而逢伤，透财而逢杀，是皆谓之带忌也。何谓救应？如官逢伤而透印以解之。杂杀而合杀以清之。刑冲而会合以解之。财逢劫而透食以化之。生官以制之。逢杀而食神制杀以生财，或存财而合杀。印逢财而劫财以解之，或合财而存印。食逢枭而就杀以成格，或生财以护食。杀逢食制，印来护杀，而逢财以去印存食，伤官生财。透杀而杀逢合，阳刃用官，带伤食，而重印以护之。建禄月劫，用官遇伤，而伤被合，用财带杀，而杀被合，是谓之救应也。八字妙用，全在成败救应。其中权轻权重，甚是活泼，学者从此留心。能于万变中融以一理，则于命之一道，其庶几乎？

论用神因成得败因败得成

又曰：八字之中，变化不一，遂分成败。而成败之中，又变化不测，遂有因成得败，因败得成之奇。是故化伤为财，格之成也。然辛生亥月，透丁为用，卯未会财，乃以党杀，因成得败矣。印用七杀，格之成也。然癸生申月，秋金重重，略带财以损太过，逢杀则杀印忌财，因成得败也。如此之类，不可胜数，皆因成得败之例也。官印逢伤，格之败也。然辛生戊戌月，年丙时壬，壬不能越戊克丙，而反能泄身为秀，是因败得成矣。杀刃逢食，格之败也。然庚生酉月，年丙月丁，时上逢壬，则食神合官留杀，而官杀不杂，杀刃局清，是因败得成矣。如此之类，亦不可胜数，皆因败得成之例也。其间奇奇怪怪，变幻无穷，惟以理权衡，随在观察，因时达化，由他奇奇怪怪，自有一种至当不易之论。观命者毋执而不化，眩而无主也。

论用神配气候得失

又曰：论命惟以月令用神为主，然亦须配气候而互参之。譬如英雄豪杰，生得其时，自然事半功倍。遭时不顺，虽有奇才，成功不易。是以印绶遇官，此谓官印双全，无人不贵。而木逢冬水，虽透官星，亦难必贵。盖金寒而水益冻，冻水不能生木，其理然也。身印两旺，透食则贵，凡印格皆然。而用之冬木，尤为秀气。火不惟可以泄身，而即可以调候。伤官见官，为祸百端，而金水见之，反为秀气。非官之不畏夫伤，而调候为急，权而用之也。伤官佩印，伤官带杀，皆随时可用。而用之夏木，用之冬金，其秀百倍。火济水，水济火也。伤官用财，本为贵格。而用之冬水，即使小富，亦多不贵，冻水不能生木也。伤官用财，即为秀气。而用之夏木，贵而不甚秀，燥土不甚灵动也。春木逢火，则为木火通明，而夏木不作此论。秋金逢水，则为金水相涵，而冬金不作此论。气有衰旺，取用不同也。春木逢火，木火通明，不利见官。而秋金遇水，金水相涵，见官无碍。假如庚生申月，而支中或子或辰，会成水局。天干透丁，以为官星。只要壬癸不透露干头，便为贵格。与金水伤官喜见官之说同论，亦调候之道也。食神虽逢正印，亦为夺食。而夏木火盛，轻用之亦秀而贵，与木火伤官喜见水同论，亦调候之谓也。此类甚多，不能悉述。在学者引伸触类，神而明之而已。

按：比食财官印，乃五行生克变化之名词。其形状情态，大致已备列宜忌门中，似较恍惚迷离。空言无实者，较为亲切有味。然余为人谈命，仍多详言五行，略论名词，非避难就易，舍精用粗也。盖木火土金水之五行，乃有形之物质，实事求是，理甚显然。何为吉，何为凶？孰当否，孰当泰？是是非非，不容假借。虽目不识丁者闻之，亦必首肯。非比比食财官印之名词高深费解，令人莫名其妙也。然欲知五行之真理，必先明调候之道。欲明调候之道，须熟玩此篇。尤须将五行宜忌门中义理反复寻思，乃得要领。

论生克先后分吉凶

又曰：月令用神，配以四柱，固有每字之生克，以分吉凶。然有同此生克，而先后之间遂分吉凶者，尤谈命之奥也。如正官格，同是财伤并透，而先后有殊。假如甲用酉官，丁先戊后，则以财为解伤。即不能贵，后运必有结局。若戊先而丁在时，则为官遇财生，而后因伤破。即使上运稍顺，终无结局，子嗣亦难矣。正印格，同是贪财坏印，而先后有殊。如甲用子印，己先癸后，即使不富，晚景当顺。若癸先而己在时，晚景亦悴矣。食神格，同是食枭并透，而先后有殊。如壬用甲食，庚先丙后，晚运必亨，富而且贵。若丙先而庚在时，晚运必淡，富贵两空矣。七杀格，同是财食并透，而先后大殊。如己生卯月，癸先辛后，则为财以助用。而后杀用食制，不失大贵。若辛先而癸在时，则杀逢食制，而财以夺食党杀，非特不贵，后运消索，兼难永寿矣。他如此类，可以例推。然犹吉凶之易见者也。至丙生甲寅，年癸时戊，官能生印，而不怕戊合。戊能泄身为秀，而不得越甲以合癸，大贵之格也。假使年月戊癸而得甲，或年甲而月癸时戊，则戊无所隔而合癸，格大破矣。丙生辛酉，年癸时己，伤因财间，伤之无力，间有小贵。假使癸己并，而中无辛隔，格尽破矣。辛生申月，年壬月戊，时上丙官，不畏隔戊之壬，格亦许贵。假使年丙月壬而时戊，或年戊月丙而时壬，则壬能克丙，贵无望矣。如此之类，不可胜数，其中吉凶，似难猝喻。然细思其故，理甚显然，特难为浅者道耳。

卷七　化合冲刑

论十干化气

《经》云：甲遇己，得辰戌丑未则旺相。乙遇庚，得巳酉丑则掀轰。丙遇辛，得申子辰则奋发。丁遇壬，得亥卯未则清高。戊遇癸，得寅午戌则显荣。是以五运以五宫为正庙，我入母宫为福德，我入子宫为盗泄，我入鬼宫为刑伤，我入妻宫为财帛。然子能制鬼，不可概作凶言。当以五运浅深，及生克制化评断。总之，化气主体，首重日干，年月时次之。须要日辰得旺气，始为美备。若得月中旺气，又得时上旺气者，固妙。若不得月中旺气，仅得时上旺气者，亦可用。若月日时俱得旺气，则富贵寿考矣。《渊海子平》云：化之真者，名公巨卿。化之假者，孤儿异姓。即此义也。至于干合又得支合者，如甲戌见己卯，甲辰见己酉之类，同在一旬，名曰"君臣庆会"。盖世事有本国之君，未尝有异国之臣。故同在一旬，必须辨其阳为君，阴为臣。君位居上，臣位居下，始顺，反此则悖逆矣。如甲子见己丑，甲午见己未之类，互见两旬，谓之"夫妇聚会"。盖遭遇有本郡之夫，亦有他郡之妻。故互见两旬，必须上下和美，贵神赞助，乃妙。若冲破刑煞，则无益矣。又有转角进化者，干合中见支辰四角相顺连者，如甲辰见己巳之类。日时遇此，功名易成。有转角退化者，干合中见支辰四角相逆连者，如甲午见己巳之类。日时遇此，功名晚得，一切迟缓。有坐下自化者，乃干支暗合。如壬午日，丁禄在午，与壬化合。丁亥日，壬禄在亥，与丁化合是也。戊子、甲午、辛巳、癸巳日同此。然获福之厚薄，仍当随八字全体观之，庶无差误。

按：化气有得时失令之不同，如化土于季月为得时，反此皆为失令。化木于亥卯未月及正月为得时，反此皆为失令。得时者为真化，失令者为假化。然有真化而经破伤者，不啻假化。假化而经资助者，不啻真化。此又不可不知。破伤者何，如化土格。而天干间以乙字庚字暗地化金，盗泄土气。或间以丁字壬字暗地化木，损伤土质。即《书》云"我入子宫为盗泄，我入鬼宫为刑伤"是也。资助者何，如化土格。而天干间以戊字癸字暗地化火，为土之印。或间以丙字辛字暗地化水，为土之财。即《书》云"我入母宫为福德，我入妻宫为财帛"是也。大运宜忌，亦如是论。再参观五运浅深，生克制化，则百不失一矣。今人不明此理，但知化气宜真忌假，而不知真中有假、假中有真。甚至谓"真者始为化气，假者不为化气"，尤属谬妄。殊不知《渊海子平》一则云化之真者，一则云化之假者。此真假同以化言之明证也。《化气诗》一则云：丁壬化木喜逢寅，乙庚化金旺于酉。一则云：丁壬化木入金乡。一则云：乙庚最怕火炎伤。此得时失令，同以化言之明证也。《三命通会》泥一阴一阳，夫妇配合，化生万物之说。谓为一己二甲、一甲二己，皆不能化，只可作妒合论，珊颇不谓然。及观《神峰通考·从化篇》载萧丞相造：癸巳、丁巳、癸酉、戊午，二癸一戊，作化火格论。又方状元造：辛亥、辛丑、丙子、己亥，二辛一丙，作化水格论。又李知府造：丁酉、丙午、丁巳、壬寅，二丁一壬，作化木格论。愈觉《通会》之说非是，盖合则化，不合则不化，既名曰妒合，而又曰不化，有是理乎？如白与黑相和，则化为灰。黑与红相和，则化为紫。和，即合也。既和矣，而仍以本色目之。虽愚之甚者，亦知为不然。若曰一阴一阳，为尽美尽善之化。一阴二阳、一阳二阴，虽不尽美尽善，而阴阳未尝不化，则无语病矣。

论化气五行生克之名词

王祝三曰：化气五行之说，子平诸书皆有之。惜其言晦而不明，略而不畅。致后之学者，对于名公巨卿、孤儿异姓二语，茫然不知裁判之法，良可慨也。自先生发明真假之原理，条分缕晰，妙义环生，钦佩何可言喻。虽然窃有进者，化气之用，既与正五行不同，则正五行生克之名词，当然不能假借。若云略之而不能，备之而不用，徒存面貌，别寄精神，揆之情理，似乎未合。愚以为有生克然后有名词，是名词因生克而定者也。化气五行生克之名词，自当随化气生克而定。我入母宫为福德，非即正偏印乎？我入妻宫为财帛，非即正偏财乎？至于比劫食伤，亦可类推而得。如此排列，则喜忌之神，昭然若揭，一望可知。其法似较妥善。质之高明，以为如何？试列表于下，并附说，以明其用法。

化气五行生克名词表

横推 日主	甲戊作	乙辛作	丙壬作	丁乙作	戊丙作	己己作	庚庚作	辛癸作	壬甲作	癸丁作
化劫财	己	庚	辛	壬	癸	甲	乙	丙	丁	戊
化食神	庚	辛	壬	癸	甲	乙	丙	丁	戊	己
化正财	辛	壬	癸	甲	乙	丙	丁	戊	己	庚
化七杀	壬	癸	甲	乙	丙	丁	戊	己	庚	辛
化正印	癸	甲	乙	丙	丁	戊	己	庚	辛	壬
化比肩	甲	乙	丙	丁	戊	己	庚	辛	壬	癸
化伤官	乙	丙	丁	戊	己	庚	辛	壬	癸	甲
化偏财	丙	丁	戊	己	庚	辛	壬	癸	甲	乙
化正官	丁	戊	己	庚	辛	壬	癸	甲	乙	丙
化偏印	戊	己	庚	辛	壬	癸	甲	乙	丙	丁

凡遇化气之命，先将日主化出正五行。如日主为甲，与己作合，则于

甲傍书作戊二字。盖甲己化土，甲属阳，当为阳土，戊即正五行之阳土也。然后将年月时之天元次第化出，以之配戊，看当属何名词。如见甲为比肩，见乙为伤官之类，支藏人元，亦如是推。惟日主遇己庚者，仍作己庚论。试再列式于下，以明之。

某武员造

化劫	作日 戊主	化劫	化比
己	甲	己	甲
巳	子	巳	申
化食才卩	化印	化食才卩	化食杀卩

七六 七七	五四 七七	三二 七七	十初 七七
丁丙	乙甲	癸壬	辛庚
丑子	亥戌	酉申	未午

吴君造

化食	作日元庚	化劫	化卩
丙	**庚**	**乙**	**甲**
子	**午**	**亥**	**戌**
化官	化财印	化才卩	化伤财杀

七九	六九	五九	四九	三九	二九	十九	初九
癸	壬	辛	庚	己	戊	丁	丙
未	午	巳	辰	卯	寅	丑	子

以上所陈，仅就化气生克名词而言。至看命之法，不可尽拘于忌官杀、喜财印之说，盖有常有变。生克制化，亦如正五行之变化无穷。神而明之，存乎其人也。

按：同里王祝三先生立品读书，博闻多识之君子也，所立化气五行生克之名词表，发人深省，简明切用，不特匡珊不逮，且可为研究命学者之一助，故录存之，以公同好。昔贤刘伯温云：如甲己化土，阴寒者，要火土昌明。太旺者，要用水为财。木为官，金为食伤。随其所向，论其喜忌。王君亦云：看命之法，有常有变，不可尽拘于忌官杀、喜财印之说。此义与古人相通，尤为确论。第《子平》、《神峰》及《三命通会》等书，仅言其常，未言其变，殆常者多而变者少乎？王君别具会心，深恐学者不知有变，但知有常，故亟言不可尽拘忌官杀、喜财印之说也。

又按：上列化气五行表，不知者每谓无稽。其实，安东杜谦早经言之。观其所著《玉井奥诀》，原注云"如丙辛见戊癸为财，见甲己为官"之类，即可知王君学有本原，非妄作也。丙寅二月树珊记。

论十干配合性情与十干合而不合

沈孝瞻曰：十干配合，何谓性情？盖既有配合，即有性情向背矣。如甲用辛官，透丙作合，而官非其官。甲用癸印，透戊作合，而印非其印。甲用己财，己与别位之甲作合，而财非其财。如年己月甲，年上之财，被月合去，而日主之甲己无分。年甲月己，月上之财，被年合去，而日主甲己不与。甲用丙食，与辛作合，而食非其食。此四喜神因合而无用也。甲逢庚杀，与乙作合，而杀不攻身。甲逢乙劫，与庚作合，而乙不劫财。甲逢丁伤，与壬作合，而丁不伤官。甲逢壬枭，与丁作合，而壬不夺食。此四忌神因合而反化也。盖有所合则有所忌，逢吉不为吉，逢凶不为凶。即以六亲言之。如男以财为妻，而被别干合去财，妻能亲其夫乎？女以官为夫，而被别干合去官，夫能爱其妻乎？此配合之性情，因向背而殊也。何谓合而不合？盖有所间隔也。如甲与己合，而甲己中有庚间隔之，则甲岂能越克我之庚而合己。以乙间隔之，则己岂能越克我之乙以合甲。此制于势也，合而不敢合也。又如隔位太远，如甲在年干，己在时干，如人地北天南，不能相合一般。然与有所制而不敢合者，亦有差别，欲合而不能也。其为祸福，得十之二三而已。又有合而无伤于合者，如甲生寅卯，月时两透辛官。以年丙合月辛，是为合一留一，官星反轻。甲逢月刃，庚辛并透，丙与辛合，是为合官留杀，而杀刃依然成格，皆无伤于合。又有合而不以合论者，本身之合也。盖六阳逢财，六阴逢官，俱是作合，惟是本身十干合之，不为合去。如乙用庚官，日干之乙，与庚作合，是我之官自我合之。何为合去？若庚在年干，乙在月干，则月乙先去合庚，而日干反不能合，是为合去也。又有争合妒合之说。如两辛合丙，两丁合壬之类，到底终有合意，但情不专耳。若以两合一而隔位，全无争妒。如庚午、乙酉、甲子、乙亥，两乙合庚，甲日隔之，此高太尉命，仍作合杀留官，无减福也。《书》云：合官不贵，本至是论。

论刑冲会合解法

又曰：支中刑冲，俱非美事。而三会六合，可以解之。如甲生酉月，逢卯则冲，或支中有戌，则卯与戌合而不冲。有辰，则辰与酉合而不冲。有亥与未，则卯与未亥会而不冲。有巳与丑，则酉与巳丑会而不冲。是会合可以解冲也。丙生子月，逢卯则刑，或支中有戌，则卯与戌合而不刑。有丑，则子与丑合而不刑。有亥与未，则卯与亥未会而不刑。有申与辰，则子与申辰会而不刑。是会合可解刑也。又有因解而反得刑冲者，如甲生子月，支逢二卯相并，二卯不刑一子。而支又逢戌，戌与卯合。本为解刑，而合去其一，则一合而一刑，是因解而反得刑冲也。又有刑冲而会合不能解者，如子年午月，日坐丑位，丑与子合，可以解冲。而时逢巳酉会，则子复冲午。子年卯月，日坐戌位，戌与卯合，可以解刑。而或时逢寅午会，则卯复刑子，是会合不能解刑冲也。更有刑冲而可解刑冲者。盖四柱之中，刑冲俱为不美。而刑冲用神，尤为破格，不如以别位之刑冲解月令之刑冲矣。如丙生子月，卯以刑子。而支又逢酉，则卯与酉冲，而不刑月令之子。甲生酉月，卯以冲之。而时逢子位，则卯与子刑，而月令官星冲之无力。虽干别宫刑冲之位，六亲不无刑克，而月令官星犹在，其格不破。是刑冲可以解刑冲也。

按：支中相害，亦非美事。惟三会六合能解之。熟玩此篇，即可隅反。

论合冲刑害宜忌①

《滴天髓》云：生方怕动库宜开，败地逢冲仔细裁。

刘诚意曰：寅申巳亥四生也，忌冲动。辰戌丑未四库也，宜冲开。子午卯酉四败也，有逢合而喜冲者，不若生地之必不可冲也；有逢冲而喜合

① 据陈素庵《辑要》。

者，不若库地之必不可闭也。

支神只以冲为重，刑与害分动不动。

又曰：冲者必是相克，所以必动。至于刑害之间，又有相生相合者存，所以有动不动之异。

暗冲暗会尤为喜，彼冲我冲皆冲起。

又曰：如柱中所无，局取多者冲会暗神，比明冲明会尤佳。如子去冲午，柱中有寅与戌会者是也。日干为我，提纲为彼；提纲为我，年时为彼；四柱为我，岁月为彼；我寅彼申，是彼冲我；我子彼午，是我冲彼，皆为冲起。

旺者冲衰衰者拔，衰者冲旺旺神发。

又曰：子旺午衰，则午因冲而本拔；子衰午旺，则午因冲而发福。余仿此。

卷八　评断

论大运吉凶一

　　陈素庵曰：格局既分，荣枯之概已具。运途参考，否泰之理斯完。从生月而推，递行前月后月之建。以男女为别，乃分顺行逆行之端。男生阳年，女生阴年，则以未来取用。男生阴岁，女生阳岁，则从己往详观。计生辰之离节，凡有几日，知人命之交运，应在何年。一日则为四月，虽片时而必扣。三日则为一岁，苟缺月而勿宽。一运管十年，荣枯有准。五行配四柱，休戚相连。宜与不宜，全凭格局。利与不利，但问日干。破格者值之为戚，助格者遇之为欢。日弱者扶之而气盛，日强者抑之而美全。旺日复到旺乡，必罹悔吝。衰日再行衰地，定主摧残。吉若财官印食，喜于相见。凶如刑冲枭劫，多主不安。但吉而无情，亦难吉论。苟凶而有用，不作凶言。运固重支，须合干神兼论。运虽计岁，亦难上下截看。火若在天，下有水流而减耀。金如处地，上逢火灼而失坚。木火同来，十年并暖。水金相济，一运皆寒。取神煞以评，视实在干支而较缓。谓交接兮必咎，岂运行福利而亦然。言凶运既去为殃，是离任之官，犹能行令。言吉运未来作福，将候选之职，遂可操权。命吉运凶，若良马坚车，阴险道而难进。命凶运吉，若破帆敝楫，乘顺风而亦前。行运此其大略，通变难以言宣。

论大运吉凶二

又曰：旧书论一运上干下枝，分管年数。率谓上下各五年，又有因运重地支之说。或谓上四下六，或谓上三下七，其实皆不然也。盖行运从月建而起，顺行者，行未来之月建；逆行者，行已往之月建。凡月建干支，共管一月之事。无干管上半月，支管下半月之理，乃因以行运。反分裂干支，各管几年，有是理乎？故上干下支，共管十年为是。上下比和，上下相生，则其力相同。上克下者，上之力胜于下。下克上者，下之力胜于上。合之命主，上下俱喜，则十年全吉。上下俱忌，则十年全凶。上下一喜一忌，则十年之间吉凶参半。此理之最确当者。但看上干较易，看下支较难。盖干神甲只是甲，乙只是乙。惟支则各有所藏，须一一研析。如行寅运，原柱有或甲或丙或戊，当察此运，某干得气。再看上干是甲，则此运纯然是木。上干是丙，则此运大半是火。上干是戊，则此运一半是土。余支仿此。又上干与原柱干支止论生克，理亦易见。下支则与原柱干支生克之外，更有相冲相合相刑相害。种种道理，未易草率断也。

论大运吉凶三

又曰：初运管少年，中运管中年，末运管晚年，此看运法也。更有旧法可参用者，即以四柱推论：年管少年，日月管中年，时管晚年。若年为喜神，则少年发达；为忌神，则少年迍遭。月日为喜神，则中年亨通；为忌神，则中年蹇滞。时为喜神，则晚年安荣；为忌神，则晚年零落。此法屡试有验，故附之看运。然但可约略少壮老之大概而已。若确分年限，详断吉凶，仍当以看运为主耳。

按：以上三篇，论大运法极其透辟。若谓大运干支二字，不能上下截看。各管几年，吾未敢信。《渊海子平》云：运行十载数，上下五年分。《三命通会》云：行运前后五年。张神峰为夏某推命云：一生只得酉运五年极美。沈孝瞻论逢运透清云：此五年中，亦能为其祸福。可见古今之推命者，莫不以干管五年，支管五年论也。然干支五行，轻重偏倚，生克制化，亦当合看。如甲运应吉，下临申运。木为金伤则少吉，申运应凶。上乘丙运，金为火制则减凶。如此之类，不胜枚举，惟智者察之。

论行运喜忌

沈孝瞻曰：论运与看命无二法。看命以四柱干支配月令之喜忌。而取运则又以运之干支，配八字之喜忌。故运中每行一字，即必以此一字配命中八字而统观之。为喜为忌，吉凶判然矣。何谓喜？命中所喜，我得而助之者是也。如官用印以制伤，而运助印。财生官而身轻，而运助身。印带财以为忌，而运劫财。食带杀以成格，而运逢印。杀重身轻，而运来助食。伤官佩印，而运行官杀。阳刃用官，而运助财乡。月劫用财，而运行伤食。如此之类，皆美运也。何谓忌？命中所忌，我逆而施之者是也。如正官无印，而运行伤。财不透食，而运行杀。印绶用官，而运合官。食神带杀，而运行财。七杀食制，而运逢枭。伤官佩印，而运行财。阳刃用杀，而运逢食。建禄用官，而运逢伤。如此之类，皆败运也。其有似喜而实忌者，何也。如官逢印运，而本命有合；印逢官运，而本命用杀之类是也。有似忌而实喜者，何也。如官逢伤运，而命透印；财行杀运，而命透食之类是也。又有行干而不行支者，何也。如丙生子月亥年，逢丙丁则帮身，逢巳午则相冲是也。又有行支而不行干者，何也。如甲生酉月，辛金透而官犹弱，逢申酉则官植根，逢庚辛则混杂重官之类是也。又有干同一类，而不两行者，何也。如丁生亥月，而年透壬官，逢丙则帮身，逢丁则合官之类是也。又有支同一类，而不两行者，何也。如戊生卯月巳年，逢申则自坐长生，逢酉则会巳为伤官之类是也。又有同是相冲，而分缓急者，何也。冲年月则急，冲日时则缓也。又有同是相冲，而分轻重者，何也。运本美而逢冲则轻，运既忌而又冲则重也。又有逢冲而不冲者，何也。如甲用酉官，行卯则冲。而本命巳酉相会，则冲无力。年支亥未，则卯逢年会而不冲月官之类是也。又有一冲而得两冲者，何也。如乙用申官，两申并而不冲一寅。运又逢寅，则运与本命合成二寅，以冲二申之类是也。此皆取运之要法，学者宜细心体会之。

论行运成格变格

沈孝瞻曰：命之格局，成于八字。然配之以运，亦有成格变格之权。成格变格，比之喜忌祸福尤重。何谓成格？本命用神，成而未全，运从而就之者是也。如丁生辰月，透壬为官，而运逢申子以会之。乙生辰月，或申或子，会印成局，而运逢壬癸以透之。如此之类，皆成格也。何谓变格？如丁生辰月，透壬为官，而运又逢戊，透出辰中伤官。壬生戌月，丁己并透，而支又会寅会午，作财旺生官矣。而运逢戊土，透出戌中七杀。癸生午月，财杀同会，透丁藏己，而支又会寅会戌，作弃杀就财矣。而运又逢己，透出午中七杀。壬生亥月，透己为用，作建禄用官矣。而运逢卯未，会亥成木，又化建禄为伤官。如此之类，皆变格也。然亦有逢成格而不喜者，何也。如壬生午月，运透己官，而本命有甲之类是也。又有逢变格而不忌者，何也。如丁生辰月，透壬则用官，运逢戊而命有甲。壬生亥月，透己用官，运逢卯未会伤，而命有庚辛之类是也。成格变格，关系甚大，取运者其细详之。

论支中喜忌逢运透清

又曰：支中喜忌，固与干有别也。而逢运透清，则静而待用者正得其用。而喜忌之验，于此可见。何谓透清？如甲用酉官，逢辰未即为财，而运透戊。逢午未即为伤，而运透丁之类是也。若命与运二支会局，亦作清出。如甲用酉官，本命有午，而运逢寅戌之类。然在年则重，在日次之。至于时生午而运逢寅戌会局，则缓而不急矣。虽格之成败高低，八字已有定论，与柱中原有者不同，而此五年中，亦能为其祸福。若月令之物，而运中透清，则与柱中原有者不甚相悬，即前篇所谓行运成格变格也。故凡一八字到手，必须逐干逐支上下统观。支为干之坐地，干为支之发用。如命中有一甲，则统观四支有寅亥卯未等字否，有一字皆甲木之根也。有一亥字，则统观四干有壬甲二字否。有壬则亥为壬禄，以壬水用。有甲则亥为甲长生，以甲木用。有壬甲俱全，则一以禄为根，一以长生为根，二者并用。取运亦用此法，将本命八字逐干逐支配之而已。

论流年吉凶一

陈素庵曰：大运司十载之休咎，流年管一岁之穷通。岁干如君，固应从重。岁支为辅，实则同功。先观岁与日干，或为利，或为害。次详岁与大运，或相顺，或相攻。问其有何会合，考其宜否刑冲。大抵命之所喜者，自非运所忌见。命之所恶者，亦非运所乐逢。岁与运战争，须凭原局之中。有神救解，岁与运和睦。若系主干之吉，加倍兴隆。或谓犯岁而致灾必重，或谓合岁而引悔成凶。夫犯必日之财年，非正即偏，有何不利。合必日之正配，非官即财，正喜相从。惟衰干不任财官，反罹其祸。非太岁每逢克合，必害厥躬。先遇是物而安，后遇是物而危。由运途亨蹇之异，初见斯神而喜，复见斯神而畏。因岁建上下不同。上来降祥，而为支所生，则弥增福力。下欲逞虐，而受干之制，则半减凶锋。木若司年，至金月而萌浅。水如秉岁，涉冬令而波洪。岁运并临，灾祥更大。干支同类，势力尤雄。杀年而局食先强，岂能相难。劫岁而运财方盛，亦止得中。举此为例，其类可充。至本年每月之吉凶，仿斯推究。若逐岁小运之谬妄，不必研穷。

论流年吉凶二

又曰：自少至老之岁，谓之流年。虽不若大运之重，然于原柱及大运，亦能扶抑。其法合上干下支，先看与原柱干支生克何如，次看与大运干支生克何如，参互而穷究之。柱运喜神相聚，能助吉乎，能损吉乎？柱

润德堂丛书全编 [二]

卷八 评断

· 99 ·

运忌神交会，能增凶乎，能减凶乎？柱运或有不和，为解斗乎，为佐斗乎？柱运或有偏胜，为左袒乎，为右袒乎？虽柱与运之所喜憎，大略相同。然柱运流年三项干支，辗转生克，情理多端。亦有柱喜而运憎，运喜而柱憎者。且一年之中，当令不齐。一支之中，藏神非一。其理甚纷甚细，既须穷精极微，又须从详反约。推断休咎之难，全在此处。果能了了于心，则命理思过半矣。

论太岁

又曰：旧说称太岁为诸煞之首。夫太岁至尊，非煞也。特诸煞皆从太岁干支而起耳。凡流年太岁原柱干支，以之扶抑。大运干支，以之参赞。或干支俱为柱运之福，或干支俱为柱运之害。或干为福，支为害。或干为害，支为福。此须合看而深察之。旧书往往独取天干，尝考历载每年太岁，甲子年，则曰"太岁在甲子"，未尝止言"太岁在甲"也。及列年神方位之图，子下有太岁字，甲下无太岁字，奈何详干略支耶！旧书又以日干克岁为犯，日干合岁为晦，并主凶咎，此一偏之见，流年论中已辨之矣。若征太岁之说，尤为不经。夫征者，上伐下也。太岁命中之君，可言征耶？惟阳岁干克阳日干，阴岁干克阴日干，而岁支又冲日支，是为天克地冲，间有不利耳。

论月建

又曰：旧书以流年每月所值神煞取断吉凶，谓之月将。夫诸神煞可据者少，在原柱值之，尚不足凭，况流年之各月乎？或疑不用神煞，则每月吉凶将何取断？不知每月各有干支，亦能扶抑柱运。且各有时令，合之柱运，或此月相宜，或此月不宜，亦可精细分别。奈何舍显白之干支，而用渺茫之神煞乎！至于每日每时吉凶，亦可依干支取断。但如此推求，将失之太凿矣。

论运岁

《滴天髓》云：**休咎系乎运，尤系乎岁。冲战视其孰降，和好视其孰切。**

（注）日主譬如吾身，局中之人譬如舟马。引从大运譬如所历之地。故重地支，未尝无天干。太岁譬如所遇之人。故重天干，未尝无地支。必先明一日主，配合七字。权其轻重，看其喜行何运。如甲日以气机看春，以人心看仁，以物理看木。大率看气机，而余在其中。遇庚辛申酉字面，如春而行之于秋，斫伐其生生之机。又看喜与不喜，及行运生甲伐甲之地，只须详论岁运战冲和好之势，即可得胜负适从之机，而休咎了然在目矣。

何谓战？

（注）如丙运庚年，谓之运伐岁。日主喜庚要丙降，得戊得壬者吉。日主喜丙，岁不肯降，得戊己和之为妙。[①] 如庚坐寅午，丙之力量大，岁自不得不降，[②] 降之可保无祸。如庚运丙年，谓之岁伐运。日主喜庚，得戊己以和丙者吉。日主喜丙，则运不降岁。又不可用戊己泄丙助庚。若庚坐寅午，则丙之力量大，则运自降岁，亦保无虞。

何谓冲？

（注）如子运午年，谓之运冲岁。日主喜子，则要助子。又得年之干头，遇制午之神更妙。若午之党多，或干头遇丙戊甲字者必凶。如午运子年，谓之岁冲运。日干喜午，而子之党多，干头又助子者必凶。日干喜子，而午之党少，干头助子者必吉。若午重子轻，岁不降亦无咎。

何谓和？

（注）如乙运庚年，庚运乙年，则和。[③] 日主喜金则吉，日主喜木则不

---

① 太岁为尊，故以和解为上。
② 势大则太岁无权。
③ 乙庚化金。

吉。子运丑年，丑运子年，则和。^① 日主喜土则吉，喜水则不吉。

何谓好？

（注）如庚运辛年，辛运庚年，申运酉年，酉运申年，则好。日主喜阳，则庚与申为好。日主喜阴，则辛与酉为好。凡此皆以例推。

按：此篇但言大运冲伐太岁，太岁冲伐大运。并未言日主冲伐太岁，太岁冲伐日主。必须与上列论太岁篇，参观互证，始为精确。

论宫限

命宫干支二字，与人之八字同时产生，终身不变。小限干支二字，根据命宫干支，自一岁至百岁以次逆行，一年一易，永不差移。其生克冲刑、喜忌好恶，与八字大运均有密切关系，其力量之重大，实较例行流年尤有过之。欲知一生荣枯者，首当鉴别命宫。欲知一年休咎者，尤不可不检点小限。旧书略而不详，世人每多忽视，兹从经验所得，特补叙之。

按：如丙火夏生，喜金生水以济之。八字水无一点，仅有些微之金，亦不敷用。恰好命宫壬申，干水支金，补其不逮。则一生受益，声价十倍矣。如小限逢戊克之，逢寅冲之，其为一年不幸，无可讳言。又如庚金秋产，喜火炼之。八字仅有一点丁火或巳火，堪作用神。讵料命宫癸水克之，或亥水冲之，则一生困难，动辄得咎矣。如小限逢甲逢寅，即可生用神之丁，合命宫之亥。或小限逢午逢申，即可助用神之丁，合用神之巳。借生化克，借合解冲，一年爽手，百废俱兴，其乐为何如哉！举此一例，略言大概，其中神奇变化，不可思议，要在智者细心体验之。

论小运

《三命通会》云：夫小运者，补大运之不足而立名也。然必须先详八

---

① 子丑合而化土。

字衰旺喜忌，然后与大运及用神，互相较量，吉凶乃定。至于幼童未交大运，尤宜用此法衡之。大致行死绝杀旺之宫，多主危难。行长生临官之地，多主安宁耳。

按：宋景濂《禄命辨》云：小运之法，本许氏《说文》巳字之训，由来已久。故特录存。陈素庵则谓：若逐岁小运之谬妄，不必研究。此又不以小运为然者。然余历观幼造，当未交大运之时，辄以经过之流年干支，论其生克制化，断其否泰安危，每得十之七八。小运吉凶，间亦参看，未尝无验。陈氏之说，未可尽信。

论贵贱

素庵老人曰：阴阳有清气、有贵气。人命兼得之，方享功名爵禄。凡日主高朗秀异，有拔俗出尘之象。所用格局，纯粹清彻，条理井然，此清气也。日主尊严端重，有居高临众之象。所用格局，整肃宏远，规模焕然，此贵气也。得七八分清贵之气，上则公侯，次则宰相卿贰。得五六分清贵之气，内则京堂，外则方面。得三四分清贵之气，内则郎官，外则郡邑。得一二分清贵之气，亦一命之荣，担石之禄。清气胜者，多居翰苑。贵气胜者，屡据要津。清而不贵，历任只在闲曹。贵而不清，出身或非科目。清贵之气，无混无破者，终身荣显。清贵之气，有伤有杂者，几度升沉。此文命之大略也。武命亦兼清贵二气，但清而刚、贵而威，为少异耳。爵位高下，亦以分数断之。若武命中有一段秀雅处，必能横槊赋诗。文命中有一段英武处，定王拥旄开阃。或疑武不取清，人命安有浊而贵者乎？至旧书论贵，每云云任某官，司某事。夫任官者，或文武换职，或中外改官；或一岁之内，周历钱谷兵刑；或数十年之间，回翔台阁卿寺，安得以一官一事定之？至于卑贱之贵，必禀浊气、贱气。满柱混乱单寒，入眼易见。其有似清而实浊，似贵而实贱者，亦犹堪舆家假地。初视则美，细看则种种伪形毕露矣。

论贫富

又曰：阴阳之气，有厚薄，有聚散，人命禀之。凡日主，及所用格局，气体充足为厚，精神翕藏为聚，气体单寒为薄，精神虚脱为散。得气之厚而聚者，上富之命也。厚而不甚聚，聚而不甚厚者，中富之命也。厚中有薄，聚中有散者，下富之命也。薄中微厚，散中微聚者，亦云衣食足给，囊箧不空。若薄而无以培之，散而无以敛之，有一必贫，兼之必极贫。又须看行运何如。或始终厚而聚，或始终薄而散，或始厚终薄，始聚终散，或始薄终厚，始散终聚，贫富固万有不齐耳。总之，饶乏之理多端，勿专泥财神取断，自无不验矣。

论寿夭

又曰：阴阳之气有生死，有永促，人命禀之。凡日主及所用格局，神理畅茂为生，意象悠长为永，神理枯悴为死，意象短啬为促。得之生与永者，必寿。而生与永之分数不齐，或至上寿，或至中寿，或至下寿。得气之死与促者，必夭。而死与促之分数亦不齐，或弱而夭，或壮而夭，或强而夭。然又看行运何如。格本应寿，而运逢穷凶之地，则生者死，永者促。局本应夭，而运逢力救之神，则死者生，促者永。又或虽寿，而一生蹭蹬，或逸夭而多病缠绵，皆运为之也。尝考人命富、贵、贫、贱，验者颇多，惟寿夭验者较少。盖一念之善，可以延年。一事之恶，足以夺算。苟恃命之生与永，而多行恶事。知命之死与促，而广积阴功。此则爱之不能使生，恶之不能使死。区区八字干支，何足道乎？

论性情

又曰：旧分五行，论人性情，此不可拘。如木主仁寿慈，然有成局入格之木，而不仁者矣。金主肃杀，然又有得时乘势之金，而不杀者矣。须先看柱中神情气势，或正大，或光显，或纯厚，或英发，皆贤人也；或偏驳，或晦昧，或刚戾，或卑琐，皆不贤人也。又看取格取用，或中正显白，无所贪恋包藏；或奇巧隐曲，多所牵合攘取，则性情大端可睹矣。然后以五行推之，深则见其肺腑，浅则得其梗概。其有始正而终邪，始驳而终粹者，则行运使然耳。至于二德多善，贵人多贤，空亡多虚，劫煞多暴，理之所有，然执一端取断，亦不验也。

论疾病

又曰：旧分五行，论人疾病，未尝不合于理。但人身脏腑经络，五行俱全。人命柱中运中，五行未必俱全。必以某行断某病，亦不尽验。须看日主及所用格局，或朗健，或中和，或平顺，皆无疾之命也；或晦弱，或驳杂，或乖戾，皆有疾之命也。又看其神理气势，或太过，或不及，兼取柱中运中五行参合论之，即无木而就生木、克木、木生、木克之神，亦可推木之受病与否。至于干支配头目手足等类，皆当以意消息之。若必尽取诸病而拟议之，则名医所论，孰非五行，恐须摘取医书数十百种，列于命书矣。

论贞元 [①]

《滴天髓》云：**造化生生不息机，贞元往复运谁知。有人识得其中数，贞下开元是处宜。**

（注）三元，皆有贞元。如以八字论，则年为元、月为亨、日为利、时为贞。年月吉者，前半世吉。日时吉者，后半世吉。以大运论，初十五年为元，次十五年为亨，中十五年为利，后十五年为贞。元亨运吉者，前半世吉。利贞运吉者，后半世吉。至于人寿既终之后，运之所行、果所喜者，则世世昌盛。此贞下起元之妙，生生不息之机，所以验奕世之兆，而知运数之一定不易者也。

按：余每观一种困厄之士，甫行好运，而即病逝。甫握兵柄，而即阵亡。及其逝后，往往子孙发达，声名洋溢。世人闻之，莫不有才到荣华寿

---

① 据陈素庵《辑要》本。

又终之感。而余亦百思莫知其故。及读此论，疑义乃明。继又读纪文达公《阅微草堂笔记》，载常见一术士云：凡阵亡将士，推其死绥之岁月，运必极盛。盖尽节一时，垂名千古，馨香百世，荣逮子孙，所得有在王侯将相之上者故也。于是而益信贞元之论，具有至理，发前人所未发也。

卷九　六亲

论六亲一①

《滴天髓》云：**夫妻姻缘宿世来，喜神有意傍妻财。**

（注）局中有喜神，一生富贵在于是，妻子在于是。大率依财看妻，如喜神即是财神，其妻美而且富贵。喜神与财神不相妒忌，亦可。否则克妻，或不美，或欠和。然看财神，又须活法。如财薄，须要助神。财旺身弱，又喜比劫。财神伤印者，要官星。财薄多官者，要伤官。财气未行，要冲者冲、泄者泄。财既流通，要合者合、库者库。若财太泄，比肩透露，及身旺无财者，必非夫妇全美。若财旺身弱而富贵者，必多妻妾。

子女根枝一世传，喜神看与杀相联。

（注）大率依官星看子，如喜神即官星，其子贤俊。喜神与官星不相妒，亦好。否则无子，或不肖，或有克。然看官星，又要活法。如官轻身旺，须要助官。杀重身轻，须要印比。若官星阻滞，要冲发；官星太泄，要帮助。无官星者，以财取论，财能生官也。

父母或兴与或替，岁月所关果非细。

（注）子平之法，以财为父，以印为母。然看岁月为紧要。如岁月不伤夫喜神，及岁气有益于月令者，父母必昌。岁月之气斫丧于时干者，先克父。岁月之气斫丧于时支者，先克母。又须活看局中大势，有隐隐露其兴亡之机，而不必在财印者，再看生财生印与财生印生之神，而损益舒配，无不验矣。

---

① 京图撰，明刘基注，清陈素庵点定。

兄弟谁废与谁兴，提纲喜神问重轻。

（注）劫财、比肩、阳刃，皆兄弟。要与提纲之神及喜神，较其轻重。财官弱，三者显其攘夺之迹，兄弟必强。财官旺，三者出其助主之功，兄弟必美。身与财官两平，而三者伏而出助，兄弟必贵。比肩重，而伤官财杀亦旺者，兄弟必富。身旺而三者不显，有印而兄弟必多。身旺而三者又显，无官而兄弟不衰。

论六亲二

素庵老人曰：看六亲之法，旧又以年为祖上，月为父母，日支为妻，时为子息，同类为兄弟。此立法之有理者。如吉神居年，则祖上显荣，亦主受祖上之荫。凶神居年，则祖上寒薄，亦主不受祖父之荫。如吉神居月，则父母贵盛，主受父母之阴。凶神居月，则父母衰残，亦主不受父母之荫。如吉神居日支，则妻室偕老，主受妻室之力。凶神居日支，则妻室丧亡，主不得妻室之力。如吉神居时，则子息繁衍，主得子息之力。凶神居时，则子息凋零，主不得子息之力。若兄弟则无定位，但看同类为吉神，则兄弟繁昌，主得兄弟之力。同类为凶神，则兄弟衰寡，亦主不得兄弟之力。此法虽难尽拘，然大概不远。若旧书更有以月为兄弟者，夫月尊于日，兄弟安能当之！柱无兄弟位，犹之干无妻位，岂可强乎！

论六亲三

潘子端曰：儿体由母体分裂而出，故生儿者，母也。出母腹以至成人，端赖父之资财为生，故养生者，父也。依命理，正印为母，偏财为父。偏财之取意，乃云养我之财，非由我力作而得者也。由我力作而得之财，谓之正财。正财可由我处理支配，故妻属之。迨子女既生，费用浩繁，不得不努力服务，谨身节用，是因子女而约束己身，约束我者，官杀也。故命书以官杀为子女，此指男命而言。至于女子，亦为父母所生，故亦以正印为母，偏财为父。女子以官杀为夫者，盖官杀乃人类色欲之本，具有传种之能力。食伤为子女者，盖子女之产生，为我精华之外泄也。

论宫分用神配六亲

《子平真诠》云：人有六亲，配之八字。其由宫分配之者，则年月日时自上而下，祖父妻子亦自上而下，以地相配，适得其宜，不易之位也。其由用神配之者，则正印为母，身所自出，取其生我也。若偏财受我克制，何反为父，偏财者，母之正夫也。正印为母，则偏财为父矣。正财为妻，受我克制，夫为妻纲，妻则从夫。若官杀则克制乎我，何以反为子女者？官杀者，财所生也，财为妻妾，则官杀为子女矣。至于比肩为兄弟之类，又理之显然者。其间有无得力，或吉或凶，则以四柱所存，或年月，或日时，财官伤刃，系是何物，然后以六亲配之用神，局中作何喜忌，参而配之，即可了然矣。

论妻子

又云：大凡命中吉凶，于人愈近，其验益灵。富贵贫贱，本身之事，无论矣。至于六亲，妻以配身，子为后嗣，亦是切身之事。故看命者，妻、财、子、禄四事并论。自此而外，惟父母身所自出，亦自有验。所以提纲得力，或年干有用，皆主父母双全得力。至于祖宗兄弟，不甚验矣。以妻论之，坐下财官，妻当贤贵。然亦有坐财官而妻不利，逢伤刃而妻反吉者，何也？此盖月令用神配成喜忌，如妻宫坐财，吉也；而印格逢之，反为不美。妻宫坐官，吉也；而伤官逢之，岂能顺意。妻坐伤官，凶也；而财格逢之，可以生财。杀格逢之，可以制杀，反主妻能内助。妻坐阳刃，凶也；而或财官杀伤等格，四柱已成格局，而日主无气，全凭日刃帮身，则妻必能相夫。其理不可执一。既看妻宫，又看妻星。妻星者，干头之财也。妻透而成局，若官格透财、印多逢财、食伤透财为用之类，即坐下无用，亦主内助。妻透而破格，若印轻财露、食神伤官、透杀逢财之类，即坐下有用，亦防刑克。又有妻透成格，或妻宫有用，而坐下刑冲，未免得美妻而难偕老。又若妻星两透、偏正杂出，何一夫而多妻，亦防刑克之道也。至于子息，其看宫分，与看子星所透喜忌之理、与论妻略同。

但看子息，长生沐浴之歌亦当熟读。如"长生四子中旬半，沐浴一双保吉祥。冠带临官三子位，旺中五子自成行。衰中二子病中一，死中至老没儿郎。除非养取他人子，入墓之时命夭亡。受气为绝一个子，胎中头产有姑娘。养中三子只留一，男女宫中仔细详"是也。[①] 然长生论法，用阳而不用阴。如甲乙日，只用庚金长生，巳酉丑顺数之局，而不用辛金逆数之子申辰。虽书有官为女、杀为男之说，然终不可以甲用庚男而用阳局，乙用辛男而用阴局。盖木为日主，不问甲乙，总以庚为男、辛为女。其理自然，拘于官杀，其能验乎？所以，八字到手，要看子息，先看时支。如甲乙生日，其时果系庚金何宫。或生旺、或死绝，其多寡已有定数。然后以时干子星配之。如财格而时干透食、官格而时干透财之类，皆谓时干有用，食为财格之相神，财为官格之相神。所谓有用，即相神也。即使子逢死绝，亦主子贵，但不甚繁耳。若又逢生旺，则麟儿绕膝，岂可量乎？若时干不好，又透破局，即逢财旺，难言子息。若又死绝，无所望矣。此论妻子大略也。

按：《滴天髓》与《子平真诠》论六亲法，由常而变，参伍错综，学者固宜细读。然子平之常法，亦不可不知。如以五行生克论，偏财旺者主父寿，比劫重者主父丧。正印有气者主母寿，财旺破印者主母丧。比肩劫财旺者雁行多，正官七杀盛者昆仲少。正财得令，官杀有权，男命则妻贤子盛。叠逢比刃食伤者，则又有鼓盆丧明之痛。官杀不杂而有精神，伤食不繁而居旺相，女命则夫荣子贵。重见伤食枭印者，则又有敬姜哭夫刑子之悲。此皆理之自然者也。又有以四柱次序论者，年为根，为祖宗。月为苗，为父母。日为花，为己身，为妻宫。时为实，为子宫。年月值用神占优势，而不犯空亡冲克刑破者，必叨祖宗父母之庇荫。日时值用神占优势，而不犯空亡冲克刑破者，自身固多建设，而妻和子贵，尤不待言。反是，则不足观矣。

---

① 子息多寡，当以父母逝世时，亲视含殓者为确数。

卷十　妇幼

论女命一①

《滴天髓》云：**女命须要论安详，气静平和妇道彰。三奇二德虚好话，咸池驿马漫推详。**

（注）局中官星明顺，夫贵而吉，不必言也。若官星太旺，以伤为夫。官星太微，以财为夫。比肩旺而无官，以食伤为夫。伤官旺而无财官，以印绶为夫。满局官星欺日主者，喜印绶，而官不克主也。满局印星泄官星者，喜财星，而身不克夫也。局中食神清显，子贵而清，不必言也。若伤官太旺，以印为子。食神无气，以比肩为子。印旺无伤者，以财为子。财旺泄食伤太甚者，以比肩为子也。不必专执一端而论。总之，女命但以安详顺静为贵，二德三奇不必论，咸池驿马总无关。即或有验，于理不长。

论女命二

《命理约言》云：命殊男女，理应阴场。易著坤贞，美莫美于柔顺。书称家索，忌莫忌乎刚强。首看夫星，全凭官杀。次推子息，兼取食伤。财以资夫，宜旺宜轻有别。印虽扶主，用偏用正当详。或伤或刃或枭，如逢必害。为冲为刑为合，多见不祥。若乃得气正官遇财扶，必膺凤诰。乘权独杀有食制，定拜龙章。伤官入格而不见官，芝兰竞秀。食神有气而无夺食，瓜瓞无疆。柱乏官星财成象，而良人必贵。局无子曜夫乘旺，而后

---

① 清陈素庵点定。

嗣必昌。官若太强，反取伤官为用。子如过旺，却宜枭印相当。比劫帮身，毕竟争官分食。德贵扶助，自然增福消殃。若运途之宜与不宜，即原局之喜与不喜。夫荣子茂，皆因损益适中。克重身轻，亦岂倡随敌体。性情和戾，但看四柱之神。志操端邪，不外五行之理。泥合婚而匹配，佳姻每致无成。① 造诸煞以推评，② 贞妇恐遭轻诋。③ 喜道人家暧昧，多受责于鬼神。妄谈女命邪淫，必贻殃于子孙。

原按：女命生克之理，与男命同。若拘定男要刚、女要柔之说，反不验矣。

论女命三

又云：凡看女命，喜柔不喜刚，喜静不喜动。夫子喜旺不喜衰，喜生不喜绝。财印喜和不喜戾，贵合喜少不喜多。伤、刃、比劫、冲战、刑害喜无不喜有，此大法也。然日主过弱，亦宜生之助。夫子太旺，亦宜损之泄之。有时用财制印，用枭制食，用伤制官，用杀制劫，用劫制财，用合邀吉神，用刑冲去忌神。用之切当，凶反为吉。又有局无夫星而夫贵者，局无子星而子多者，此必暗生暗会。有夫星透露而夫贱者，有子星显明而子少者，此必暗损暗破。若夫多、无夫，子多、无子，则不克不化之故也。至于富贵贫贱、吉凶寿夭，亦有诸格推之。但中有刚健威武之局，及暗冲暗合、用刃用马之类，女命不宜耳。若分别或贞或邪，或顺或戾，须看日主及所用格局。纯静者为贞，刚强为戾。亦只就五行取断，勿泥旧书妄造神煞可也。至旧论女命，止许一官，不宜重见，此殆两干两支重见非宜耳。若甲官带寅而得禄，乙杀带卯而有制，此乃吉而有力。即官杀两遇，去留合法，亦自无害。凡印财食伤皆然。

---

① 此指小游年五鬼绝命等下婚之说。
② 此指桃花八败之说。
③ 诋，音抵，诬也。

论女命四

《命学新义》云：看女命者，先视全造气象晶明，或挥发。此由于男女生理有差，非故意创新立异也。乾健坤顺之说，非吾国人所特有，亦世界人类生存之根本大原则。

原按：女造气象贵晶明，忌挥发，由于男女之根本有差。男性为前进的，主健。女性为保守的，主顺。保守者宜晶明，前进者宜挥发。女性为保守的，实因养子之责端在于女。怀孕之妇，不宜远行，不宜过劳，皆使女性趋于保守一途。又人类生长极慢，入世十年，步行尚有不稳者，需要母性保护，实较他种动物为甚。故不顺者，保育之方不良，儿童易致夭亡也。男性前进主健之义，在于求食，求食需要精力，故宜健也。古代家庭制度未备，以女性为中心，子女从母不从父。父之责任，厥在得食以养母子，往往因渔猎遇险而失踪，则由其他男性代养其母子。于此可见，女性为保守的，宜顺，所以养育子女也。男性为前进的，宜健，所以求食以养妇幼也。

女性之大责任，厥为产子。子为我生之神，受种于夫，故夫为官杀。官杀者，人类色欲之本，传种之手段也。女子亦为父母所生，故亦以正印为母，偏财为父。

原按：女子结婚有两大目标：一曰：性欲之满足；二曰：子女之产生。性欲之满足，端赖于夫，故夫为官杀。子女之产生，为我精华之外泄，故食伤乃子女也。终身不嫁之女子，本无儿女，于是食伤乃主聪明才力，官杀仍主性欲之发挥。虽无伴偶，性欲仍未灭也。

不嫁之女，以官杀得用，为其成材之象征，与男命同。至于财印所主者，亦与男命同。是女命最宜研究之点，厥为食伤。

原按：女命何以最宜研究食伤，其理有三。食伤本为利己心之表现，其手段为合作，或竞争。结党营私，既非女子所宜。一意高傲，亦非女子所应为，此其一。以性情言，伤食本属感觉派之内向，及外向。内向过于冷酷，外向过于轻浮，亦非女子所宜，此其二。以六亲论，伤食代表子女。产育子女，本为女子自存传种之手段，更不可不加以注意，此其三。

有此三点，伤食应重视之理已了然明矣。

又按：平心论之，男女皆人也。男女之命，理亦同也。男命以官杀得用，为成材之象征。女命亦当以官杀得用，为成材之象征。男子成材，声誉播于社会。女子成材，贤德播于家庭。虽地域环境不同，需用才能则一也。官星得用之女子虽得愚夫，亦可兴家立业。不过苟有才能，亦自知择决，不为愚夫之配偶耳。官星得用之女子不婚，若在社会服务，其智力当可与男子平等。此不在环境之变，而在其禀赋如何耳。执此以衡古代之女命，理可以通。以冲近代之女命，亦可以通。即以之衡将来废除家庭社会，纯以个人为本位时代之女命，亦莫不可以通也。次言子息，在男何以用克我者为子，女何以用生我者为子也。论官杀，男女可以相同。论子息，男女又何以不能相同也。此因男女在社会上之地位及奋斗之机会，有相等之可能，在生理上之组织，则无相等之可能也。儿体系由母体分裂而成，所以取我生者为子息也。至于父在社会政治经济上之地位，高于其子。在心理生物上之地位，仍与其子同。同则相克制，相推移，相竞争也。此盖就简略的方面说。进一层想，父在社会上、政治上、经济上固处处受儿之克制也。有子之父负担过重，不敢浪费其财，因欲留之以养子也，此非受制而何？有子之父，莫不欲其子成人，为社会上、政治上之人物。然教子少道，首在约束自己。上行下效，古语有之。父因子而约束己身，以为子之模范，此非受制而何也。驳我者曰：汝殆为宗法社会说法耳。宗法社会重男性，此理则通。在男女无别之大同社会中，女子亦与男子同其地位，则官杀亦可为其子息也。余曰不然。社会变异，而生物界现象不变异。此不变异之点，即儿体由母出，非由父出也。父与子，在生物上乃敌体。母与子，在生物上乃我泄者也。证以此言，则父受子克，子为母生，其理豁然明矣。

论小儿命一①

《滴天髓》云：**小儿财杀论精神，四柱平和易养成。气势悠长无斫丧，关星虽有不伤身。**

（注）格中不党财生杀，日主健旺，精神贯足，干支安顿和平。又要看气势，如气势在于日主，而日主雄壮。气势在于财官，而财官不叛日主。气势在于东南，而五七岁之前不行西北，不逢斫丧。此为气势悠长，虽有关煞，亦不伤身。

按：观小儿之造，成定与否，其要诀在"主旺精神贯足，干支安顿和平"二句。然有主旺而精神暴露者，太过也，非不足也。主弱而精神败脱者，不及也，非和平也，皆难成立。太过者，行剥削岁运；不及者，行生扶岁运，仍主成立。此又不可尽泥。

论小儿命二

《命理约言》云：人命自一岁至百岁遇吉则吉，遇凶则吉。少之所喜所畏，老亦喜之畏之。老之所喜所畏，少亦喜之畏之。术家有少怕死绝，老怕长生之说。不知长生守藏，时序则然。少壮老耄，年齿则然。自量年齿，而取法时序，为人之道则然，以之论命则不然。太旺而复遇长生，稚年可夭。太衰而复行死绝，晚岁亦亡。命之当抑者，孩提亦宜琢削。命之当扶者，黄耇亦喜滋生。故古来谈命名家、小儿老人，未尝别立法则。不知何人妄造小儿关煞，传世既久。狡狯之徒借以恐人父母，迫其祈求，增造日多，名目不啻数十。考其起例，大率生于某年某月遇某字为关，其理毫无所出。夫合观四柱，尚多难决，安有据一字而可断生死者。乃偶合，则曰果然某关某煞为害。不合，则曰好命非关煞所能伤。又或以有关无煞、有煞无关而解。尝考小儿命，有犯种种关煞而成立者，有不犯关煞而

---

① 据陈素庵点定本。

夭殁者。总之，只照生克定理取断可也。或疑小儿之与成人毕竟有不同处，此法殆不可废。然则老人之与少壮，亦毕竟有不同处，何不更立一老人命法耶？

论小儿命三

任铁樵《滴天髓阐微》云：小儿之命，每见清奇可爱者难养，混浊可憎者易成。虽关家门之气数，亦看根源之浅深。且小儿之命，是犹果苗之初出，宜乎培植得好，固不待言。然未生之前，父母不禁房事，毒受胎中。既生之后，过于爱惜，或饮食无节，或寒暖不调，因之疾病多端，每至无成。尚有积恶之家，而无余庆，虽小儿之命清奇纯粹，亦有难养者。又有关于坟墓阴阳之忌，迁改损坏，以致夭亡。故小儿之命，不易看也。除此数端之外，然后论命，必须四柱和平、不偏不枯、无冲无克。根通月支，气贯生时。杀旺有印，印弱有官。官衰有财，财轻有食伤。生化有情，流通不悖。或一神得用，始终相托。或两意情通，互相庇护。未交运而流年平顺，既交运而运途安详。此为气势攸长，自然易养成人，反此则难养矣。

卷十一　格局

论八格①

《滴天髓》云：**官财印绶分偏正，兼论贪伤格局定。**

（注）自形象方局之外，而格为最。格之真者，月支之神透于天干也。以散乱之天干，而寻其得所附于提纲者，非格也。自偏正官、财、食、伤、印格外，若曲直等格，皆为格，而以方局形象定者，不可言格也。飞天合禄等虽为格，而以刑冲破害论者，亦不可言格也。

影响遥系既为虚，杂气财官不可拘。

（注）飞天合禄之类，固为影响遥系，而非格矣。如四季月生人，只当取土为格，不可言杂气财官。戊己日生于四季，当看人元透出天干者取格，不可概以杂气论之。至于建禄阳刃，亦当看月令透于天干者取格。若不合形象方局，又无格可言，只取用神。用神又无取，只得轻轻泛泛，看其大势，以皮面上断其穷通，不可执其格也。

官杀相混来问我，有可有不可。

（注）杀，即官也。同流同止，可混也。官，非杀也。各立门庭，不可混也。杀重矣，官从之，非混也。官轻矣，杀助之，即混也。劫财与比肩双至者，杀可使官混也。一杀而遇食伤者，官助之，非混杀也。势在于官，官有根，杀之情依乎官。依官之杀，岁助之而混官，不可也。势在于杀，杀有根，官之情依乎杀。依杀之官，岁扶之而混杀，不可也。藏官露杀，干神助官，合官留杀，皆成杀气，不可使官混也。藏杀露官，干神助

---

① 清陈素庵点定。

官，合杀留官，皆成官象，不可使杀混也。

伤官见官果难辨，可见不可见。

（注）身弱而伤官旺者，见印而可见官，官以生印，印以扶身也。身旺而伤官旺者，见财而可见官，以财生官，且以财泄伤也。伤官旺，财神轻，有比劫而可见官。[①] 日主旺，伤官轻，无印绶而可见官。[②] 伤官旺而无财，一遇官而有祸。[③] 伤官旺而身弱，一见官而有祸。[④] 伤官弱而见印，一见官而有祸。[⑤] 大抵伤官有财，皆可见官。伤官无财，皆不可见官。又要看身强身弱，不必分金木水火土也。又曰：伤官用印无财，不宜见财。伤官用财无印，不宜见印。须辨之。

论格局高低

《子平真诠》云：八字既有用神，必有格局。有格局，必有高低。财官印食，杀伤劫刃，何格无贵，何格无贱？由极贵而至极贱，万有不齐，其变千状，岂可言传。然其理之大纲，亦在有情无情，有力无力而已。如正官佩印，不如透财。而四柱带伤，反推佩印。故甲遇酉官，透丁合壬，是谓合伤存官，遂成贵格，以其有情。财忌比肩，而与杀作合，劫反为用。故甲生辰月，透戊成格，遇乙为劫，逢庚为杀，二者相合，皆得其用，遂成贵格，亦以其有情也。身强杀露而食神又旺，如乙生酉月，辛金透，丁火刚，秋木盛，三者皆备，极品之贵，以其有力也。官强财透，而身逢禄刃，如丙生子月，癸水透，庚金露，而坐寅午，三者皆备，遂大贵，亦以其有力也。又有有情而兼有力，有力而兼有情者，如甲用酉官，壬合丁以清官，而壬水根深，是有情而兼有力也。乙用酉杀，辛逢丁制，而辛之禄即丁之长生，同根月令，是有力而兼有情也。是皆格之最高者也。如甲用酉官，透丁透癸，癸克不如壬合，是有情而非情之至。乙逢酉

---

① 官以制劫。
② 伤轻不能害官，无印则官不能助印克伤。
③ 官必遇害。
④ 官能克身。
⑤ 助印克伤。

杀，透丁制之，或杀强而丁稍弱，丁旺而杀不昂，又或辛丁并旺，而乙根不甚深，是有力而非力之全，格之高而次者也。至如印用七杀，未为贵格，而身强印旺透杀，反为孤贫。盖身旺不劳印生，印旺何劳杀助，偏之又偏，以其无情也。伤官佩印，既秀且贵。而身主甚旺，伤官甚浅，印又太重，反为不贵不秀。盖欲助身则身强，制伤则伤浅，要此重印何用？是亦无情也。又如杀强食旺，而身无根，身强比重，而财无气，或夭或贫，以其无力也。是皆格之低而无力者也。然其中高低之故，变化甚微。或一字而有千钧之力，或半字而败全局之美，随时观理，难以拟议，此特大略而已。

论从化^①

《滴天髓》云：**从得真者只论从，从神又有吉和凶。**

（注）日主孤弱无气，天地人三元，绝无一毫生扶之意。财官等强甚，乃为真从也。当论所从之神，如从财，则以财为主。财神是木，又看意向，或要火，或要土，而行运得所者必吉，否则凶。从杀等仿此。

化得真者只论化，化神还有几般话。

（注）如甲日主生于四季，单遇一位己土，在月时上作合。^② 不遇壬癸甲乙庚，乃为化得真。又如丙辛生于冬月，戊癸生于夏月，乙庚生于秋月，丁壬生于春月，独相作合，皆为真化。又论化神，如甲己化土，土遇阴寒，要火为印。如土太旺，又要水为财，木为官，金为食伤。随其所在意向，论其喜忌。再见甲乙，亦不以争合妒合论。盖化真者，如烈女不更二夫。岁运遇之，皆闲神也。

按：不遇壬癸甲乙庚，为化得真，此语太浑。读者慎勿泥之。夫壬能引丁，化木克土。乙庚化金，又复泄土。诚为甲己化土之忌神。然果化土得令，虽见丁壬化木之官杀，与夫乙庚化金之食伤，亦未可以不真言。观其土遇阴寒，要火为印。如土太旺，又要水为财，木为官，金为食伤云

---

① 据陈素庵《辑要》。
② 在年干不是。

云。即可见甲己化土，果其得令。虽见丁壬乙庚，亦不为害。不独此也，即再见甲乙，亦不以争合妒合论。欲知化气之真假者，必须三复斯一言。

真从之家有几人，假从亦可发其身。

（注）日主弱矣，财官强矣，不能不从。中有所助者便假。至于行运，财官得地，虽是假从，亦可富贵。但其人不能免祸，或心术不端耳。

假化之人亦可贵，孤儿异姓能出类。

（注）日主孤弱，而遇合神，不能不化。但有暗扶日主，如合神虚弱，则化不真。至岁运扶起合神，制伏助神，虽为假化，亦可取用。异姓孤儿，亦能出类。但其人多执滞偏拗，作事迍邅，骨肉刑克耳。

按：今人泥于子平"化之真者，名公巨卿。化之假者，孤儿异姓"二语，辄云：真化始论，假化不论。殊不知有暗扶日主，及岁运扶起合神者，虽为假化，亦可取用。读此，当可破世俗之惑。

论从局一

陈素庵曰：日主无根，势屈不堪培植。他神满局，党多难以伏降。贵达权以通变，宜舍弱以从强。从杀其常，正官理应同例。从财固美，食伤力亦相当。惟印多则无从理，盖母众反作子殃。凡所从之神，被克则为破局。此已弃之命，逢根即属不祥。从神遭遇资扶，知福力之深厚。从神辗转生育，喜秀气之发扬。从之上者，则贵登台阁。从之次者，亦富拥仓箱。若岁运不齐，岂终身能无少驳。苟制化有道，则大局仍自无妨。更有主带微根，真杂假而未净，运行弃局，假成真而亦昌。但运过还防凶发，必局纯乃得福长。

论从局二

又曰：凡看日主无根，满柱皆官，则当从官。满柱皆杀，则当从杀。满柱皆财，则当从财。满柱皆食，则当从食。满柱皆伤，则当从伤。若满柱皆印绶，则无从理。盖柱皆生助，日主旺甚无依，决矣。凡从何神，只要此神生旺则吉。若从神受克，日主逢根，则凶。其不同者，从官、从杀，只喜生官、生杀及官杀运。从财，从食、伤，固喜生财、食、伤及财、食、伤运。即财再生官杀，食伤复生财，皆可。此其定理也。然又须看日主情势何如。所从之神，意向安在，而变通推测之，无不验矣。或曰：旧但取从杀、从财，今复取从官、从食、从伤，其理何出。盖不知命理，惟取生克。克我之杀可从，则克我之官何不可从。我克之财可从，则我生之食、伤何不可从。古今命如是者甚多，术家未之遍考耳。至于从局，动云弃命。岂有命而可弃者乎？盖从神强甚，譬之马驰峻阪、舟饱疾风，非人力所及制，若强欲收顿，必有颠坠覆溺之忧。不若纵其所如，而驾驭得宜，则马与舟仍为我用耳，此弃乃不弃也。或曰：不可强制，信矣。行运生扶日主，何以不可。不知身在峻阪之上，疾风之中，乃马与舟而求自全，岂不速败乎？

按：从财、从杀，子平言之久矣，今素庵先生又谓正官食伤，无不可从。骤视之，似为创格。其实本之《滴天髓·顺逆篇》所谓顺逆不齐也，不可逆者，顺其势而已矣。刘诚意伯注云：权在一人，可顺而不可逆。二人同心，可顺而不可逆。证以子平从财从杀，素庵从正官从食伤之说，其理益明。

论化局一

陈素庵曰：四柱取格为真，固宜审酌。十干遇合而化，尤贵推寻。甲己合而化土，乙庚合而化金，丙辛合而化水流湿，丁壬合而化木成林，并戊癸合而化火，皆阴阳而同心。甲遇两己、己遇两甲兮，凡二则争而非化。甲畏庚克、己畏乙克兮，但遇一则妒而相侵。有丁有壬双露，则其局必败。或丁或壬单见，则为害不深。总之，克我我生之木金，忌其相见。生我我克之水火，喜其加临。若辨化局之假真，全察地支之情势，先观月气，乃化。神根本之乡，更重时支，必化。神生旺之地，时趋绝处，化必不成。月属他神，化尤难冀。年支稍远，亦须与化无乖。日支较亲，更求与化有济。至行运有吉凶，同原柱之则例。遇助化之物，则气势加隆。值破化之神，则程途不利。化神一路如意，通显无疑。化神一字还原，灾厄立至。然而局多变化，即假格兮，得运亦可成真。理实圆通，虽克神兮，合宜亦非深忌。至于取必辰字，谓龙飞方是化神。则凡遭遇寅支，彼虎变宁无化意。况五行各异爱憎，且一库有何情致。若此荒唐，亟宜废置。

按：十干遇合而化，尤贵推详。观此尤字，可见论命首重化局，次论其他。至甲遇两己、己遇两甲，有丁有壬，或丁或壬云云，可不拘忌。观其若辨化局之假真，全察地支之情势。即假格兮，得运亦可成真。虽克神兮，合宜亦非深忌云云。即可了然矣。至书有逢龙则化之说，乃指甲己遁戊辰，故化土。乙庚遁庚辰，故化金。丙辛遁壬辰，故化水。丁壬遁甲辰，故化木。戊癸遁丙辰，故化火。世俗不明此理，误谓四柱有辰字，乃作化局论。无辰字，不作化局论。此皆不善读古书者，故素庵先生辞而辟之。

论化局二

又曰：凡看命，先看有无合化，若日干或与月干相合，或与时干相合，化作他神，则生克俱变矣。化木以木论生克，化火以火论生克。虽己合甲仍是土，庚合乙仍是金。然单己之土，丁壬两见，自以印财论。合甲之土，丁壬两见，即以木论矣。独庚之金，戊癸两见，自以印伤论。合乙之庚，戊癸两见，即以火论矣。凡化局之成否，化神之喜忌，已详前篇。若旧书所载，某局生某月则化，不生某月则不化，亦不尽然。如云甲乙生辰月不化，中有木气也。见戊字有损，亦为妒合也。乃又云：甲己得戊辰时，化土方真。既取辰，又取戊，不自相矛盾乎？若柱中辰戌丑未全见，此反不能化，盖四支虽皆土气，然互相冲击，不成化局矣。要知看天干易，看地支难。不特化神，贵生旺，忌死绝，更须字字理会，孰能助化，孰能破化。孰助化而反伏破损，孰损化而仍可调停。至于行运，又须细看日主情势、化神意向而变通推测之，总不可粗心率略也。更有柱中化局不真，而行运一路助化亦能荣达。但此运过后，依然不利耳。若世术于日干之外，余干见甲己二字，辄云化土，可作土用。见丁壬二字，辄云化木，可作木用。夫化局以日为主，合月时乃化，即合年亦不在化例。若余干自相合，亦以化气取用，则四柱五行，俱无一定，不胜纷纭矣乎？此虽通根得时，必无化理。勿因柱缺某神，勉强借凑也。

按：素庵先生云：凡看命，先看有无合化，此先字极妙。可见论命须先论化局，若无化局，再及其他。又云：若日干或与月干相合，或与时干相合，化作他神，则生克俱变矣。此数语指明日干与时干联合，或与月干联合，皆作化局论。又云：化木以木论生克，化火以火论生克。此说足补旧书之不逮，读者详观本书所载论化气五行生克之名词，及化气五行生克表，当更明了。又云：要之，化局看天干易，看地支难，不特化神贵生旺，忌死绝，更须字字理会。又云：至于行运，又须细看日主情势，化神意向。凡此种种，皆为评断化气之要诀。读者观于本书所载润德堂存稿，及《命谱》所载化气等格，即可知四柱大运，及宫限干支，无往而不以化气言也。至于年月二干联合，不作化气取用，此说诚然。果其柱缺某神，得此补助，未尝无益，岂得谓为勉强借凑也哉！

论一行得气一

陈素庵曰：五行合宜，固为吉利。一行得气，亦主光亨。木火日，而或方、或局全逢，则为曲直、炎上之格。金水日，而或方、或局完具，乃有从革、润下之名。土日四库俱全，当以稼穑取用。支位三神有力，亦以稼穑推评。皆占一方之秀气，不同六格之常情。所爱者，得时当令。所利者，遇旺逢生。但体质亦觉过专，引通为妙。而精神必有所向，审察须精。水局见火，火局见金，斯乃财神资养。金局生水，水局生木，是为秀气流行。大抵秉令成方，则福禄并臻，而位登显要。即使失时得局，亦功名不误，而身获康宁。若原局微伏破神，须运有合冲之妙。苟行运偶逢克地，贵柱有克化之神。总之，干乃领格之神，阳气为强，而阴气为弱。支乃会格之具，方力较重，而局力较轻。

论一行得气二

又曰：命理率取五行，然一行得气，自成局面，亦可取用。有占一方秀气者，木日全寅卯辰，为曲直格。火日全巳午未，为炎上格。金日全申酉戌，为从革格。水日全亥子丑，为润下格。土日全辰戌丑未，为稼穑格。土合四方为方也。有占一局秀气者，木日全亥卯未，亦为曲直格。火日全寅午戌，亦为炎上格。金日全巳酉丑，亦为从革格。水日全申子辰，亦为润下格。土日同前。木火金水，或方或局，必三方俱全方取。土则得二三，亦可用。凡入此格，一则须通月气、得时令。二则须上引至生旺，勿引至死绝。三则须柱中无克无破。但蠢然顽木、燥火、刚金、荡水、浊土亦不足取。须带食、带财、带印，有生动之机为妙。惟不喜见官杀耳。行运亦如之。然细推逆行顺行，未有不遇克运者，则看原格所带何神。如有理会，有情致克亦不畏。若分某格畏克，某格不畏克，亦不尽验也。至于方局较论，得方为优。盖方专一气，格易成而难破。局兼他神，格难成而易破耳。

论两神成象一

陈素庵曰：道有时乎取奇，一行独秀。理更妙于用耦，二气双清。或水或金，占四柱之各半。或木或火，判两类而相停。相生必欲平分，无取稍多稍寡。相克务须均敌，切忌偏重偏轻。如用水金，彼火土岂能夹杂。倘取水木，则火金不可交争。格既如斯而取，运亦仿此而行。一路澄清，必位高而禄厚。中途混乱，恐职夺而家倾。故此格最难全美，而看法贵在至精。若生而复生，乃是资生之妙。倘克而遇化，亦为和合之情。或谓理仅两神，似嫌狭小。不知格分十种，尽费推评。

论两神成象二

又曰：两神成象格，与双飞蝴蝶，两干不杂，俱不同。双飞二格等，所得五行或三或四，无一定之理，故不足凭。两神成象者，八字二行之二，而又均停。如相生，则金水各半，不遇火土混之。木火各半，不遇金水混之。相克，则金木各半，不遇火混之。火金各半，不遇水混之。只是两神清澈，所以可取。若一字不均停，即偏于一而不入格。此等四柱不少，须详审无偏无混方取。又须有情理，无刑冲，行运一路清澈为妙。勿见柱止两神，遽称上格也。

论暗冲暗合

陈素庵曰：正格出于柱中，精推有准。用神在于柱外，变化无穷。局无一点官星，须寻暗贵。支有三神同类，可动对宫。法或用冲，盖取势相激发。格或用合，则因理本和同。如丙日遇午多，冲癸官于子位。辛日遇亥众，冲丙贵于巳中。用丙午丁巳之日者，喜生炎夏。用壬申癸亥之日者，妙产严冬。又如甲日辰多，合酉内辛金气协。戊日戌众，合卯中乙贵情通。用甲辰之日者，春时为美。用戊戌之日者，秋冬有功。更有庚日得申子辰，全逢润下，对宫有寅午戌，可以相冲。总之，所冲所合之神，切忌柱中填实。冲彼合彼之物，亦防他曜相攻。冲格果真，凤阁鸾台赫奕。合格如确，玉堂金马雍容。盖冲则直冲，非午破卯破之迂回克出。而合则竟合，非子遥丑遥而展转相逢。故置彼而取此，实势顺而理从。

论暗冲

又曰：凡局中原无官星，又无他秀气可取。始以日支相同多者，暗冲对宫之官，其力与本局官星无异。倘止二支相同，则力薄而不能冲，必须三支、或四支方妙。法取丙午日，午多冲子为官。丁巳日，巳多冲亥为官。生于夏月，其力尤大。又取庚子壬子二日，子多冲午中丁己为官。辛亥癸亥二日，亥多冲巳中丙戊为官。生于冬月，其势更雄。若冲子午而局有子午，或干透癸丁己。冲巳亥而局有巳亥，或干透丙戊壬，皆为破格，行运亦然。更须生助其官，勿值七杀相混，伤官相破，此为紧要。其旧说诸喜忌，不必太拘。若飞天倒冲之名，既无其义，且费解说，故不用之。
或曰：凡支神同类者多，俱可冲官，何独取此六日，不知六日所冲官星的确，内有兼冲财印者，绝无兼冲杀伤枭劫者，故足贵耳。且先以日支为主，故甲日卯多，亦可冲酉。乙日寅多，亦可冲申。缘不是日支，皆不取用也。

论暗合

又曰：支神六合，其气相关。局无官星，则以日支相同多者，暗邀合宫之官，其力稍逊于暗冲。然合之精当者，亦可取用。法取甲辰日辰多，暗合酉中辛金为官。戊戌日戌多，暗合卯中乙木为官。癸卯日卯多，暗合戌中戊土为官。癸酉日酉多，暗合辰中戊土为官。必须三四支相同，其合方真。甲辰癸卯日，喜生春令。戊戌癸酉日，喜生秋冬。其合有力，亦忌填实冲破。余日或入他格，或不合法，俱不取。或曰：凡旧格遥合、合禄、刑合皆不用，何以复立暗合之格？不知遥合诸格皆迂回附会，理不自然。暗合则以此支合彼支，直捷的当，岂可同论乎！

论外格用舍

沈孝瞻曰：八字用神既专主月令，何以又有外格乎？外格者，盖因月令无用，权而用之，故曰外格也。如春木冬水土生四季之类，日与月同，难以作用。类象、属象、冲财、会禄、刑合、遥迎、井栏、朝阳诸格皆可用也。若月令自有用神，岂可别寻外格。又或春木冬水，干头已有财官七杀，而弃之以就外格，亦大谬矣。是故干头有财，何用冲财。干头有官，何用合禄。《书》云：提纲有用提纲重。又曰：有官莫寻格局，不易之论也。然所谓月令无用者，原是月令本无用神，而今人不知，往往以财被劫、官被伤之类用神已破，皆以为月令无取，而弃之以就外格，则谬而又谬矣。

论时说拘泥格局

又曰：八字用神，专凭月令。月无用神，始寻格局。月令本也，外格末也。今人不知轻重，拘泥格局，执假失真。故见戊生甲寅之月，时上庚申，不以为明杀有制，而以为专食之格，逢甲减福。丙生子月，时逢巳禄，不以为正官之格，归禄帮身，而以为日禄归时，逢官破局。辛日透丙，时逢戊子，不以为辛日得官逢印，而以为朝阳之格，因丙无成。财逢时杀，不以为生杀攻身，而以为时上偏官。癸生巳月，时遇甲寅，不以为暗官受破，而以为刑合成格。癸生子月，酉日亥时，透戊坐戌，不以为月劫建禄，用官通根，而以为拱戌之格，填实不利。辛日坐丑、寅年亥月卯时，不以为正财之格，而以为填实拱贵。乙逢寅月，时遇丙子，不以为木火通明，而以为格成鼠贵。如此谬论，百无一是。此皆由不知命理，妄为评断也。

论杂格

又曰：杂格者，月令无取，取外格而用之，其格甚多，故谓之杂。大约要干头无官无杀，方成外格。如有官杀，则自有官杀为用，无劳外格矣。若逢财，尚可取格，然财根深，或财透两位，则亦以财为重，不取外格也。试以诸格论之。

有取五行一方秀气者，取甲乙全亥卯未、寅卯辰，又生春月之类。本是一派劫财，以五行各得其体，所以成格。喜印露而体纯，如癸亥、乙卯、乙未、壬午，吴相公命是也。运亦宜印绶比劫之乡，财食亦吉，官杀则忌矣。

有从化取格者，要化出之物，得时乘令，四支局全。如丁壬化木，地支全亥卯未、寅卯辰，而又生于春月，方为大贵。否则亥未之月，亦是木地，次等之贵。如甲戌、丁卯、壬寅、甲辰，一品贵格。运喜所化之物，与所化之印绶、财伤亦可，不利官杀。

按：《元理赋》云：不从不化，淹留仕路之人。得化得从，显达功名之士。原注云：不通月气，时无所归，不从不化也。若通月气，时有所归，则以从化论。又云：先论从化，后论财官。《玉井奥诀》云：财官欲真致妙兮，须理化气。如丙辛见戊癸为财，甲己为官，此为真造化，秀气不可言。证以以上二说，具见化气五行之财官食伤，均与正五行之财官食伤不同。至于财官食伤之孰宜孰忌，化气之是否得时失令，均详见本书论十干化气篇，及素庵先生论化局篇，可参观之。

有倒冲成格者，亦四柱无财官，而对面以冲之。要支中字多，方冲得动。譬如以弱主遇强宾，主不众则宾不从。如戊午、戊午、戊午、戊午，是冲子财也。甲寅、庚午、丙午、甲午，是冲子官也。运忌填实，余均可行。

有朝阳成格者，戊去朝丙，辛日得官。以丙戊同禄于巳，即以引汲之意，要干头无木火，方成其格。盖有火则无待于朝，有木则触戊之怒，而不为戊朝。如戊辰、辛酉、辛酉、戊子，张知县命是也。喜土金运，水木运平平，火则忌矣。

有合禄成格者，命无官星，借干支以合之。戊日庚申，以庚合乙，因其主而得其偶。如己未、戊辰、戊辰、庚申，蜀王命是也。癸日庚申，以申合巳，因其主而得其朋。如己酉、辛未、癸未、庚申，赵丞相命是也。运亦忌填实，不利官杀，更不宜以火克金使彼受制而不能合，余则吉矣。

有弃命从财者，四柱皆财，而身无气，舍而从之，格成大贵。若透印，则身赖印生而不从也。有官杀，则亦不从财，而兼从官杀之理，其格不成。如庚申、乙酉、丙申、己丑，王十万命是也。运喜伤食财乡，不宜身旺。

有弃命从杀者，四柱皆杀。而日主无根，舍而从之，格成大贵。若有伤食，则杀受制而不从。有印，则印以化杀而不从。如乙酉、乙酉、乙酉、甲申，李侍郎命是也。运喜财官，不宜身旺，食伤则尤忌矣。

按：四柱皆财，八字中既无印绶，又无比劫，始为弃命从财。若王十万之造，正印干逢，非真从财格也。四柱皆杀，八字中既无比印，又无食伤，始为弃命从杀。若李侍郎之造，比劫林立，印绶居时，非真从杀格。原书如此，姑且仍旧。

有井栏成格者，庚金生辰申月，方有此格。以申子辰冲寅午戌，财官印绶合而冲之。若透丙丁，有巳午，则现存官杀，而无待于冲，非井栏之格矣。如戊子、庚申、庚申、庚辰，郭都统制命也。运喜财，不利填实，余皆吉矣。

有刑合成格者，癸日甲寅时，寅刑巳而得财官，格与合禄相似，但合禄则善以合之，而刑合则硬以致之也。命有庚申，则木被冲克而不能刑；有戊己，则现透官杀，而无待于刑，非此格矣。如丁未、癸卯、癸卯、甲寅，十二节使命也。运忌填实，不利金乡，余则吉矣。

有遥合成格者，巳与丑会，本同一局，丑多则会巳，而辛丑日得官，亦会禄之意也。如辛丑、辛丑、辛丑、庚寅，章统制命是也。若命中有子字，则丑与子合而不遥。有丙丁戊己，则辛癸之官杀已透，而无待于遥，别有取用，非此格矣。

至于甲子遥巳，辗转求合，似觉无情，此格可废。因罗御命，聊复存之。如甲申、甲戌、甲子、甲子是也。若夫拱禄、拱贵、趋干、归禄夹戌、鼠贵、骑龙、日贵、福禄、魁罡、金神、时墓、两干不杂、地支一气、五行俱足之类一切无理之格，概置勿取。即古人格内，亦有成式。总之，意为迁就，硬填入格，百无一似，徒误后学而已。乃若天地双飞，虽富贵亦自有格，不全赖此，而亦能增重其格。即用神亦不甚有用，偶有依以为用，亦成美格。然而有用神不吉，即以为凶，不可执也。其余伤官伤尽，谓之伤尽不宜见官，必尽力以伤之，使之无地容身，更行伤运，便能富贵。不知官有何罪，而恶之如此。况见官而伤，则以官非美物，而伤以制之。又何伤官之谓凶神，而见官之为祸百端乎？余用是说以历试，但有贫贱，并无富贵，是未可轻信也。近亦见有大贵者，不知何故，然要之极贱者多，不得不观其人物以衡之。

按：伤官伤尽最为奇，伤官见官祸百端。及伤官尤喜见财星，伤官用印宜去财，伤官不怕比劫逢。孰宜孰忌，种种理由，详见本书论伤官宜忌篇，欲知伤官之吉凶者，可详阅之。

论星辰无关格局

又曰：八字格局，专以月令配四柱。至于星辰好歹，既不能为生克，又何以操成败之权。况于局有碍，即财官美物尚不能济，何论吉星。于局有用，即七杀伤官皆为美物，何谓凶辰乎？是以格局既成，即使满盘孤辰八杀，何损其贵。格局既破，即使满盘天德贵人，亦难为功。今人不知轻重，见是吉星，遂至抛却用神，不观四柱，妄论贵贱，谬谈祸福，甚可笑也。况书中所云禄贵，往往指正官而言，不是禄堂贵人。如正财得伤贵为奇，伤贵者，伤官也。伤官乃生财之具，正财得之，所以为奇。若指贵人，则伤贵为何物乎？又若因得禄而避位，得禄者，得官也。运得官乡，宜乎进爵，然如财用伤官食神，运逢官则格杂正官，官露运又遇官则重。凡此之类，皆可避位也。若作禄堂，不独无是理，抑且得禄避位。文法上下不相顾，古人作书，何至不通若是。又若论女命有云：贵众则舞裙歌扇，贵众者，官众也。女以官为夫，正夫岂可叠出乎？一女众夫，舞裙歌扇，理固然也。若作贵人，乃是天星，并非夫主，何碍于众，而必为娼妓乎？然星辰命书亦有谈及，不善看命书者执之也。如贵人头上带财官，门充驷马。盖财官如人美貌，贵人如人衣服，貌之美者，衣服美则愈显。其实财官成格，即非贵人头上，亦当门充驷马。又如论女命有云：无杀带二德，受两国之封。盖言妇命无凶杀，格局清贵，又带二德，必受荣封。若专主二德，则何不竟云带二德，受两国之卦，而必先曰无杀乎？若云：命逢险格，柱有二德。逢凶有救，可免于危，则亦有之。然终无关于格局贵贱也。

卷十二　先贤名论

子平源流考①

今之谈命者，辄以子平为名，子平何所取义。盖以天开于子，子乃水之专位，为地支之首、五行之元，生于天一、合于北方，遇平则止、遇坎则流，此用子之义也。又如人世用秤称物，以平为准，稍有重轻，则不平焉。人生八字为先天之气，譬则秤也，其年为钩、时为权、月为提纲、日为铢两。八字以日为主，若财官印食旺相，日干亦值旺相之地，如钩绾物与权相应，其命则富而贵。若财官印食旺相，日干值于休囚，如以钩绾物，与权自不相应，其秤则不平，其命则贫而贱。若财官印食休囚，日干值于旺相，亦若钩绾轻物，与权自不相应，其秤自不平，其命亦蹇滞。设使三物无气，日主休囚，非贫贱则夭亡，此用平之意也。《经》云：先天太过，后天减之。先天不及，后天补之。先天后天，无太过不及，然后为能平焉。运限者，后天也。且如先天八字、日干旺相太过者，宜行休衰之运，发泄其气。如日干休囚不及者，宜行旺相之运，生扶其气。二者合宜，则福寿兼全矣。譬之医家用药，补泻合宜，则疾病自瘳矣。若日干太旺，又行旺运，日干太衰，又行衰运，太过不及，有不灾害丛生者耶？夫运者转也，十年一转，穷通可知。皆由大运之兴衰，以验岁君之祸福。是故观贵贱荣枯者，观于子平可见矣。观子平者，观先后天之论可见矣。但子平系徐居易之字，今之谈命者远宗其法，故称子平。考《濯缨笔记》：子平姓徐，名居易，子平其字也。东海人，别号沙涤先生，又称蓬莱叟，隐于太华西棠峰洞。子平之法，以人所生年月日时推其禄命，无有不中，其源盖出于战国珞琭子。世有《三命消息赋》一篇，谓其所作，然观其

---

① 明万育吾撰。

文，殆后人伪撰，非珞琭子之本真也。珞琭同时有鬼谷子，汉有董仲舒、司马季主、东方朔、严君平，三国时有管辂，晋有郭璞，北齐有魏定，唐有袁天纲、僧一行、李泌、李虚中之徒，皆祖其术。泌尝出游，得管辂书《天阳诀》，又得一行所授《铜钹要旨》，占人吉凶极验。泌以是传之李虚中，推衍以用之。珞琭以年，虚中以日，其法至是一变。五代时，有麻衣道者、希夷先生，及子平辈。子平得虚中之术而损益之，专主五行，不主纳音，至是则其法又一变也。子平殁后，宋孝宗淳熙有淮南术士，号冲虚子者，精于此术，当世重之。时有僧道洪者，密受其传，后入钱塘，传布其学，世俗不知其所由来，直言子平耳。后道洪传之徐大升，今世所传如《三命渊源》、《定真论》等皆其所著，以是本书变易尽矣。观《五行精纪》、《兰台妙选》、《三车一览》、《应天歌》等书，与《渊源》、《渊海》不同，盖观文察变，治历明时，皆随其时而改革。故虽百年之间，数术之说亦不能不异。矧自大升之时，上距子平已三百余年，其法不知经几变矣。或谓大升得子平之真传，观《继善》等篇，不外《明通赋》，但更易其词，而《元理赋》则大升之独得也。今人推命之术，乃元人复由子平、大升二家之法，演绎而出。顾今之谈命者，辄称子平，而莫知其源流，故考而论之。

按：五代后梁纪丁卯起，至后周纪庚申止，共五十四年。北宋纪庚申起，至丁未止，共一百六十八年。南宋纪丁未起，至孝宗癸未、隆兴元年，不过三十七年。自五代丁卯至南宋癸未计之，共二百五十九年。[①] 当孝宗时，冲虚子传之道洪，道洪又传之徐大升，时期必不过远。今此《考原》文载明大升之时，上距子平已三百余年，以此推之，徐大升非五代时人，乃唐人也。质之考据家以为如何。至子平论命，专主正五行，不主纳音之说，亦未必尽然，详见纳音篇。

---

① 新陈交递，尚虚算三年。

珞琭子三命指迷赋①

　　一气肇判兮，两仪定位。五行周流兮，万物从类。其丽乎天也，为星为辰。其为乎人也，立常立事。在物之灵，惟人为贵。粤自枝干，论其贵贱，以逆气定其否泰。盛则复衰，穷则更生。有纯有杂，有浊有清。相养所以相助，有击所以相成。得者君臣之义，以克而推夫妇。和者刚柔相济，以类而求兄弟。二阴和柔，两阳争竞。太过者暴，不及者徐。莫若寿而长生，莫若夭而丧命。不刑不起，不冲不发。以冲则动，以破则贱。合则少兮，受寡助之力。鬼则多兮，招毁谤之端。粤自三元主本，五行是先，天地合兮分贵贱。兄弟和兮类金鞍，禄生旺兮则分节钺。马交驰兮，掌握兵权。满堂金玉，定见财官之库。盈门冠盖，须知官贵之余。学堂多合兮，登上甲之第；贵科有助兮，为馆阁之儒。叠凤池则佩三公之印，官印全则乘使者之车。金杀夹贵兮，有兵有权；旺禄得地兮，为富为寿。得印绶者，可论为官。多破官者，宜求避位。三奇遇贵，而推顺逆之详。天乙最吉，而分昼夜之主。攀鞍主积财巨万，偏官必出于杂流。夹禄夹马，重职高官。拱库拱印，既富且贵。财居八败，则官爵歇灭。运入阳刃，则财物耗散。祸败发于元亡，妨害生于孤寡。孰谓大车届路，莫入沟壑之深。芳草连天，不居狼藉之地。既爱克害之余，又忌破刑之厄。伏丧荣庆，因运遇于孤宫。拜命号晦，盖生逢于鬼马。劫杀兼凶兮，成寇盗徒死之流；空亡无气兮，聚僧尼吏曹之舍。观旁合之远近，究禄马之向背。奇食冲破兮，虚则无财；禄马同位兮，官崇位显；权柄重兮，驿马之交合；孝服多兮，白衣之有气。支干掩击，败于天乙之方。神杀合并，发于空亡之地。凶衰者招祸殃，吉旺者招喜庆。吉凶相半，进退流滞。力微则徐行，气盛则旋蹶。别生衰于三主，定根本于四柱。短夭者命带克刑，遐龄者身居库墓。宅舍莫居衰败之方，田园要临吉祥之地。奇暗合之吉神，喜生成之旺相。承旺相，则贵中有贵。历空虚，则遇如不遇。复推阴错阳

　　① 据《读画斋丛书》本。

新校命理探原

差、天罗地网，天冲地击，伏吟返吟。又取于支干喜厄，必辨其神将扶持。六害四杀之中，五鬼三刑之上。阴刃为妨夫之煞，阳刃为兵伤之神。交六虚，为败绝之方。入空亡，为困钝之地。天禄刑破，定分厄兆。太岁冲压，所为不成。逢真官者，则迁位台省。重天乙者，则置身庙堂。劫主凶暴，元主败亡。多动摇者，临二八之门。多哭泣者，临丧吊之岁。财在长生，自营卓立。印临天乙，累世邑封。乙干土多兮，死于正禄之地；己人水盛兮，夭于建命之宫。金主困于盛夏，丙禄绝于孟冬。时伤日月，家财自破。禄畏岁运，祸殃并至。三刑全，则仆马惊蹶。七杀聚，则为官贬剥。更怕逢纳甲之灾，干遇是临头之杀。宅墓逢鬼兮，难免其祸；绝处遇墓兮，上保扶持。财命并死，遇冥司之限。主本俱弱，为阴使之追。沐浴衰微，亲姻哭送。骨肉颠倒，亲戚分离。五鬼多而乘势兮，麾旌前引；三元衰而杀旺兮，丧车疾驰。将喜不喜，而为迎运之休。欲彻未彻，而有未交之福。初临沐浴，却延福庆峥嵘。乍入长生，尚自心忧坎坷。真所谓丙丁有贵兮，遇酉亥以当荣；戊己无财兮，历巳午而不遇。武须持于金土，文欲兼于水火。奇仪重犯，须防六甲之刑。禄马同乡，更忌五行之破。贵于引从兮，岂怕禄刑；禄是庚辛兮，不愁金杀。水火逢土以伤，木遇金而击发。舆库乃畏于刑冲，财印最嫌于衰绝。以旺绝为死生之基，以刑合为爱憎之候。月凶衰兮，早岁寒儒；胎贵旺兮，生于世胄。刑伤于胎则害母，鬼战其息则异母。更分四柱于枝干，取验一时之休咎。男宫当杀，定招年夭之灾。妻位多凶，虑见鼓盆之叹。火人金盛，须保鞠子。水命土繁，定为孀妇。食印长生，则值鸾凤之仪。禄马互换，则喜芝兰之秀。详其吉会乃喜，运并防灾。寡宿宜避，孤神可惧。从劫杀兮，思虑之寡；守将星兮，权谋之深。胆怯者下有不顺，性凶者干来上侵。文章明敏兮，定须火盛。威武刚烈兮，乃是金多。木盛则让，恻隐之心。水多则聪，机巧之智。盖土之性最重为贵。或居三舍之方，或占一生之地。既生则和，既克以制。四杀乃凶暴之象，六冲为不定之势。噫！李广不侯，叔敖为相，皆天命之有定，每人事之不测。通变有神，执方为过。略得古人之遗踪，约以今贤而执敢。博乎管窥，庶几一悟。

按：《四库全书》总目云：《三命指迷赋》一卷，旧本题岳珂补注。原本久佚，今从《永乐大典》录出。其书《宋志》不著录，而元明人命书多

134

引之，当犹宋人所作。读此，可见此赋世少传本。珊偶阅《读画斋丛书》，得见斯篇，如获鸿宝。兹特备录《珞琭子》原文，以公同好。至相台岳珂补注，因限篇幅，未及具载，识者谅之。

明通赋①

太极判为天地，一气分为阴阳。流出五行，化生万物。凡人禀命，贫富贵贱出之。哲士知几，吉凶祸福定矣。看命以日干为主，统三元而配合八字干支。论运以月支为首，分四时而提起五行消息。向禄旺以成功，入格局而致贵。官印财食为吉，无破乃良。杀伤枭败为凶，转用为福。全备藏蓄于辰戌丑未，长生镇居于巳亥寅申。子午则成败相连，卯酉乃出入交互。支干有不见之形，无中生有。节气存有余之类，混处求分。善恶相交，却喜化恶从善。吉凶混杂，最畏害吉添凶。是故得局朝元，非富则贵。犯垣破局，非夭则贫。得失均兼，进退反覆。神煞相绊，轻重较量。内有杂气财官，相兼偏正两印。同宫禄马，号为内外三奇。真官时遇命强，② 早受金紫之封。良马月乘时健，③ 末迁银青之职。月印附日无财气，为黄榜招贤。日禄归时没官星，号青云得路。月令七杀，而杀身俱强，当为黑头宰相。时上偏财，而财命并旺，须出白屋公卿。建禄、坐禄、或归禄遇财官印绶，富贵长年。月刃、日刃、及时刃逢官杀荣神，功名盖世。月令专制七杀，身健鹰扬。运元生发二财，④ 命强豹变。年见正官、正印、正财无破，必承祖荫传芳。日坐真官、真印、真财有成，号曰福神治世。月内偏财，而无败无杀，富出人间。日下正马，而有助有生，名扬天下。身浅坐杀，运行身旺之乡，发财发福。独坐临官，⑤ 运至主贵之地，加职加封。食神生旺，无印绶刑冲，乃母食子禄。本王临官，无杀星克败，为

---

① 唐东海徐居易子平撰，据陈素庵命理《辑要》。
② 此时字，指春夏秋冬之四时言，非谓生时也。
③ 马者，财也。
④ 元运即月令也。
⑤ 乃丁巳癸亥等日。

弟袭兄班。倒食本宫临官旺，乃侍臣叨禄之名。胎生元命无财星，[①] 为赤子承恩之宠。岁月正官七杀混淆，人多下贱。时日独强专制，职重权高。月时七杀正官，杂乱病交侵。岁运冲开合去，官清名益显。犹嫌过制，最忌争强。天元无气，却宜中下兴隆。年本偏官，须忌始终克制。阳刃极喜偏官，削平祸乱。金神只宜制伏，降肃奸雄。阳德阴贵，旺则荣显，而弱可保名。天罡地魁，衰则贫寒，而强当绝世。官库财库，冲开则荣封爵禄，塞闭则贫乏赀财。伤官正官，伤尽则独握高权，半残则必遭塞难。日月倒冲官禄，无填无绊。而禄马飞来，[②] 天地制合杀神，不过不失，而名利骤发。惟官印最宜相会，德政加封。有禄马极喜同居，[③] 才能称职。印绶逢杀则发，逢合则晦，逢财则灾，破合去财亦发。建禄遇官则贵，遇财则富，遇印则秀，败财破印皆凶。官杀两停，喜者存之，憎者去之。武能去正留偏，文能去偏留正，运逢身旺必加封。财印交差，欲其进也，忌其退也。贵则取印舍财，富则取财舍印，岁遇命强而进爵。十干背禄，喜见财丰。败逢比劫，官杀得用，力能制劫存财。五行食神，福乘马盛。祸起枭神，官杀一来，误致助枭夺食。戊日午月，勿作刃看。时岁火多，转为印绶。丙日丑时，非为背禄。支干金旺，反作赀财。官坐两头终被刑，贵压三刑须执政。德盖七杀，必是安禅之士。花迎六合，岂非淫荡之人。孤寡双全带官印，当膺住持，无则只为道行。控邀隔角逢生旺，[④] 必过房舍，绝则终守鳏孀。吞啖全排，[⑤] 家人消散。空亡偏见，亲属离伤。财印双伤，断其必无上下。官杀俱去，知其少失爷娘。纯耗纯刃交差，牛羊类断。纯阴纯阳排克，猪狗徒看。衰受众枭，乃是长工服役。绝逢重食，宜作屠行牙侩。纯贵纯财，身旺无杂，则官居极品。全印全食，命强无破，则禄享千钟。日干太旺无依，若不为僧，固宜为道。天元赢弱无辅，若不为技，则当为巫。身弱有印必发，忌财马以相伤。食神逢枭则夭，喜财星而生

---

① 此庚寅辛卯甲申乙酉等日。

② 此飞天禄马格。

③ 禄马者，官财也。

④ 控邀，煞名。

⑤ 吞啖，煞名。

救。甲子日逢子时，没庚辛申酉丑午，谓之禄马飞来。① 庚申时逢戊日，无甲丙卯寅午丁，名曰食神健旺。② 庚壬子冲午禄，切忌丙丁。③ 辛癸丑合巳官，须嫌子巳。④ 丙午丁巳准此，最忌刑冲。壬子癸亥例同，亦防填实。⑤ 六辛日而无午字，得戊子时，辛合丙官为贵。⑥ 六癸日而无干土，得甲寅时，寅刑巳格尤奇。⑦ 癸无丙丁戊己庚申，时合一巳之财。⑧ 壬有子午卯酉正气，柱兼四季之禄。癸日同上，土曜莫侵。得之者利害相兼，官高身病。遇之者吉凶并见，职重家贫。甲曲直木，丙炎上火，官高克妻而不富。戊从革金，庚润下水，职重嗣少而多贫。⑨ 身犯休囚之地，并冲官贵何忧。身专强旺之支，同钓财禄尤贵。阴木独遇子时，没官星，乙镇鼠窠最贵。阳水叠逢辰位，无冲克，壬骑龙背非常。庚日全逢润下，忌壬癸巳午之方。时遇子申，其福减半。⑩ 合官合财作公卿，防休囚克害之辱。拱贵拱禄为将相，忌刑冲填实之凶。官印暗合天地，其贵可知。福德隐在支中，其德尤萃。五行正贵，怕刑冲克害之神。⑪ 四柱吉神，喜旺相生合之理。若乃沐浴逢杀，魄往酆都。元犯再伤，魂归乐府。畏杀逢杀则夭，忧关落关即亡。⑫ 引合关煞误伤身，中下灭绝横夭寿。伤官见官，祸患百出。逐马逢马，⑬ 劳苦千般。财逢阳刃而伤，印见财神而破。食神遇枭，无财则夭。制杀逢印，有冲则凶。身弱有财，重逢正印亦灾。命强无官，单遇七杀尤胜。三刑对冲横祸生，阳刃冲合非殃至。沐浴从生无家客，休囚见杀不归人。月下劫财主无财，喜杀无印而有获。暗中破印亲坏印，喜官无食以加封。官杀混杂兮，兄弟太多兮，喜印无制能文，喜制无印能武。若

---

① 此子遥巳格。
② 此专食合禄格。
③ 此正冲禄马格。
④ 此丑遥巳格。
⑤ 俱倒冲禄马格。
⑥ 此六阴朝阳格。
⑦ 此刑合格。
⑧ 此专印合禄格。
⑨ 甲丙二格劫多，庚戊二格泄重。
⑩ 此井栏叉格。
⑪ 正贵者，正官也。
⑫ 甲乙逢辰为关，丙丁见未为关，庚辛见戌、壬癸见丑皆为关。
⑬ 此即劫财逢财。

制印俱有，碌碌难成。禄马背逐兮，财印相破兮，喜官带杀为权，爱杀带官为贵。若官杀单见，琐琐不遂。枭印相杂兮，财马太多兮，喜身旺而为福，忌运弱以生灾。官禄克破兮，库墓冲散兮，忌重破而无依，喜比肩而可救。劫财阳刃，切忌时逢。岁运并临，[1] 灾殃立至。岁冲运则崩，运冲岁则晦。[2] 阴气终而阳气断，未死堪嗟。阳数极而阴数迫，不殂何待。五行有救，当忧不忧。四时逢空，闻喜不喜。至若女人之命，一贵为良。食伤重而孤单，贵合多而淫贱。三奇得用，国号可加。二德呈祥，诰封自至。金木坚心贞淑，水火乱性虚花。五行偏喜休囚，四柱不宜生旺。贵贱贫富，全凭夫子之星。喜忌吉凶，不外扶抑之理。总之，阴阳罕测，不可一例以推。休咎难分，须执两端而断。考诸往哲之说，参以今贤之言。悟理果能贯通，鉴命庶无差忒。

陈素庵曰：徐子平命理所宗，仅传此赋，而世术罕睹。又为喜忌篇，剟取割裂，余故表而出之。其间亦有为余集所辨驳者，意在穷理，不取苟同。然仍存原文，以听哲者参考云。

元理赋[3]

元一气，生五行。统三才，周万物。发乾坤之妙用，剖阴阳之枢机。明其生克，察其制化。辨其清浊贵贱，决其寿夭贤愚。[4] 金赖土生，[5] 土多金埋。土赖火生，火多土焦。火赖木生，木多火燥。木赖水生，水多木漂。水赖金生，金多水泛。金能生水，水多金沉。水能生木，木多水缩。木能生火，火多木焚。火能生土，土多火晦。土能生金，金多土弱。金能克木，[6] 木多金缺。木能克土，土多木折。土能克水，水多土流。水能克

---

① 并临者，劫刃并临也，
② 干支俱冲尤凶。
③ 唐徐大升撰。
④ 此原造化之始。
⑤ 生我。
⑥ 我克。

火，火多水灼。火能克金，金多火熄。金衰遇火，必见销镕。火弱逢水，必为熄灭。水弱逢土，必遭淤塞。土衰遇木，必遭倾陷。木弱逢金，必为斫折。① 强金得水，方挫其锋。强水得木，方杀其势。强木得火，方化其顽。强火得土，方敛其焰。强土得金，方宣其滞。刚金得火，方成其器。炽火得水，方济其性。旺水得土，方止其荡。浊土得木，方疏其壅。顽木得金，方适其用。② 其为体也，至微。其为用也，多变。木盛多仁，土薄寡信。水旺居垣须有智，金坚主义却能为。火土混杂必多愚，金水聪明而好色。阳金既炼，行火必至灾生。阴木归垣，失令终为身弱。水泛木浮者阴木，土重金埋者阳金。金实无声，火虚有焰。火太炎则灭，金太刚则折。是以五行不可过极，八字须得中和。官遇长生命必荣，财居旺地人多福。去杀留官方论吉，去官留杀不为卑。印卫官，官卫印，贵格可称。阴克阴，阳克阳，财神较胜。大抵官多无官，鬼多无鬼，印多无印，财多无财。大贵者用财而不用官，当权者用杀而不用印。官因财旺，印赖杀生。杀无印不显，刃无杀不威。杀刃双显均停，位至侯王。杀印偏轻无制，身为胥吏。生平既富且贵，杀重身柔。中途忽死或危，运扶干旺。③ 食居先，杀居后，功名两全。酉破卯，卯破午，财官双美。弃印就财明偏正，弃干从杀论刚柔。贫贱者，皆因官曜遭伤。孤寡者，只为财神被劫。天干杀显，无制者贱。地支财伏，暗生者奇。正官乏财，却无俸禄。七杀得制，乃有声名。偏正错乱而必伤，财印混杂而受困。伤官无财可恃，虽巧必贫。食神制杀逢枭，不穷则夭。因财致祸，阳刃与岁运并临。贪食生灾，枭神带刑冲为祸。归禄得财而获福，无财归禄必须贫。男逢阳刃必重婚，女犯伤官须再嫁。逢伤官而见夫，财神有气。遇枭神而丧子，日主无依。两干不杂利名齐，三戌冲辰灾祸重。魁罡克战，贵豪亦犯刑名。子卯相刑，门户全无德礼。丁生卯日遇己土，饕贪之人。亥乃浆神逢酉金，嗜杯之客。借枭养育，富家荣干之徒。用杀轻微，方外僧道之首。日时冲卯酉，始生必主迁移。造化逢戌亥，平生敬信神祇。丙子辛卯相刑，荒淫滚

---

① 以上言太过不及，各有其害如此。
② 以上言五行克制要得中和，而太过不及胥失之矣。
③ 此指从杀格言。

浪。子午卯酉全备，酒色沉迷。要之，富贵得于中和，贫夭由于偏驳。享福五行归禄，上寿八字相停。得局失垣，平生不遂。归垣得局，早岁轩昂。局旺而生地相逢，少年不禄。命好而时归败绝，老景无终。至于得化得从，显达功名之士。[1] 不从不化，淹留仕路之人。[2] 化行禄旺者生，化归禄绝者死。[3] 八字干支同类，杀年杀运多凶。六神格局既成，破运破年必败。人命此其大略，推详贵在精心。

陈素庵曰：徐大升，命家之表表者。此赋传习既久，杂乱无伦。往往错举数端，罕标全理。重订正之，义理易晓，不注。

六神篇[4]

五行妙用，难逃一理之中。进退存亡，要识变通之道。正官佩印，不如乘马。七杀用财，岂宜得禄。争正官不可无伤，归七杀最嫌有制。官居杀地，难守其官。杀在官乡，岂能变杀。众杀混行，一印可化。一杀创乱，独食可擒。印居杀地，化之以德。杀居印地，齐之以刑。印逢财而罢职，财逢印以迁官。印解两贤之厄，财钩六国之争。贪财坏印擢高科，印分轻重。遇比见财缠万贯，比亦帮扶。禄到长生原有印，清任加官。马行帝旺旧无伤，宦途进爵。财不显伤，还忌阴谋之贼。杀无明制，当寻伏敌之兵。财旺身衰，逢生即死。刃强财薄，遇杀生官。[5] 兄弟破财，财得用。杀官欺主，主须从。运到旺乡身反弱，财逢劫处祸尤轻。一马在厩，人不敢逐。众马在野，人争逐之。贵人头上戴财官，门充驷马。生气宫中藏亡劫，勇冠三军。命当夭折，食神子立逢枭。运至凶危，阳刃重逢破局。入库伤官，阴生阳死。帮身阳刃，喜合嫌冲。权刃复行权刃，刀药亡身。财官再行财官，贪污罢职。为跨马以忘身，因得禄而避位。财临生库破生

---

[1] 先论从化，后论财官。

[2] 不通月气，时无所归，又犯孤神，不从不化也。

[3] 此言得化得从要得禄旺，不要死绝。

[4] 据《命理辑要》本。

[5] 合刃。

宫，兼祧两家宗祀。身坐比肩成比局，当为几度新郎。父母一离一合，须知印绶临财。夫妻随娶随伤，盖为比肩伏马。子位子填，孤嗟伯道。妻宫妻守，贤齐孟光。兹法元妙，习而成章。少助愚蒙，开明万一。

陈素庵曰：此篇专论官杀财印食伤六神，理微而显，言简而赅，宜其自称元妙。惟阴阳生死及父母妻子皆沿旧法，以其通篇朗澈，亦不复删。但辞无伦次，阅者心目不爽，故以类相从，分段详释。若篇中有云杀官欺主主须从，则知从官非臆说矣。

按：以其通篇朗澈，是以未载释文。

论三才①

天道　欲识三元万法宗，先观帝载与神功。

（释）三元者，天元、地元、人元是也。八字上一排天干为天元，下一排地支为地元，地支所藏之天干为人元。万法宗谓一切休咎之推算，全以三元为基础也。帝载二字与神功同其意义，概指金木水火土。帝载为五行之本体、神功谓五行之应用也。

（原注）故春木、夏火、秋金、冬水、季月土，得时显其神功。

地道　坤元合德机缄通，五气偏全定吉凶。

（释）星命家谓天干言气，地支言质。实则天干何尝不言质，甲与乙，即木之气与质。地对天言，天固属阳，地固属阴。就天或地之本身言，亦自有其阴阳。是故无极能生太极，太极能生两仪也。近世学者谓地球由于日中火汁爆发、飞散太空、冷而凝结、形如球状，再受日光长久之蒸暴，生物乃能蕃殖而遍布。本乎此，万物始于阳，而生于阴。先有气，后有质；先有流液，后有固体也。本条坤元合德一语，盖云阴阳相遇，气疏以达，此即是机。机者，阴阳遇合之机也。缄言关闭，通指开辟。阴阳相遇，而有关闭开辟之机能。故曰：坤元合德机缄通。缄通开合，五气流行，吉凶乃由此五气之偏全强弱而定。故曰：五气偏全定吉凶。易言之，

_____

① 京图撰，明刘基注，潘子端释义。

是即告吾人应将四柱看作一个单元，或整个儿的个体，从阴阳相遇，而生开闭之机能中，默察其五气之偏全强弱，而定此命之吉凶也。

（原注）地有刚柔，故五行生于东南西北中。与天合德，而神其机缄之妙用。

人道　戴天履地人为贵，顺则吉兮凶则悖。

（释）人指四柱之综合体。四柱由天干地支合组而成，四柱即人之代表。故曰：戴天履地人为贵。在天道中，明示吾人注意五气之本体及应用。在地道中，示吾人察五气之偏全。在人道中，示吾人识五气流行之顺逆偏全，乃静态的。本体的顺悖，乃动态的。四柱既定，由干支配合上，识其五气之偏全，再看运行流动为顺为逆，以定吉凶。

（原注）凡物莫不得五行。又云：惟人得五行之全，故贵。

论体用①

道有体用，不可以一端论也。要在扶之抑之得其宜。

（注）有以日主为体，提纲之食神、财官皆为我用。日主弱，则提纲有物帮身，以制其强神者，皆为用。有以提纲为体，喜神为用者，日主不能用乎提纲矣。提纲、财官、食神太旺，则取年月时上印比生助为喜神而用之。提纲印比太旺，则取年月时上食伤财官为喜神而用之。此二者乃体用之正法也。有以四柱为体，暗神为用者，必四柱俱无可用，方取暗冲暗合之神。有以四柱为体，化神为用者，四柱有合神、无用神，即以四柱为体，而以化合之神为用。有以化神为体，四柱为用者，盖化之真者，化神即为体，取四柱中与化神相生相克者为用。有以四柱为体、岁运为用者，四柱中太过不及，用岁运琢削滋助之。有以喜神为体，辅喜之神为用者，盖所喜之神不能自用，则以为体，而用辅喜之神。有以格象为体，日主为用者，格局气象、及暗神、化神、忌神、克神皆成一个体段，却是一面气象，与日主无干，或伤克日主太过，或帮扶日主太过。中间要辨体用，又

---

① 据《滴天髓辑》要本。

无形迹，只得用日主自引生喜之神，别求一个活路。有用过于体者，如用食神，而财官尽行隐伏，则太发露浮散。有体用各立者，体用皆旺，不分胜负，行运又无轻重上下，则各立之。有体用俱滞者，如木火俱旺，不遇金土，则俱滞之，不可一端定也。然体用之用，与用神之用有分别。若以体用之用为用神，固不可。舍此别求用神，亦不可。只要斟酌体用真确，而取其最要紧者为用神，即二三用神亦得，须抑扬其轻重，毋使有余不足可也。

论刚柔①

刚柔不一也，不可制者，引其性情而已矣。

（注）刚柔相济，不必言也。若夫刚者济之以柔，而不得其情，反助其刚矣。譬之武人而得士卒，则成杀伐。如庚辛生于七月，遇丁火而激其威，遇乙木而助其暴，遇己土而成其志，遇癸水而益其锐。不如以柔之刚者济之可也，壬水是也。盖壬水有正性，能引通庚之情故也。若以刚者激之，其祸可胜言哉！柔者济之以刚，而不得其情，反益其柔矣。譬之妇人而遇恩威，则成淫贱。如乙木生于八月，遇甲丙壬而喜则输情，遇戊寅庚而畏则失身。不如以刚之柔者济之可也，丁火是也。盖丁火有正性，能定乙木之情故也。若以柔之柔者合之，其弊何所底乎？余仿此。

论顺逆②

顺逆，不齐也。不可逆者，顺其气势而已矣。

（注）刚柔之道，可顺而不可逆也。源远流长，可顺而不可逆也。其势已成，可顺而不可逆也。权在一人，可顺而不可逆也。二人同心，可顺而不

---

① 同上。
② 同上。

可逆也。

论寒暖燥湿^①

天道有寒暖，发育万物。人道得之，不可过也。

（注）阴支为寒，阳支为暖。金水为寒，木火为暖。得气之寒，遇暖而发。得气之暖，遇寒而成。寒之甚，暖之至，内有一二成象，必无好处。若五行阳遇子月，则一阳之候，万物怀胎，阳乘阳位，可东可西。阴逢午月，则一阴之候，万物收藏，阴乘阴位，可南可北。

地道有燥湿，生成品汇。人道得之，不可偏也。

（注）过于湿者，滞而无成。过于燥者，烈而有祸。水有金生，遇寒土而愈湿。火有木生，遇寒土而愈燥。皆偏也。木火而成其燥者，言木火伤官要湿也。土水而成其湿者，言金水伤官要燥也。间有火土而宜燥者，用土而后用火，金水而宜湿者，用金而后用水。

论清浊^②

一清到底有精神，管取平生富贵真。澄浊求清清得去，时来寒谷也生春。

（注）清者，不必一气成局之谓也。如正官之格，身旺有财，身弱有印，并无伤官七杀。纵有比肩食神财杀印绶杂之，皆循序得所，有安顿。或作闲神，不来破局，乃为一清。又要有精神，有气势，不枯不弱，方佳。浊非五行并出之谓也。如正官格，身弱杀食杂之，不能伤我之官，反与官生不和。印绶杂之，不能扶我之身，反与财星相伐，俱为浊局。或得一神有力，或行运得所，扫其浊气，皆为澄浊求清，亦富贵之命。

---

① 同上。
② 同上。

满盘浊气令人苦，一局清枯也苦人。半浊半清无去取，多成多败度晨昏。

（注）柱中寻他清气不出，行运又不能去浊气，必是贫贱。若清而枯，弱而无气，行运又不遇生地，亦清苦之人。至于浊气又难去，清气又不真，行运又不遇清气，又不脱浊气，此则成败不一。

论真假①

令上寻真聚得真，假神休要乱真神。真神得用平生贵，用假终为碌碌人。

（注）如木火透者，生寅月聚得真，不要金水乱之。则真神得用，不为忌神所害，必然发贵。如金水猖狂，而用金水，是金水不得令，徒与木火不和，乃为碌碌人矣。

真假参差难辨论，不明不暗受遭迍。提纲不与真神照，暗处寻真也有真。

（注）命之真神得令，假神得局而党多。或假神得令，真神得局而党多，不见真假之迹。或真假皆得令得助，不能辨其胜负。虽无大祸，一生屯否，而少安乐。寅月生人，不透木火而透金水为用神，是为提纲不照也。得巳丑暗邀、戊己转生、酉多冲卯、乙庚暗化，运转西方，亦为有真，亦或发福。以上特举一端耳，其会局合神、从化用神、精神形象、才德邪正、缓急、生死、进退之例，莫不有其真假，最宜详辨。

论形象②

两气合而成象，象不可破。

---

① 同上。
② 同上。

（注）天干属木，地支属火。天干属火，地支属木。若见金即破。余仿此。

五行聚而成形，形不可害。

（注）如木必得水以生之，火以行之，土以培之，金以成之。五者聚而成形，或过或缺则害。余仿此。

独象喜行化地，而化神要昌。

（注）一气者为独，曲直、炎上之类是也。所生者为化神，化神昌旺，则其气流行。

全象喜行财地，而财神要旺。

（注）三合者为全，主旺喜行财旺之地。形全者宜损其有余，形缺者宜补其不足。

论方局①

方是方兮局是局，方要得方莫混局。

（注）如寅卯辰，东方也。杂亥卯未则太过，岂不为混。

若然方局一齐来，须是干头无反复。

（注）如木局木方齐来，须要天干顺序、行运不悖。

成方干透一元神，生地库地皆非福。

（注）如寅卯辰全，而又干透甲乙一元神，复又遇亥之生、未之库，决不发福。方不可混以局也。

成局干透一官星，左边右边空碌碌。

（注）如甲乙日遇亥卯未全，而又干透庚辛一官星，又见右寅左辰，则名利无成，局不可混以方也。

---

① 同上。

论盖头^①

何以谓之盖头？盖人之一身，以头为主。头与面相连，耳目口鼻系焉，视听言动亦系焉。若头部稍有损伤，则抱恨终天。非比腹背四肢，可以衣服掩饰其不善也。人之八字，何独不然。盖天干四字如头面，地支四字如腹背。若干支皆吉，如人头面腹部俱臻尽美，上格也。若干吉支凶，如人腹背虽有点污，而头面尚无残缺，中格也。若支吉干凶，如人腹背虽清洁，而头面已有残缺不能掩饰，下格也。假如命中畏见伤官，而伤官藏于地支，断无妨碍。若透出天干，即是头面残缺，其害不可胜言。行运吉凶，亦如是观。此余数十年经验之法，学者慎毋忽之。

论阴阳生克^②

四时之运，相生而成，亦有相克而成。生而不克，何以能循环迭运而不穷。克者，所以节而止之。使之收敛，以为发泄之基。故曰：天地节而四时成。即以木论，木盛于夏、杀于秋，使外之所发泄者收藏于内，是杀正所以为生也。大易以收敛为性情之实，以兑为万物所说，至哉言乎？譬如人之养身，固以饮食为生，然使饮之食之，而不使稍饥以有待，人寿其能久乎？是以生与克同用，克与生同功。然以五行而统论之，则水木相生，金木相克。以五行之阴阳分配之，则生克之中又有异同。此所以水同生木，而印有偏正。金同克木，而局有官杀也。印绶之中，偏正相似，阴阳相生之殊可置勿论。而相克之内一官一杀，贤愚判然，其理不可不细详也。即以甲乙庚辛言之，甲者阳木也，木之生气也。乙者阴木也，木之形质也。庚为阳金，秋天肃杀之气也。辛为阴金，人间五金之质也。木之生

---

① 明张楠神峰撰。
② 清乾隆己未进士山阴沈燡燔孝瞻撰。

气寄于木，而行于天，故逢秋令肃杀之气，而销克殆尽。而金铁刀斧，反不能伤。木之形质，遇金铁刀斧斩伐无余，而肃杀之气。只可外扫落叶，而根柢愈固。此所以甲以庚为杀，以辛为官，而乙则反是也。火与金亦然。丙为阳火，融和之气也。丁为阴火，薪传之火也。秋天肃杀之气，逢阳和而融之，而五金不畏阳和。人间金铁之质，逢薪火而镕之，而秋气不畏薪火。余可类推矣。

论十干有得时不旺失时不弱之别①

《书》云：得时便作旺论，失令即作衰看。固属至论，然亦要活着。盖五行之气，流行于四时，犹十干各有专令，亦有并存者在。如甲乙在春虽旺，此时休囚之戊己，亦未尝绝于天地也。特时当退避，不能争先，而实则春土何尝不生万物。故八字虽以月令为重，而旺相、休囚、年日时亦有损益之。权不可执一论也。如春木虽强，金太重而木亦危。干庚辛而枝酉丑，无火制而不富。逢土生而必夭，是以得时不旺也。秋木虽弱，根深而木亦强。干甲乙而支寅卯，遇官透而能受。逢水生而太过，是失时不弱也。是故日干不论月令休囚，只要四柱有根，便能受财官食神，而当伤官七杀。长生禄刃，根之重者也。墓库余气，根之轻者也。得一比肩，不如支中一墓库，如甲逢未、丙逢戌之类。乙逢戌、丁逢丑，不作此论。以戌中无藏木，丑中无藏火也。得二比肩，不如得一余气，如乙逢辰、丁逢未之类。得三比肩，不如得一长生禄刃，如甲逢亥寅卯之类。阴长生不作此论。然乙逢午、丁逢酉之类，亦为有根。盖得一余气，如朋友之相扶，通根如室家之可住。干多不如根重，理固然也。今人见夏木冬火，不问有无通根，便谓之弱。更有阳干逢库，如壬逢辰、丙坐戌，不以为水火通根身库，甚至求刑冲以开之，谬甚。

---

① 同上。

论纳音五行

《子平集腋》云：壬子得甲午，甲午得壬子，阴阳专位，炳灵可喜。己亥乙卯、丁未癸未，自生秀拔，得时清贵。己未庚辰、戊辰丁丑，丙戌尤异，为福隆厚。乙卯癸巳、丁酉乙亥，水火死绝，清明可绘。壬寅之金，事君不逆。庚申之木，为臣不强。金木生旺，官难入阁。即入不久，台谏可作。生处受制，得者夭寿。死处得生，寿元可久。戊子水位，纳音属火。水中之火，神龙之颗。丙午南方，纳音属水。火中之水，天河有此。戊子丙午，丙午戊子。水火既济，贵无与比。辛丑之土，不嫌于木。丑中金库，木鬼自伏。戊戌之木，不怕于金。戌中有火，金不能侵。二土在上，一木在下。戊戌之木，未萌芽也。庚寅丁巳，不嫌金木。庚寅壬申，冲克祸促。庚子戊申，庚午土强。木死绝败，鬼杀何伤。壬申癸酉，庚戌辛亥。四金气壮，鬼难为害。丁巳癸亥，壬子戊午。支干受伤，始富终苦。戊午庚申，天马相资。十干专位，神头禄奇。丙午壬子，丁巳癸亥。不为破冲，坎离交泰。丙午癸亥，丁巳壬子。男女精神，明良喜起。庚申辛酉，甲寅乙卯。东震西兑，夫妇合巧。戊辰戊戌，魁罡相会。不为返吟，乾坤德大。己丑己未，贵守忠贞。此四真全，令德名成。己丑天乙，己未太常。解脱百煞，横财无殃。戊辰勾陈，戊戌天空。神多迁改，出镇藩封。丁巳腾蛇，滑稽之性。凶以凶用，吉承吉令。丙午朱雀，离宫火厉。象应阳明，文词藻丽。甲寅青龙，博施济众。乙卯六合，荣华发用。壬子一辰，天后神传。阴骘天德，容美多权。癸亥玄武，阴阳终极。潜伏之气，从下是巫。虽有大智，非轩昂士。顺则安平，逆则奸宄。庚申白虎，弃文利武。色厉内荏，幽僻为伍。辛酉太阴，肃杀清白。能为文章，利口长舌。

廖冀亨曰：子平专用正五行，不用纳音。今世星家，莫不皆然。但纳音取象出自黄帝，故术家宗之。即虚中创立八字，而纳音亦多注解。徐子平虽专用正五行，亦未辟纳音。自徐大升作定论，有娄景以前，未知金在海中之论。而元之星士遂有"纳音空自失天真"之句。故今之谈命者，只论正五行，而纳音概不取焉。岂知纳音之理，取象之精，正造化之所以为妙耶？余论子平，亦专用正五行，乃论格取用，知其贵而不知其贵居何品，知其贫而不知其贫作何人。间以纳音专论之，往往深有合焉。始知古圣相传之学，理甚玄微，不可不详究也。

按：纳音五行，世多不讲，特录此篇，以见大意。《三命通会》云：谈命者本之以五行为经，参之以纳音为纬，庶足以尽命数之理，而造化无余蕴矣。安东杜谦《玉井奥诀》注云：大挠造纳音之法，隔八有用之具，如何竟为弃物？缺气处仍要纳音补借，如欠土，纳音有土，则补其不足，休囚稍慢。此二说堪为运用纳音之捷诀。珊尝本此旨论命，每多奇验，大概看日元之强弱，定用神之得失，皆以正五行为主。若欲补偏救弊、酌盈剂虚，又当参看年月时之纳音孰为抑强、孰为扶弱、孰为喜神，孰为忌神，始可丝丝入扣，左右逢源。至廖氏谓子平专用正五行，不用纳音，殊为失实。观于徐东斋所编《渊海子平》，卷二载有乙酉年水、壬午月木、辛未日土、丙申时火、癸酉胎金，评为五行俱足格，即知子平亦有用纳音者，惜读者未详察耳。

卷十三 杂说

论双生

钱塘舒继英《乾元秘旨》云：双生之别，命主太旺，幼者胜。命主太弱，长者胜。命主不旺不弱，长幼略同。

论平常命

《乾元秘旨》云：大吉大凶之命，一望而知，易于推算。若中庸之辈，只可断其大概。必谓当为某等人，不作某等业。抑知士农之子，长为士农；工商之子，长为工商耶？

论富贵命

《乾元秘旨》云：一日不过十二时，所产何止数万人。虽五方风土不齐，要亦大率相类。凡大富大贵之命，往往世不偶生。而贫贱者恒层见叠出，何欤？盖天地之精华，独酝酿于此一日，发泄于此一时，譬诸祥麟彩凤，原不多见。若泛泛化生于阴阳五行之内，不啻吠犬鸣鸡，何地无之。

按：大富大贵之命，往往世不偶生，而贫贱者恒层见叠出。此数语诚为确论，足补古说之不逮。然间有同一八字，而富贵贫贱迥异者，此变格也。不可以常法衡之，其理由备列《星家十要·常变篇》。兹再节录先贤所记事实二条于后，俾可参考。

福山王缄凝斋《秋灯丛话》云：两粤制军某公，与中军同造。有日者某，寓海珠寺，以星命自诩。制军召询之曰：人生赋命不同，以其爵秩有异，余庚造与中军不爽毫厘，而官阶迥别，其故安在？日者无以应，归寓推寻，亦莫解其由。夜分不寐，绕阶沉吟，有火头僧见而问焉。日者嘻曰："尔何知，亦来饶舌耶？"僧曰："第言之，安知不能效愚者之一得乎？"日者告以故。僧笑曰："是日生人皆贵，若得贯索星对照命宫，更主荣显。制军得无产自狱中乎？"日者大骇，诘朝，谒制军，问生自何地。制军曰："先人缘事获谴，久羁囹圄，余实产自狱中者。"日者拜曰："若然，公贵显宜矣。"因举僧言以对。又河中太守某，未遇时一同研友，谈命多中。每谓曰：细推君造，有官无禄。虽奋志芸窗，终归乞丐。守以为诞，力学不息。联掇科第，由县令擢至郡守。友自惭疏于术，乃赴都遍访异人，皆以乞儿命断。一日诣钦天监，遇精于算者云：是日有文曲高照，天厨化解。若产于文明之地必贵。友回谒守，语其故。太夫人闻而谓曰："昔年避难他乡，值日暮，将欲分娩，而栖止无地，因于棂星门左产焉。儿之贵，果为是欤。"命之理微矣。

德清蔡翁精子平之学，一日史胄司夔过访。蔡告以南中生一孙，推其命颇富厚，若迟一时则大贵。史叩其日时，大惊曰：予今岁得子，正其月日时也。蔡曰：此儿必入阁，即今文靖公贻直也，京师传为佳话。康熙辛酉，胄司携眷入都，泊舟水驿生子。家人往来岸上，闻一铁工家亦生一子，问其时正相同。归告胄司，心识之，字之曰铁厓。后二十余载，交靖已官清禁，胄司南归，复经其地，欲验旧事，亲行访之。则门宇如故，一少年持斤斧操作甚勤，问之则辛酉某日生者也。公归，竟夕不寐。既乃悟，语客曰：此四柱惟火太盛，惜少水制。幸生舟中，得水气补其缺。若生于镕冶之地，则以火济火，全无调剂矣。

论夜子时与正子时不同

万育吾曰：昼夜十二时，均分百刻。一时有八大刻，二小刻。大刻总九十六，小刻总二十四。小刻六，准大刻一，故共为百刻也。上半时之大刻四，始曰初初，次初一，次初二，次初三，最后小刻为初四。下半时之大刻亦四，始曰正初，次正一，次正二，次正三，最后小刻为正四。若子时，则上半时在夜半前，属昨日。下半时在夜半后，属今日。亦犹冬至得十一月中气，一阳来复，为天道之初耳。古历每时以二小时为始，乃各继以四大刻。然不若今历之便于筹策也。世谓子午卯酉各九刻，余皆八刻，非是。

古越沈义方涂山《星平大成》云：余初不明一夜字，询诸监中友人始知。正子者，今日之早，非昨日之晚也。夜子者，今日之夜，非今日之早也。观十二肖阴阳可知，牛兔羊鸡猪属阴，其蹄爪双偶。蛇阴甚，不见足。虎龙马猴犬属阳，其蹄爪单奇。独鼠前两只脚属阴四爪，后两只脚属阳五爪。故夜子时属阴，而子时正属阳。如康熙辛未年十二月十七夜子时立春，十七亥时末刻，尚未立春。若不知此，必差讹一年矣。

按：顾炎武《日知录》云：一日十二时，计刻则以百刻为日。今历家每时有十刻，则一百二十刻矣。何以谓之百刻乎？曰：历家有大刻，有小刻。初一、初二、初三、初四、正一、正二、正三、正四谓之大刻。合一日计之，得九十六刻。其不尽者置一初初，于初一之上；置一正初，于正一之上，谓之小刻，每刻止当大刻六分之一，合计之为初初者十二，为正初者十二。又得四大刻，合前为百刻。万氏谓小刻为初四，为正四。顾氏谓小刻为初初，为正初。次序虽异，其为百刻则同也。

又按：《三才发秘》云：夜子时，为日尾者，阴极之义也。正子时，为日首者，阳起之机也。此说最为明白。

又按：假如民国甲寅年，正月初十日辛酉夜子时立春。其人是年正月初十日下午九点钟后、十一点钟前亥时生，即作癸丑年、乙丑月、辛酉日、己亥时推。如在初十日下午十一点钟后、十二点钟前夜子时生，即作甲寅年、丙寅月、辛酉日、庚子时推。[①] 所谓今日之夜，非今日之早也。如在初十日下午十二点钟后、一点钟前子时正生，即作甲寅年、丙寅月、壬戌日、庚子时推。所谓今日之早，非昨日之晚也。若夫推行运之零借，命宫之过气，尤当知此。

定寅时法

《古歌》云：正九五更三点彻，二八五更四点歇。三七平明是寅时，

---

① 用壬日起庚子时。

四六日出寅无别。五月日高三丈地，十月腊月四更二。仲冬才到四更初，便是寅时君记切。

定日出日没时法

扬州石天基《传家宝》云：日出卯时日入酉，五十前后不同轮。出茶齐正斜角落，万载千年此是真。

日出卯时，日入酉时。惟五月昼长，则日出寅时，日入戌时。十月昼短，则日出辰时，日入申时。所以前后不同，其各省增减刻数。每年历书内，算载明白。后二句乃看日定时法，备悉后条。

定月出月入时法

《传家宝》云：三辰五巳八午升，初十出未十三申。十五酉时十八戌，二十亥上记其神。廿三子时念六丑，廿八寅时终卯轮。出茶齐正斜角落，万载千年此是真。

每月初三日系辰时出月，初五日则巳时出月，初八日则午时出月。余例此，末二句是看月定时法。

看日定时法

《传家宝》云：每日太阳在天七时，乃卯辰巳午未申酉是也。惟五月夏至前后，月余之内，在天九时。十月冬至前后，月余之内，在天五时。

看日定时之图

<pre>
            正

  齐   斜
  茶   角
  出   落
</pre>

面向南坐，照此图看。且如日出卯时。日出曰出，言此时日始出也。至辰时名曰茶。茶者，言此时如早茶时候也。至巳时名曰齐。齐者，日斜东南也。至午时名曰正。正者，日在正南也。① 至未时名曰斜。斜者，斜西南也。至申时名曰角。角者，在屋角也。至酉时名曰落。落者，日落入也。五月则重一出字、落字二时。十月则减去出字、落字二时。凡看日月定时，以一正字在头顶正中，作为准则。将出落二字，作两边才好分七字。

凡看日月定时，须在空阔地方才准。若在街巷墙屋遮蔽之处，则不验。

看月定时法

《传家宝》云：出茶齐正斜角落。照日出歌一字一时顺数，假如每月初三日辰时出月，至巳时曰茶，至午时曰齐，至未时曰正，至申时曰斜，至酉时曰角，至戌时曰落。初五日则巳时出月，十五日则酉时出月，月尽则卯时出月，皆从出、茶、齐、正、斜、角、落七字顺数去即是。

论男女合婚法

西溪逸叟曰：男女合婚之说，由来久矣。男家择妇，八字贵看夫子二星。盖夫兴子益，其福必优也。女家择夫，八字贵得中和之气。盖不偏不倚，其寿必长也。若男命比肩劫财重者，必择女命伤官食神重者以配之。女命伤官食神重者，必择男命比肩劫财重者以配之。始可琴瑟和偕，子嗣繁衍。若泥于俗书所载，不论命之何如，仅观男女生年之三元九宫，而谓生气、天医、福德为上婚，绝体、游魂、归魂为中婚，五鬼、绝命为下婚。牵合非伦，毫无义理。岂不误人良缘耶？至骨髓破、铁扫帚、六害、八败、狼籍、飞天、大败、孤寡等煞，但以人之所生年支硬配月支一字，

① 夏月则在正中顶。

尤为谬妄。夫以年月日时干支八字，及五行生克，论人吉凶，犹虞不足。岂可弃日时等六字，只论年月二字，即可判断灾祥乎！他如进财、退财、望门鳏、望门寡、夫多厄、妻多厄种种名目，只以生年纳音所属之金木水火土硬配月枝一字，即为某煞。荒诞不经，更无庸深辨矣。

　　按：男家择妇，贵看夫子二星。女家择夫，贵得中和之气。此二语乃合婚之要法。然看夫星，不可泥正官七杀。看子星，不可泥食神伤官。若有官无杀、有杀无官而日主平正者，固以官杀为夫星。官杀盛而日主衰弱者，又当以伤食为夫星。官杀缺如，或官杀衰而日主盛者，又当以财为夫星。若食神伤官不弱而日主有气者，固以食伤为子星。食伤盛而日主衰者，又当以枭印为子星。食伤缺如或食伤衰者，又当以比劫为子星。参伍错综，其法不一，岂可见伤官即云妨夫，见枭神即云克子耶！至于中和之气，尤难辨别。即能辨别矣，其义太狭，中选颇难。必须统观命运，乃无遗憾。若但观八字，五行不缺，财官印食，势力平均，即谓得中和之气。吾恐寿元虽高，究不免失之平庸，断难显扬。试问此等命择夫婿者，亦何取焉。若夫日主衰者为不及，日主盛者为太过。似皆失中和之气矣。然日主衰而得比劫印绶之大运者，不可以不及论。当以得中和之气言也。日主盛而得财官之大运者，不可以太过论，亦当以得中和之气言也。人之命运大都类此。其清纯者则富贵寿考，其次者亦名利兼优，其最次者亦身家俱泰。择夫婿者，能得此造此造，岂非大幸福耶！至于男命比肩劫财重者，择女命伤官食神重者配之。女命伤官食神重者，择男命比肩劫财重者配之，似合正理。然按之五行，每多抵触。不若以男女命之五行，斟酌损益，以决从违。如男命木盛宜金者，得女命之刚金补之，则为尽美。得土生金者亦佳，得火者较次，得水木者则无取矣。如女命金刚喜火者，得男命之烈火助之，则为尽美。得木生火者亦佳，得水者较次，得金土者则无取矣。余仿此。若夫三元九官，上中下婚。及骨髓破、铁扫箒诸般恶煞之说，毫无义理，万不可信。西溪先生辟之甚是。《协纪辨方》书载明删除，亦本此说。学者宜参观之。

古今地名异同歌诀

浦二田《酿蜜集》云：冀为直北与山西，青兖山东国是齐。徐扬连跨两江浙，湖广荆州楚所基。豫属河南洛阳地，梁为滇蜀雍陕西。更增福建号八闽，百粤分作广东西。贵州是汉牂牁郡，古今名号多参差。[1]

按：本书宜忌篇所言九州分野，曰冀、青、兖、徐、扬、荆、梁、雍、豫，乃夏制也。世历千古，不能无变。按之今日地名，殊难画分。熟读此歌，可以知古今地名之梗概矣。然参考类书，谓冀州即今直隶山西及河南之彰德卫辉怀庆，奉天之锦州等地。青州即今山东省之登莱青三府，及奉天之辽阳等地。兖州即今山东之东昌济南兖州，直隶之河间大名等地。徐州即今山东之兖州东部，及济宁沂州，江苏之徐州海州，安徽之宿州泗州等地。扬州即今江苏安徽浙江江西福建等地。[2] 荆州即今湖南湖北广西及贵州等地。梁州即今四川云南贵州等地。雍州即今陕西甘肃青海等地。豫州即今河南及山东之曹州，湖北之襄阳等地。较之《酿蜜集》所云，略有异同。附录于此，俟博雅君子详之。

中气解

《酿蜜集》云：二十四气之有节气有中气者，何也？盖阳者天之气，阴者地之气。天气先至，故十二月节气常先半月，地气后至，故十二月中气常后半月。是中气正天地交泰中和之气。故古人制律管以候阴阳，必中气始应也。闰月无中气，故上半月作前月用，下半月作后月用。云交某月节是节气，某节中是中气。

---

① 牂牁，音臧戈。郡名，汉置。今贵州之北部。
② 广东为扬州徼外地。

地支字形辨

丑字，中下二画，右旁宜出，而中长下短，俗作丑非。卯字，左边应撇，俗作卯非。巳字上不缺，俗以有钩挑为戊己字，无钩挑为辰巳字非。戌字从戊含一，俗作戍非。学者于此似同实异之字务宜留心，免致轻率落笔，贻讥大雅。①

李虚中推命非不用时考

《阅微草堂笔记》云：世传推命始于李虚中，其法用年月日而不用时，盖据昌黎所作《虚中墓志》也。其书《宋史·艺文志》著录，今已久佚。惟《永乐大典》载《虚中命书》三卷，尚为完帙。所说实兼论八字，非不用时，或疑为宋人所伪托，莫能明也。然考《虚中墓志》，称其最深于五行书，以人始生之年月日所直日辰枝干，相生胜衰死生，互相斟酌，推人寿夭贵贱，利不利云云。按天有十二辰，故一日分为十二时。日至某辰，即某时也，故时亦谓之日辰。国语星与日辰之位，皆在北维是也。诗跂彼织女，终日七襄，孔颖达疏。从旦暮七辰一移，因谓之七襄，是日辰即时之明证，楚词吉日兮良辰。王逸注：日谓甲乙，辰谓寅卯，以辰与日分言，尤为明白。据此以推，似乎所直日辰四字，当连上年月日为句，后人误属下文为句，故有不用时之说耳。余撰《四库全书》总目，亦谓虚中推命不用时，尚沿旧说。今附著于此，以志吾过。②

按：详观此考，足可破世人"虚中论命不用时"之惑。

羊刃辨③

《三才分类粹言》云：甲丙戊庚壬，五阳干皆顺行，羊刃在卯午酉子，

---

① 按巳字上满不缺，己字上缺不满。
② 跂，音器，实韵，与企同，举踵也。
③ 清匡良祀，字三吾，别号南山老人撰。

恰合禄前一位之说，人皆知之。乙丁己辛癸，五阴干皆逆行，羊刃在寅巳申亥，亦正合禄前一位之说。诸命书竟谬以辰未戌丑当之。及算命无准验，则谓阴干无刃，其说更谬。独《罗氏通书》及《乾元秘旨》能辨之，然其说虽是，而其于刃之理，尚未透澈。愚谓五行惟土不杀人，阳干既然，阴干岂有异哉！故乙生于午，旺于寅，即以寅为刃宫。丁己生于酉，旺于巳，即以巳为刃宫。辛生于子，旺于申，即以申为刃宫。癸生于卯，旺于亥，即以亥为刃宫。理本甚明。

按：此篇于戊午正月，蒙湖南易梦桃先生见示，谓为与拙集论羊刃篇，微有异同。不妨载入杂说门中，以备一义。然就管见论之，阴阳万物之理，皆恶极盛，陈希夷言之详矣。夫寅巳申亥为五行长生之地，谦益时也，当然无刃。卯午酉子乃五行帝旺之地，满损时也，当然为五阳干之刃。辰未戌丑乃五行墓地，由旺而墓，更为满损。且墓感暮气，而近于阴，故为五阴干之刃。是否？还希知命嗜古之士正之。

论流年神煞及月建吉凶

古歌云：太岁、剑锋、伏尸同。二曰太阳，并天空。三是丧门，及地丧。四为勾绞，贯索同。五值官符，联五鬼。六逢死符，小耗从。七见岁破，与大耗。八临暴败，天厄宫。九应飞廉，白虎位。十来卷舌，福星宗。十一天狗，吊客患。十二病符，切莫逢。

以生年为主，每句一位，以次顺排。假如今年甲子流年，即以子起太岁、剑锋、伏尸。丑起太阳、天空。寅起丧门、地丧。卯起勾绞、贯索。辰起官符、五鬼。巳起死符、小耗。午至亥。余年同，仿此推。

按：流年神煞古歌共十二句，应十二枝，载在《神峰通考》及《星平会海》等书。然凶煞有十之九，吉神仅十之一，其不适用可知。个人固执此说，辄谓人之命宫，如值流年吉神，其年则福。值凶煞，其年则祸。又谓小限起生月，逆行十二位。值吉神，其月则吉。值凶煞，其月则凶。舍干支五行生克之至理，而惟务此虚文，宜其毫无效验，贻讥大雅。故此篇不列于神煞门，而评断门，又但论宫限之向背理由者，盖欲革除此俗习也。兹因友人函询，特补录之。

干支五行之数学

　　瑞读星命诸书，见昔人之精于斯道者，类能知数。且有述算书与星命诸作并垂不朽者，予始疑星命家与数学相表里焉。近观虚数学，觉其循环往复之理，与干支之既周而更始，隐相契合。乃列五行干支为等分角，以虚数运算之，果井然有条。用以解生克合冲诸说，每能通贯。夫干支肇端于羲皇之上，而虚数创制才二百年，相去几千禩，乃能悉合若符节，亦奇秘也。秦火未及卜筮之书，然此道久废，名著荡然无存。吾先哲定五行干支之精意，渺不可得。而生克合冲诸说，犹能以数释之，斯非不源之道矣。近顷士子试以科学阐发星命学者，常臻奇效，他日腋集既多，则星命学之自成科学可冀也。是以不惭菲才，辄贡所得。海内圣哲，祈鉴斯志。

　　先用极坐标作 $\sqrt[5]{1}\sqrt[10]{1}\sqrt[12]{1}$ 及 $\sqrt{1}$ 之图解，次将五行十干十二枝六十甲子，顺次置之图上。则五行十干十二枝六十甲子，各得一杂数，以表示之，兹分图以研究之于后（为便利计，命 φ（○＝OSO＋i. NO））。

第一图　关于五行者

　　（图注）始于木而继以火土金水者，取其顺次相生，而便于与第二图配合故也。

　　（一）五行相比

　　五行相比，则其杂数之商为一。

　　例：金与金比，则 $\dfrac{\varphi（288°）}{\varphi（288°）}=1°$

　　（二）五行相生

　　五行相生，则其杂数之商为 φ（±72°），而其商为 φ（＋72°）者，谓之我生彼。其商为 φ（－72°）者，谓之彼生我。（以除数为我，被除数为彼，下仿此。）

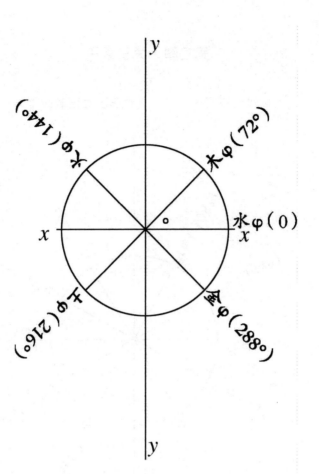

例一：火生土，则 $\dfrac{\varphi\ (216°)}{\varphi\ (114°)}=\varphi\ (72°)$

例二：木被水生，则 $\dfrac{\varphi\ (0°)}{\varphi\ (72°)}=\varphi\ (-72°)$

（三）五行相克

五行相克，则其杂数之商为 $\varphi\ (\pm144°)$，而其商为 $\varphi\ (+144°)$ 者，谓之我克彼。其商为 $\varphi\ (-144°)$ 者，谓之彼克我。

例一：木克土，则 $\dfrac{\varphi\ (216°)}{\varphi\ (72°)}=\varphi\ (144°)$

例二：金被火克，则 $\dfrac{\varphi\ (216°)}{\varphi\ (72°)}=\varphi\ (-144°)$

第二图　关于天干者

（图注）不以戊己置之中央者，为数学上之便利故也。

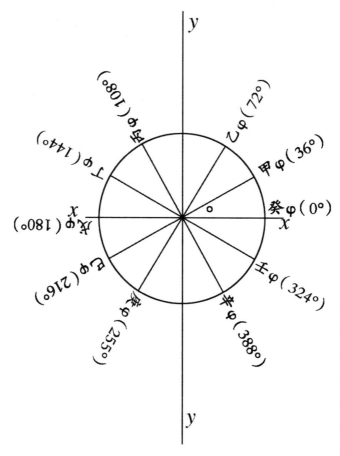

（四）五合五行

两干相合，则其杂数之和为零。而其所化出五行之杂数，为任一干杂数之平方之所克者。［设任一干之杂数为 $\varphi(x)$。则所化出五行之杂数为 $\varphi(x)\ \varphi(144°)=\varphi(2x+144°)$］。（用六十分法，下仿此。）

例：丙与辛合，化水，则丙辛之两杂和，为 $\varphi(108°)+\varphi(288°)=0$。而其所化出五行之杂数，以丙求之，为 $\varphi(2\times108°+144°)=\varphi(0°)$，即水之杂数。以辛求之，为 $\varphi(2\times288°+144°)=\varphi(0°)$，亦即水之杂数。

（五）十干配五行

设某干之杂数为 $\varphi(x)$，配之五行，为 $\varphi\left[x+\left\{1-(-1)\frac{x}{30°}\right\}x18\right]$。

例：以戊配五行，为 $\varphi\left[180°+\left\{1-(-1)\frac{180°}{36°}\right\}x18°\right]=\varphi(216°)$，即土之杂数。

（附记）用此条与第一二三条可推十干生克，兹固略之。

第三图　关于地支者

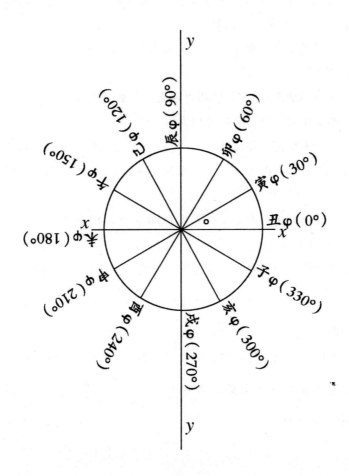

润德堂丛书全编〔二〕

（图注）四轴之上，置之四墓。盖土乃五行中之最奇特者，如此排列，且符天开于子，地辟于丑，人生于寅之意。

（六）六冲

两枝相冲，则其杂数之和为零。

例：卯酉相冲，则 φ（60°）$+\varphi$（240°）$=0$°

（七）六合

一、令经纬轴转过（-15°），则相合两支之杂数成共轭。

二、两枝相合，则其杂数之积为 φ（-30°）。

例一：巳与申合。经纬轴转过（-15°）后，巳之杂数，由 φ（120°）变为 φ（135°）。申之杂数，由 φ（210°）变为 φ（225°），其和为 φ（135°）$+\varphi$（225°）$=2\cos45$°$=$一实数。

例二：卯戌相合，则 φ（60°）φ（270°）$=\varphi$（-30°）。

（八）六害

一、令经纬轴转过 75°，则相害两支之杂数成共轭。

二、两支相害，则其杂数之积为 φ（150°）。

例一：子未相害。经纬轴转过 75°后，子之杂数，由 φ（330°）变为 φ（255°）。未之杂数，由 φ（180°）变为 φ（105°），其和为 φ（255°）$+\varphi$（105°）$=-2\cos75$°$=$一实数。

例二：寅巳相害，则 φ（30°）φ（120°）$=\varphi$（150°）。

（九）三合五行

三地支合局，则其杂数之和为零。而其所合成五行之杂数，为 $\varphi\left[\left(7-\dfrac{X+Y+Z}{90°}\times72°\right)\right]$。（x、y 及 z 为相合三地支各杂数之幅，惟以小于一周天之正角为限。）

例：亥卯未三合木局，则其杂数之和为 φ（60）°$+\varphi$（180）°$+\varphi$（300）°$=0$°。而其合成五行之杂数，为 $\varphi\left[\left(7-\dfrac{60°+180°+300°}{90°}\right)\times72°\right]=\varphi$（72°），即木之杂数。

第四图　关于甲子者

（图注）不始于甲子而始于甲寅者，为谋与第二、第三两图配合上之便利故也。

（十）干支杂数与甲子杂数之关系

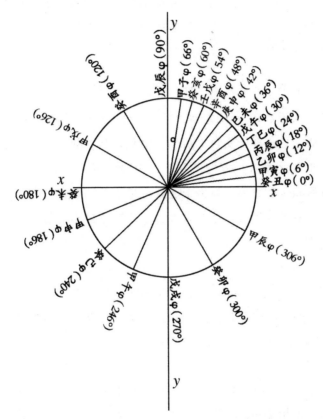

一、任何甲子之干之杂数，等于该甲子杂数之六次方，其支则等于其五次方。（设某甲子之杂数为 $\varphi(x)$，则其干之杂数为 $\varphi^6(x)=\varphi(6x)$，支之杂数为 $\varphi^6(x)=\varphi(5X)$）。

二、任何甲子之杂数，等于其地支杂数除天干杂数之商。（设某甲子之杂数为：干之杂数为 (x)，支之杂数为 $\varphi(y)$，则得 $\varphi(z)=\dfrac{\varphi(x)}{\varphi(y)}=\varphi(x-y)$。此公式天干在上，地支在下，与书甲子之法适同，故颇易记忆。

例一：辛丑之杂数为 $\varphi(288°)$，故辛之杂数为 $\varphi(6 \times 288°) = \varphi(288°)$，丑之杂数为 $\varphi(5 \times 288°) = \varphi(0°)$。

例二：丙之杂数为 $\varphi(108°)$，午之杂数为 $\varphi(150°)$，故丙午之杂数为 $(108°-150°) = \varphi(318°)$。

兹更就上之 $\varphi(z) = \dfrac{\varphi(x)}{\varphi(y)} = \varphi(x-y)$ 公式而讨论之。设有人焉，别作干支一种，干五，枝十二，则其最小公倍数亦为六十。以之纪年月日时，亦无所不便。然上之公式已不复适用矣。然则如何方能适于上之公式乎，曰须具次之条件。

$$\frac{2r}{x} - \frac{2r}{y} = \frac{2r}{L} \text{ 或 } \frac{I}{y} - \frac{I}{x} = \frac{I}{L} \quad \therefore L(y-x) = xy$$

（x＝所定天干数，y＝所定地支数，L＝x 与 y 之最小公倍数）。

以言语表示之，即干支数之最小公倍数，与支数减干数之差之积，适等于干数与支数之积者，方能适用上之公式。易言之，如欲适用上之公式，则必支数减干数之差。适为干支数之最大公约数者，方可。今十干十二枝之规定，具此条件矣，抑尤有进者。两数之最小公倍数为六十者，计二十三组。即 (1, 60)，(2, 60)，(3, 60)，(4, 60)，(5, 60)，(6, 60)，(10, 60)，(12, 60)，(15, 60)，(20, 60)，(30, 60)，(60, 60)，(4, 30)，(12, 30)，(20, 30)，(3, 20)，(6, 20)，(12, 20)，(15, 20)，(4, 15)，(12, 15)，(5, 12)，(10, 12) 是也。其中惟 (10, 12)，(12, 15)，(15, 20)，(20, 30)，(30, 60) 五组，具上之条件。而尤以 (10, 12) 一组为最小。今取之为干支之数，似非偶然之事。此不过以数学方法，略加讨论，已觉奇妙。至于先贤作十干十二支之真义，则非末学所敢窥测矣。瑞年少才疏，于命数两学，未能深造，本不敢妄言致毁。顷者以研究所得求教于树珊先生。承先生之命，附骥于《命理探原》之作，就正于海内明达，爰作是篇。尚有纳音五行，六合五行十干长生及三刑等，则以变化较繁，整理为难。因付梓期近，请待异日。惟稿系急就，谬误綦多。尚祈高明匡正之。金圣瑞附识。

按：一二三四五，数也。干支五行亦数也。皆发源于河图洛书。宋儒王伯厚《三字经》云：曰水火，木金土，此五行，本乎数。要言不烦，中有至理。及读《书经》、《管子》、《春秋繁露》、《白虎通》、《汉书五行志》、《淮南子本经训》等书，有言数者，有言象者。要其大体，仍本乎数。江慎修《河洛精蕴》，言之綦详，并引用启蒙讨论。勾三其积九，股四其积十六，弦五其积二十五，合之五十，是大衍之数。函勾股弦三面积云云，故论五行八卦，多以勾股法证明之。惜珊赋性椎鲁，未能领会。足以拙著东涂西抹，依样葫芦，新义卒鲜，殊为惭恧。金圣瑞雯琦先生读书敦品，设教东吴，其于数学，尤有心得。辱承谬采虚声，函示干支五行之数学研究一篇。其论生克合冲，纯粹以算术推演说明。公式自然，不假造作。丝丝入扣，左右逢源。此诚有功命学之大著，兹特敬录原文，附载拙著之中，以公同好。倘蒙海内高明不吝珠玉，多方赐教，为命学开一新纪元。不独金君之道不孤，而珊亦获益匪浅，其欣幸为何如哉！丙寅芒种后一日树珊记。

论相同之命补救法

星命之说，固有验有不验矣。然此非推测其五行论断之误也。缘自子平而后，胥以八字四柱为基本，遂无复有超越此范围者。盖就八字命格论，周甲六十年，年十二月，月三十日，日十二时，则其数仅二十五万九千二百。男女行运，顺逆不同。则世间亦仅五十一万八千四百不同之命格。今以现世界人口之数论之，已将及二十万万人矣。若统计之，同一八字之人，约有四千。其极少者相同之数，亦必二三千矣。前人或谓贵格不常见，同时生者稀。普通之造，则同时生者众。以统计之理论之，殊难尽信也。按此同一八字之每数千人中，富贵穷通，每大悬殊。观夫与达贵同造，而身处贫贱、没世无闻者，固比比皆是。若仅以生降所值年月日时推断，势有所不能解释矣。故精于斯道者，每欲弥补其缺点，然每多仅就八字四柱中论断。既在同一大前题下，欲得有不同之差异，势所不能。兹拟补充之法数则，缮录如次。

（一）八字四柱。仅论年月日时，其内容既嫌广阔，则命造相同者众，而实际相异者多。故每有不合，补救之法，拟于生时之外，再增分秒两柱（时亦拟改为二十四小时计算），则有九万三千三百十二万不同之造。男女行运，顺逆不同，则共为十八万六千六百二十万（若将十二时改为二十四小时，则又倍之）。同造之人，以统计平均论之，已属罕见。则此六柱既各不同，本之理论，富贵穷通，当有不同，自无足异矣。

惟此法理论上固佳，而实际上则不无困难。盖时间划分至分秒，其数至细。降生之际，往往不能确定其分秒。而世人能记忆者，尤万无一人。则此办法虽良，亦仅成其为理论，恐未足付诸实施耳。

（二）在时间上补救之法，既有所未能付诸实施矣。则与命格有关者，厥惟所降生之地点。故精于星命者，往往推及所生之九州分野，而有得地失地之论。然其所分，不过泛指四方，以符五行，未免失之过简。而况当今世界情势瞭如指掌，中国一隅实不足以代表天下。其所论四方，恐亦于理论未能圆贯也。窃认为欲用此法弥补，可按地球经纬度数，东西南北各划为六十周甲，每一周甲，再划为六十小周甲（地球上人口分布，密疏不同，仅将经纬各划六十。则同地同命者仍多，以上海等地论之，即可看出矣）。则在生辰八字外，又增生地四柱。其积共为一千二百九十六万。则同时同地所生，势所罕觏，自无造同实异之处矣。

然此法所困难者，划分地球经纬各三千六百，为前人所未言。一般平庸者流，率未敢自我创始。至其划分之法，则纬度方面，其问题仅就以自南而北，抑自北而南，作为甲子之开端而已。经度方面，则是否以国际现行之经度为依归？而甲子开端又在何地？自东而西，抑自西而东。均有待于方家之详讨也（若划分各人生地所属干支，备有详细地图，即足应用。此虽非星命家所可皆备，然问题既小，殊不值讨论矣。）

（三）划分经纬地带，亦既有困难矣。此外又有一较良之法，盖命运中往往论及六亲之休咎。则影响我之命运者，六亲亦必有力焉。故同一命造者，因其六亲命运不同，故其穷通亦异，此理亦极完善。惟六亲之中，父母生我，系先天者，影响造命必大。配偶一体，系后天者，关系行运亦深。至于兄弟姊妹，则为六亲中血统完全相同者。子嗣则为自我生者，自亦不无力量，然关系或较少矣。故欲知命运之休咎，六亲命造，亦需参考此法。世间固有行之者，窃认其为最稳妥矣。然胪列六亲命造，比照齐观，亦未免过烦矣。欲求其简，似可将六亲之命，归纳列为四柱。其法或以父母各列两柱（一以生日干支，一以生年，或生月干支），或对已婚者父母生日干支各列一柱，外以妻及长子女（皆取生存者）生日干支各列一柱，以成四柱。配合本命，察其休咎。未婚者，则父母两柱外，可以年龄最近之兄弟姊妹为两柱，则于理亦通。至终鲜兄弟，未有妻子者，是否以父母各占两柱，或用他法补充？均得商讨。总之，研究命数，必须就天地人三者合而观之。今之八字，仅论天时。同者既众，实验难符。若加以地理四柱，人事四柱，比而论之，则万全矣。若欲简便，则地理以经纬之干支各为一柱，共为四柱，于理亦通。管见如斯，质之树珊先生，以为何如。己卯秋仲武原朱季华谨启。

按：季华先生来书，谓为命造相同者众，而实际相异者多，故每有不合。特提出论相同之命补救法。遂谓生时以外，须再增分秒两柱。又谓此法虽善，断难实施，诚哉斯言。又谓生时拟改为二十四小时计算。珊认为此法，既简且便，古人亦尝用之，但未明言而少精义耳。本书杂说篇引《乾元秘旨》云：双生之别，命主太旺幼者胜，命主太弱长者胜，命主不旺不弱长幼略同。此指双生同在一时者言也。珊为人推命，虽非双生，亦尝采用此法，略事变更。如木强之命，生壬申时初刻者①，申藏之庚金戊土较为得令。土能生金，金能制木。材堪大用，则以吉断。生壬申时正刻者②。申藏之壬水较为得令。而时干之壬水，又复助纣为虐。水多木盛，满溢高危，则以凶断。如此之类，不胜枚举。此与季华拟改二十四小时计算，实不谋而合也。季华又谓精于星命者，往往推及所生之九州分野，惟不免失之过简。拟按地球经纬度数，东西南北各划为六十周甲，每一周甲再划为六十小周甲。又谓划分之法，甲子开端，又在何地。自东而西，抑自西而东云云。此种议论，非具有卓识大胆者不能道出只字。珊读至此，钦佩之余，不禁为之鼓掌称快。友人黄伯惠先生③学贯中西，究心命理，特制木球一座，中分五方，绘为五色。于球之上下左右，布列干支，然后以线环绕观之。或横或竖，或侧或斜。其干支生克，及刑冲破害，无不吻合。伯惠当将此球赠之吴灵园先生。灵园亦好谈此道，复将此球赠珊。其

---

① 四点钟前。
② 五点钟前。
③ 上海时报馆主人。

球面所载数语，尤为简当，曰：吾国排干支方位，即认宇宙为圆形，惜其后忘其立体，而划为平面，以致仿佛。要言不烦，足证古人确定干支方位，悉从立体入手也。珊摩挲此球，愈觉我国罗经、定子午、排八卦、分二十四山，悉自北而东，自甲子而乙丑①，俱从实验中来，决非向壁虚造也。由是观之，地球经纬度数，划分甲子，亦当从北极而南极矣。若证以《俞俞斋文稿》所载，驳斥宋仁宗东家之西即西家之东之说②，但分五方，而万方在其中矣。然果如季华之详细分析，则更有禆于命学。洪君勉斋乃舆地专家，亦颇赞成此议。珊虽不敏，窃愿季华与后之贤者勉之。珊又忆及童致旋先生有云③：偶阅欧洲报章，载某国某某鉴于农夫力田，其选种、施肥、土壤、气候无不相同，而结果之收获迥异。有一粒而蕃生百余粒者，有一粒而蕃生数十粒者，亦有一粒自行消灭而不能保其本体者。因是有感，遂发明一种仪器，类似吾国罗经，置诸居人室中，即可鉴别某房主吉，某房主凶，某房富贵寿考，某房鳏寡孤独。珊闻斯语，乃谓致旋曰：此器果其发售，吾当价购，以补罗经之不逮。致旋又谓珊曰：彼西人因此发明，其理安在，凭君知识，能答我否乎？珊曰：选种似同，而遗传之优劣必不能同。施肥似同，而灌溉所受之厚薄必不能同。土壤似同，而南北高低之方位必不能同。气候似同，播种之先后、落地之俯仰必不能同。且自播种以至收获，其间风雨寒暑纷至沓来。有利强而不利弱者，有利弱而不利强者，有利厚而不利薄者，有利薄而不利厚者。亦有宜南不宜北、宜北不宜南者，亦有宜低不宜高、宜高不宜低者。甚至前后俯仰，其间亦有宜有不宜焉。故结果荣悴迥乎不同。季华论命，谓为欲增看分秒。此即鉴别补种落地之先后也。又谓须按地球经纬度数划为六十周甲，此即方位之南北、土壤之高低也。又谓须参考六亲命造，此即鉴别选种之优劣，及施肥所受之厚薄也。赵展如中丞云：或因山川风土而小异，或由门第世德而悬殊，亦即此意④。论命者果能如是一一精审，不独吾国人四万万零之命，不能相同。即地球各国之人所赋之命，虽有恒河沙数亦不能相同矣。惟参

---

① 详见《协纪辨方》书。
② 原文载入本书星命丛谈中。
③ 曩任江苏省立图画馆馆长。
④ 本书《润德堂存稿》及拙著《命谱》大都就天命地利人事三者合论。

观六亲之造，还当看其整个四柱，对于本造孰宜孰忌，始为万全耳。

定命论与孪生子①

坚复先生云：在科学昌明的现代，还有许多人相信"定命论"的。中国的星相学就是完全以定命论来推断人们的一生遭遇。欧西的定命论者，看来不及中国星相学家（即命理家）以阴阳干支来作极细微的分析，但对于定命的见解也深信不疑。比如一个妇人到帽店买帽子，翻来覆去选择，花了许多时间才决定买其中一顶，在定命论者眼中，则视为庸人自扰，以为她在进入店门之前，已经冥冥中肯定那一顶属于她所有的了。

按：上说只个妇人当是命定有金钱购帽，命定有知识选帽，否则必不能手持钱囊步入帽店之门。语云：一饮一啄，莫非前定。况有金钱购帽，而又具知识以选帽乎！《寄蜗残赘》云：人生富贵贫贱悉由命定，即身后荣辱亦命中所注。世人群尊关帝，设于在曹之日，或遇害，或病殁，后世谁亮其心，乌知其忠肝义胆冠绝古今哉！至秦桧之恶万世唾骂，然上书二帅千余言，慷慨激烈，必欲立赵氏之后。即令李若水辈执笔为之，亦不过如此。设当时触怒被杀，得不指为宋室忠臣乎？关帝不死于曹，以成其忠。秦桧不死于金，以成其奸。命中早定，人自不知耳。

又如中东方面，许多伊斯兰教徒也深信定命的。认定一个人的穷通得失，命运是铸定了，不能以人力争的。这种观念可能造成英勇战士，也可能造成奇懒的人。当你相信在战场之中，每一炮弹枪弹只打死该死的人，不该死的不会遭危害②，你自然地会英勇向前，无所畏惧。当你将一切委之于天命，饿死不饿死，都是命也。你自懒得去为生活而奋斗。英勇战士与懒人的分野，只差一线。

按：孔子曰：不知命，无以为君子。程注：知命者，知有命而信之也。人不知命，则见害必避，见利必趋，何以为君子。张文端公《聪训斋

---

① 《华侨日报》。

② 这无异中国人所谓"枪弹会拐弯"的理论。

语》云：人生祸福荣辱，自有一定命数，确不可移。审此，则利可趋而有不必趋之利，害宜避而有不能避之害。利害之见既除，而为君子之道始出。上说只个战士，不怕枪炮打死，见害不避而能英勇作战，固可算是君子。只个懒汉，不怕饥寒饿死，见利不趋而能守分安贫，更可算是君子。如果战士而见害必避，怕枪炮打死，势必弃甲抛戈，望风披靡。懒汉而见利必趋，势必寡廉鲜耻，强取诈骗。此非君子，直是小人，天地间又何取乎此类小人耶？《中庸》云：君子居易以俟命，小人行险以徼幸。所谓居易俟命者，素富贵，行乎富贵。行乎富贵者，即见义勇为，济人利物，在上位不陵下，在下位不援上也。素贫贱，行乎贫贱。行乎贫贱者，即谨身节用，服劳谋食，正己而不求于人也。素患难，行乎患难。行乎患难者，即造次不违仁，颠沛不违仁，临财毋苟得，临难毋苟免也。果能如是，上可不致怨天，下可不致尤人。尊尊卑卑，父父子子，小之则梦稳心安，大之则家齐国治。以视小人行险，而徼必不可得之幸者，一安一危、一顺一逆，岂可以道里计哉！

科学家常常讥讽定命论者的种种概念，认为愚昧可哂的。

按：王清穆先生《题命谱》有云：科学名词，吾国古所未有，由转辗迻译而来。解之者曰：凡为有系统之研究者，是之谓科学。然则吾国专门技术，何一而非科学耶？润州袁某以所辑《命谱》见示，余曰：是亦科学也，或疑为秘闻陋矣。聂云台先生《耕心斋随笔》云：命学直同于科学，凡按其方法以布算者，其所得程式皆同。余有亲友数人皆精此道，言多奇中，皆自阅书而通其法，未尝从师，能循定法以得其数，非科学乎？

科学家甚至稍有常识的人会反问定命论者，倘若是孪生子，其一生的际遇是否相同呢？ 定命论者是很难解答的。因为芸芸众生中，差不多每一个人有和任何人不同的遭遇，以及变迁的环境、不同的个性。照定命理论，孪生子所走的人生途程应该相同。但人类不比牲畜，一双同日孵出的鸡雏可以同时饲养、同蓄一笼、同日宰杀，人在社会的活动，就不能永受支配的了。然而世事无奇不有，以孪生子的遭遇来说，有如下的举例。

聂伯拉斯卡一双姓纳士托的孪生兄弟爱云和佛烈两人，从孩提时候分别在不同的地方居住，至到长大也没有往来，彼此互不认识，但后来发觉两人所娶的妻同样重量、同样高度、同样肤色，而且同是一镇居住的女子，他们两兄弟同是执业为电力工程师，又在同一年龄生子。后来有一个机会两兄弟相逢，彼此更笃友于之爱。而又无意之中发觉彼此都养了一条狗，而且同样给它改名狄里西。

马萨秋实一家医院的医生，看见一个求诊的七十岁木匠是严重的腹病，那木匠的鼻子曾经受伤而损折，并且患过疝气症。不久，另外来了一个七十岁的木匠，鼻子也有损折的特征，又患有同样的旧病和新病。细查起来，原来两个老木匠是实在的孪生兄弟。这种举例在科学上是无可解释的。当人由精虫至成胎，以至离母体，事实上已经是异体。一双孪生子在同样环境之下受教养，走上同样的生活历程，不足为异，但在心理上总有差别的吧。

又一举例，美国一双女歌星马利安韦尔和马利韦尔是孪生姊妹。她们各有各的一本日记，后来她们发觉彼此的日记上不谋而合，写的是同样的感想。她们索性悭点功夫，共用一本日记，彼此分日写，感想相同，不太奇怪么。

然而更有奇的，像舞星烈氏姊妹，简直有（他心通）的事实。这一个心里想的事情，另一个也想着，甚而相距很远，日常意念也常常相同，要是事后记忆起来比对的话。有一夜，姐姐在芝加高表演，妹妹在别茨堡登台，相距六百英里。姐姐在休息当中，偶然研究到新的舞姿和步伐，第二天写信告诉妹妹。可是当她刚寄出的信，同时收到妹妹的来信，也是提供舞法的。和姐姐发明的一样。几年前，一双受人注意的轩士姐妹马佐利和玛打，她们常常同时患上同样的病症，就医之后同时痊愈，却是不先不后的。

此外，孪生子具有同样的趣味趋向，以及同样的职业选择，更是惯见的事。如圣路易市的伦南金兄弟在警署供职，同充交通警。当他们同时执行职务，但在不同地段时，常常使驾车的人们惊奇：以为一个交通警会有分身之术，在这一地出现后，迅即又在另一地露面，决不会相信是两个人。因为他们的面目酷肖之极，一如他们所挂的襟章。其差异之点，只是号码而已。从犯罪心理学研究孪生子的心理，常有同样的倾向。比方是犯罪的两人，会可能有同样的不良行为。根据美国警方记录，不论抢劫剪绺，或其他罪行，孪生子常是一双搭挡。自然，其中还有一个原因是一个不好，极容易引诱另一个同流合污。孪生的兄弟姊妹，最好不过是当舞台艺员，常常易于成名。至于说到犯罪方面，孪生是绝对不利的，因为警方的缉捕可能多一个目标，多许多线索。

话说回来，定命论在孪生子的印证上确有许多奇妙的事。除了若干行为可以从生理与心理研究得其原因之外，若干出乎常理的吻合，只有归于造物主的奥妙手法而已。

按：舒继英《乾元秘旨》云：双生之别，命主太旺，幼者胜。命主太弱，长者胜。命主不旺不弱，长幼略同。又云：一日不过十二时，所产何止数万人。虽五方风土不齐，要亦大率相类。凡大富大贵之命，往往世不偶生。而贫贱者恒层见叠出，何欤？盖天地之精华独酝酿于此一日，发泄于此一时，譬诸祥麟彩凤，原不多见。若泛泛化生于阴阳五行之内，不啻吠犬鸣鸡，何地无之。上说孪生之兄弟姐妹，有同为电力工程师者，有同为木匠，同为警署交通警者，有同为女歌星、同具思想者。有同时患同样病症、同时痊愈者。证以舒继英"祥麟彩凤原不多见，吠犬鸣鸡何地无之"之说，信不诬也。纪文达公《阅微草堂笔记》云：推算干支八字，贵贱贫富，大概如是。其间乘除盈缩，略有异同。无锡邹小山先生夫人，与安州陈密山先生夫人八字干支并同。小山先生，官礼部侍郎。密山先生，官贵州布政使，均二品也。论爵，布政不及侍郎之尊。论禄，侍郎不及布政之厚，互相补矣。二夫人并寿考。陈夫人早寡，然晚岁康强安乐。邹夫人白首齐眉，然晚岁丧明，家计亦薄，又相补矣。此或有地有南北，时有初正也。余第六侄，与奴子刘云鹏生时只隔一墙，两窗相对，两儿并落蓐啼，非惟时同刻同，及至分秒亦同。侄至十六岁而夭，而奴子今尚在，岂非此命所赋之禄只有此数。侄生长富贵，消耗先尽；奴子生长贫贱，消耗无多。盈虚消息，理似如是。俟知命者更详之。以此两则证之，诚如坚复先生所云：除了若干行为可以从生理与心理研究得其原因之外，若干出乎常理吻合只有归于造物主的手法而已。或曰：谁为造物主？曰：天命之谓性，率性之谓道，莫非命也。顺受其正，孔孟言之详矣。

卷十四　润德堂存稿

　　珊于命学未能深造，本不敢轻率问世。顾于古人五行生克之理，稍窥堂奥，是以四方人士，往往下采刍荛。当时楮墨纷繁，凡有委诿，从未留稿。兹为便利初学起见，特将门人抄存之稿三十余则附录于后。只以十干为次序，不以贵贱分先后也。乙卯五月二十八日自记。①

甲木四则

为赵厚安先生推

甲	甲	壬	癸
子	子	戌	丑
午	戌	命	安

七六	五四	三二	十初
五五	五五	五五	五五
甲乙	丙丁	戊己	庚辛
寅卯	辰巳	午未	申酉

　　甲木参天，形势雄伟，莫不曰借斧凿成栋梁。其实《碧渊赋》所谓木

---

① 丙寅三月又增订十三则。

盛逢金、造作栋梁者，着重在一盛字耳。尊造，甲木生于霜降后，风劲霜凝，枝残叶落，盛于何有。若谓木得水养，虽衰亦盛。不知水盛而木反漂流，即证之以格致实理。雨水润泽万物，功用甚大，然若无太阳之火以鼓荡之，不特植物无以滋长，即动物亦难以生存。故水火二者，不可须臾离，而尤不可轻重偏倚也。今八字年干见癸水，月干见壬水，日支见子水，时支又见子水，再增以年枝丑中藏水，水势泛滥。木受其灾，何盛之有？木既不盛，虽丑中有金，戌中有金，亦不能取作用神。既不取金为用神，可不必言栋梁，言贵显矣。虽然栋梁不成，贵显无望。然得月支之戌与命宫之午遥合而为火局，未尝不可鼓荡甲木，使之发荣滋长。所恨者秋火力薄，必须先经失败，后乃成功。先受摧残，后乃发达。而尤必须大运逢火，助用神火局之势。始可立巩固之根基，遂丈夫之壮志。若早年所行金运，金能生水，转使水来克火，与用神反对，是以艰苦备尝。及至中行土运，土去克水，使水不能克火，与用神之火较为有情，是以益多损少。晚行火运，直接与用神之火同气相求，身名亨泰，事业维新，端基于此矣。此论初中晚运途喜忌之大纲。至于酉运、申运、未运、午运中，克者、破者、刑者、冲者亦间有之，兹不细赘。若论印临妻位主妻伤，二氏或可偕老。官藏杀没主子迟，多育亦不尽美。然得一枝挺秀，亦可晚景娱欢。以上谨叙已往，下篇再判将来。[①]

为王友兰先生推

甲	甲	丁	癸
子	戌	巳	酉

亥	癸	命	安

---

① 下略。

七六	五四	三二	十初
六六	六六	六六	六六
己庚	辛壬	癸甲	乙丙
酉戌	亥子	丑寅	卯辰

木有阴阳，用分喜忌。此固化学家所当知，尤为推命理者不可不晓也。甲木属阳，乙木属阴，故古人以乔木雄伟喻甲，灌木娇妍喻乙也。夫木既雄伟，其枝干多曲直。其体质多坚韧，其气象多参天，其材料多丰富。较之其色娇妍，其质柔脆，仅供玩赏者，迥不相同。故古人又以阳木喜金、阴木忌金为二大主脑。今观尊造，甲木双排，木成林矣。巳酉联合，金会局矣。夫以会局之金而制成林之木，岂非与《生克赋》所谓栋梁材、喜斧斤为友者，遥相印合乎？孰知时届夏令，火强金弱，虽八字中有三金，亦不胜一火之克制，而况三火耶？明乎此，则知金虽为喜神，而势小难为我用。火虽为忌神，而势大适为我敌。所幸月支之巳与日支之戌均含土质，借土生金，能使喜神弱者转强。借土晦火，能使忌神强者转弱。用神赖以不缺，贵虽无望，富必可期。若再岁运逢土，岁运逢金，以助用神之不逮，则鸿图大展，骏业宏开。有不期然而然者，总之木火有余之命。光明是其天性，刚直是其本真。惟光明太过，犹水清则无鱼。刚直太过，犹月满则必亏。有此二弊，则与应世兴利之前途不无窒碍。曾湘乡云：凡办大事，须多选替手。可知凡事之成功，必非一人一力所能到也。君能本此义而浑厚、而和平、而择交共事，有不小往大来，名高财阜者哉！若夫印绶透，椿庭先背，而萱堂后丧。比肩逢，棠棣联辉，而根基巩固。日枝临墓，妻难同偕，或硬配相抵，或常客异乡，庶可永好。七杀不见，子难早存，迟育一枝，差堪告慰。①

---

① 下略。

为前清两江总督魏午庄制军推

<pre>
辛   甲   辛   丁
未   戌   亥   酉

戌   庚   命   安

七六 五四 三二 十初
七七 七七 七七 七七
癸甲 乙丙 丁戊 己庚
卯辰 巳午 未申 酉戌
</pre>

　　台造，甲木属阳，参天雄壮。生于十月，中含生意。较之朽木难雕者迥别，此时如逢斧凿即成良材。孟子云斧斤以时入山林，即此义也。今推八字，干透丁火，又透辛金。木得火暖气候足，金逢火炼斧凿成。一经匠石，即作栋梁。此固五行生克之至理，亦前贤所共认者也。再按之清贵浊贱之法，四柱中有正官而无七杀混杂。有伤官而无食神参差，此清而不浊之明证。《滴天髓》云：一清到底有精神，管取生平富贵真，此之谓也。如是观之，其人之胸襟怀抱，有猷有为可知。其人之功业崇隆，利国利民更可知。惜早运蹇滞，未能科第联辉。然中运火乡，亦应扶摇直上。及至乙巳两运，官兼宪府，职越诸侯。九重共庆风云，四海咸沾雨露。此诚丈夫得志，杰士扬眉之候也。六十八岁，五月二十日未时，交入甲运。是年太岁甲辰，与日主天比地冲，颇不宁静。九月甲戌，又与日主干支犯比。如二物之相击，尤应动摇破损。其余四年浮云流水，兴味萧然。七十三岁，交入辰运。与戌日相冲，使戌中辛金、辰中乙木跃然而出，似又有雄飞之象。讵料生年逢酉，与辰运联合，欲冲不能，仍是雌伏。然爵锡公庭，情怡蒨轴。虽间有伤耗，亦无他虞。七十八岁，交入癸运。反克丁火，殊非所宜。务望引养引恬，林泉珍摄，欣看而昌而炽。麟凤飞腾，如

能越过斯运，寿防八旬有五。至于财官有气，当卜妻妾多、子嗣盛。此亦毋庸赘述也。①

为某武员推

己	甲	己	甲
巳	子	巳	申
未	辛	命	安

七六	五四	三二	十初
七七	七七	七七	七七
丁丙	乙甲	癸壬	辛庚
丑子	亥戌	酉申	未午

　　甲己化土，两见天干。不以木言，当作土论。惜生于孟夏，土不当权。格局虽佳，究嫌失令。因是文章憎命，只可介胄进身。所妙者四柱清纯，大运平正。他日亲冒矢石，身先士卒。必可保家邦而遂壮志，御外侮而奏肤功。如其不尚远图而甘小就，则良材暴弃，殊为可惜，愿君毋自蹙骥步也。二十七岁前，庚未二运与化土反对，慈亲早逝，颠沛流离。刻行壬运，暗地化木克土，素位而行，毋求速达。三十三岁交申运，会子化水，润土有功，时机凑合，担负不轻。此征夫捷捷，多士桓桓之候也。惟嫌中藏庚壬破气，恐不免椿庭凋谢、棠棣摧残矣。三十八岁交癸运，接酉运、甲运、戌运，与化土皆有裨益。威声倍著，壮气弥增，快何如之。五十八岁交乙运，暗地化金，泄土之气，早为引退，以乐槃阿。是要，妻硬配偕，子三四枝。

---

①　薀音科。

乙木四则

为傅先生推

壬	乙	壬	丁
午	丑	寅	亥

申	戌	命	安

七六	五四	三二	十初
八八	八八	八八	八八
甲乙	丙丁	戊己	庚辛
午未	申酉	戌亥	子丑

　　乙乃花木，古人以灌木喻之，言其非水灌溉不为功也。然雨露太过，亦足以为灾，故古人又以水多木腐为忌。如是观之，灌木之为物，似宜借水滋润，而又忌水多则腐。此中玄理，惟有识者能消息而裁判之。今观台造乙木春生，莫不曰枝叶敷荣、紫红交错，孰知其月干见壬水，时干亦见壬水，年支逢亥水，日支又藏癸水，水多若是。而欲收灌溉之功，免木腐之害，其势殊难。谚云：春雨如膏，霪雨如刀，诚哉斯言。所幸者干有丁火，支有藏土。借火暄木，借土制水。犹之久雨忽晴，阳光午放。而万物之生机，仍可恢复也。因此椿庭虽背，棠棣犹有双双。功名虽无，资财可占叠叠。他日若再岁运逢火逢，土为用神之后盾，则扬眉吐气，润屋华身，定非庸庸碌碌者比。至于金运金年，则有得有失，若逢水木之岁运，则烦恼多矣。总之木主仁慈，为人必心慈意软。水主流通，举止必豁达不

羁。长此不已，吾恐吟风弄月之朋，问柳寻花之客乘间而入。其始也不过偶合招邀、逢场作戏，其继也必致信用损失、身躯斲伤。若能加之制裁，兼以沈毅。或相机因应，或择友往来。保有限之精神，立无疆之事业，岂不美哉？若夫提纲帝旺，妻当刑克。能于金石相配，亦可白首同偕。七杀暗藏，子应迟育。果能注意卫生，定卜三男有庆。①

为张先生推

<table>
<tr><td>戊
寅</td><td>乙
未</td><td>乙
未</td><td>辛
卯</td></tr>
<tr><td>申</td><td>丙</td><td>命</td><td>安</td></tr>
<tr><td>七六</td><td>五四</td><td>三二</td><td>十初</td></tr>
<tr><td>一一</td><td>一一</td><td>一一</td><td>一一</td></tr>
<tr><td>丁戊</td><td>己庚</td><td>辛壬</td><td>癸甲</td></tr>
<tr><td>亥子</td><td>丑寅</td><td>卯辰</td><td>巳午</td></tr>
</table>

甲木属阳，乙木属阴。故古人以乔木雄伟喻甲，灌木娇妍喻乙也。夫木既雄伟，其体质必坚韧，其气象必参天，其喜斧斤造作，必无疑义。若夫娇妍之木，其颜色虽美丽，其体质却柔脆，其喜雨露润泽。与喜斧斤造作者相较则不同。然间有花木繁芜、蔓生遍野者，又不得不借金剪裁，而施薅耘之力。盖薅耘之器虽为金质，乃柔金也。究与斧斤之刚金有别。故古人又以阳木喜见刚金，阴木忌见刚金为二大主脑。若不辨金质之刚柔，而但谓阳木喜金，阴木忌金，是直囫囵读书，失之毫厘，差以千里，乌可与谈命理哉！今观台造，乙木日元，乃灌木也。生于小暑节后，时届盛

---

① 下略。

夏，赤帝司权。暑气逼人，炎威炙手。似此娇妍之花木，有不畏其蒸灼者乎？月干见乙木，年支见卯木，月日二支之未各藏乙木，时支又带寅木。木多丛杂，显有繁芜之弊。欲求为园圃之珍，岂可得哉？惟今之计，只有祷彼穹苍，降以甘雨，尽我人事，施以薅耘，乃妙。细观八字，水无一点，是雨露润泽之功，付诸阙如。所幸年干特见辛金，薅耘之器，尚可适用。天时虽未得，人事已周全，亦可以羡补不足矣。因是政权虽不获，商业可振兴。若再岁运逢水逢金，培补用神之不及，则信用远孚、家声振大，可必然者。若行火木等运，则不免困厄损伤矣。至于比劫重逢，严亲已逝，昆仲联双，更不待言。禄元与帝旺齐逢，妻须二氏，子卜两支。先论大纲，后推行运。①

为陈先生推

丁	乙	丙	乙
亥	巳	戌	未

未	癸	命	安

七六	五四	三二	十初
六六	六六	六六	六六
戊己	庚辛	壬癸	甲乙
寅卯	辰巳	午未	申酉

　　乙木日元，乃花木也。古人以灌木喻之，言其非水灌溉，不足以滋长发荣也。今观八字，干见丙丁，枝藏丙丁。火势炎炎，如焚如惔。似此情形，万物行将枯槁，尚何灌木之可云哉，惟细按之。月建逢戌，中藏辛

---

① 下略。

金。时枝逢亥，中藏壬水。得金以生水，不啻上天之同云也。得水以润木，不啻下泽之甘雨也。今既得此为用神，虽丙丁叠降，仍无干叹之忧。虽生届九秋，犹有傲霜之骨。因是霭霭吉人、谦谦君子，具有为有守之才，怀立德立功之志。较之学惭智短、碌碌庸庸者，大有霄壤之别。所惜者，亥为巳冲，美中不足。必须先经挫折，后乃升腾。至于究心岐黄，不过为济世救人之一种耳。十七岁前，酉运暇豫，近行甲运次之。二十一岁，仍在甲运，流年乙卯。满损堪虞，但见小伤，诚为万幸。二十二岁，交申运。与日支之巳联合，借解亥冲之围。此五年，生机勃勃，不仅添丁获益巳也。二十七岁，交癸运。水势有馀，堪补用神之不逮。海阔从鱼跃，天空任鸟飞。斯运之美，可以仿佛似之。三十二岁，交未运。火库刑开，殊非佳兆。内庭忧患，请君预防。三十七岁，交壬运，接午运、辛运。十五年，声名既振，恬淡弥佳。五十二岁，交巳运。屏绝交游，著书娱老，是其时也。寿防庚运，然亦花甲将周矣。妻须二氏始偕，子卜三株成荫。

为某君推

丙	乙	乙	甲
子	亥	亥	午
巳	己	命	安

七六	五四	三二	十初
三三	三三	三三	三三
癸壬	辛庚	己戊	丁丙
未午	巳辰	卯寅	丑子

乙如花卉之木，娇嫩非常，与雄伟之乔木有别。生小雪后六日，天寒

风劲，草木玄萎，再逢月日二支亥水，及时支子水以湿之，安望桃花灼灼耶？所幸年支逢午火，时干逢丙火。以此二火，暖彼寒木。黍谷春回，虽枝叶凋零，而本实坚固，仍不可以等闲观。《诗》云：东门之墠，不乏茹芦。南山之颠，尚有薇蕨。此之谓也。因此，人材大雅，操守谨严。挫折先经，何必争雄政海。经营得法，自可战胜商场。若再谨守范围、力戒矜张，小之则富及身家，大之则惠于桑梓，以视趋势附炎、心劳日拙者，岂非天上人间乎！五行缺金，如寄迹于金融界中，必可事半功倍。若谋其它货殖，反难见功，此又不可不知也。比劫临于日枝，妻当刑克。必须配命带火土者，始可皓首同偕。七杀阙如，正官不见。子嗣稀少，尽人皆知。若住宅得坐癸向丁，兼丑未之门向，而卧室设置于乾兑之方，补偏救弊，未尝不可迟获双麟。再参观《养生三要》一书，则瓜瓞绵绵，更可先操左券。欧阳文忠云：盛衰之理，虽曰天命。岂非人事，旨哉斯言。若论大运吉凶，二十三岁前，子丑二运最乖，丙丁二运尚可。自二十四岁交戌运，左宜右有，采烈兴高。二十九岁交寅运，三年以来，美中不足。盖运虽畅达，而流年抵触故也。此皆已往陈迹，兹不赘言。未来何如，备列下篇。下略。

为某先生之子推

庚	乙	壬	壬
辰	亥	子	子

子	壬	命	安

七六	五四	三二	十初
四四	四四	四四	四四
庚己	戊丁	丙乙	甲癸
申未	午巳	辰卯	寅丑

乙木日元，生于冬月，似不及三春条达。再逢年月二干壬水，二支子

水，及日支亥水，时支之辰藏水，其不以水泛木浮，缺火为憾，言者几希。殊不知时干之庚与日干乙合，化而为金。辨吉论凶，当以化金为主宰，万不能泥正五行之木言。既不以正五行木言，更何有水泛木浮哉！既不以水泛木浮言，非惟不以缺火为憾，而反以缺火为喜也。盖化金既成，犹金之已成器也。若再经火煅，反伤本质。不比顽钝之金，必需火炼也。或曰：《三命通会》云：乙庚化金，非巳酉丑月不化。其次七月亦化。今化金于冬至节后，岂得谓为化之成哉！曰：万育吾云：若不得月中旺气，仅得时上旺气者，亦可用。今时逢辰位，乃乙日之冠带，何尝非旺气耶？且日枝之亥藏甲，又有化土生金之能力，谓为化成，岂无故哉！不过较得月中之旺气者，为稍逊耳。然果得大运乙卯辰丁等，为化金之喜神，安见其不学养功深，麒骥千里耶？五行缺火，取名字最忌补火。若从土从木，则尽善矣。十四岁前，癸运丑运均乖。十五岁交甲运、接寅运，潜修十载，鲍览五车。捷径终南，慎勿误人。二十五岁交乙运、接卯运，时机凑合，事业维新。此诚莫之为而为，莫之致而致也。三十五岁交丙运，上下交征，公私丛脞。不贪为宝，知止弥佳。四十岁交辰运、接丁运，十年好景，百祀勋名。岂独辅弼盛世，福利邦家已哉！五十岁交巳运后，早卸仔肩，毋庸恋栈。妻配土命乃偕，子卜三枝济美。

为某校书推

乙	乙	己	乙
酉	亥	卯	未

辰	庚	命	安
七六	五四	三二	十初
二二	二二	二二	二二
丁丙	乙甲	癸壬	辛庚
亥戌	酉申	未午	巳辰

　　乙木如花，生于二月。地支联合木局，似乎仁寿格成。讵料时逢酉金，损伤木质，不能以入格言。既不入格，即不忌金，而反喜金也。惜酉值空亡，金无效力。虽紫红交错、枝叶敷荣，未得薅耘修饰之功，不免野草闲花之诮。若欲与园圃家珍，相提并论，岂可得哉！因是，人虽伶俐，家必寒微。幸命宫庚辰合乙合酉，借可补金。虽属堕落青楼，尚可归从望族，但必须配年长金刚之命，位列小星，始可相安，并得一子之庆。二十岁前，飞絮落花，令人叹息。二十一岁，巳运，流年乙卯，仍宜耐烦。二十二岁，流年丙辰，小限己未。十二月辛丑，岁支辰藏癸水，不畏丙火伤官。巳酉丑三合金局，堪助酉金空亡。此喜溢眉梢，身藏金屋之时也。二十三岁，交壬运，夫子增辉，门庭焕彩。二十八岁，交午运。二年犹妙。三十岁，甲子年，四仲全冲，用神破泄，恐不免有玉钗敲断之感也，慎之慎之。

丙火四则

为丁寿南先生推

己	丙	丙	壬
亥	戌	午	午
子	壬	命	安

七六	五四	三二	十初
七七	七七	七七	七七
甲癸	壬辛	庚己	戊丁
寅丑	子亥	戌酉	申未

尝闻论天道者，首辨阴阳；论人事者，首辨顺逆；论命理者，首辨宜忌。若不知阴阳之至理，顺逆之底蕴，宜忌之所在，而欲测天道盈虚，判人事进退，决命理休咎，岂可得哉？台造，丙火日元，乃阳火也，古人以太阳喻之。谓其丽乎中天，普照六合，有鼓荡万物之功，此言其宜。然若无雨露阴水之润泽，又不免有亢阳之害。欲求一木之发荣、一草之滋长，必不可得，而况于万物乎？此言其忌。今观八字，年支午属火，月干丙属火，月支之午亦属火，日支之戌又藏火。此皆足以助丙火日元之势，况又生于夏至左右，赤帝司权、炎威炙手之候耶，当是时也。彼苍苍者，若不降以甘雨，则苗尽枯槁，尚何生意之可言，此又言其忌。幸也壬水年逢，亥水时见，墨云乍起，时雨远来，十分旱象顿消除，万物生机渐恢复，此诚莫大之造化，此又言其宜。然四柱之中，火计有五，仅恃一壬一亥之水，而欲收既济之功，遂成名之愿，究不可得。惟有取戌藏辛金，借助水气，使水有生扶，而不易消灼，此即子平金能生水之义。夫辛金乃丙火之正财也，取财为用神，此即经营致富之佳兆。但一生得法之地点当在西北，若欲于东南等区有所建设，势必傍水临江。君能于此留意，安命而往，素位而行，未有不迎刃而解、乘机亿中者。他日若再岁运逢金、岁运逢水，以助用神之不逮，则声名特达、事业扩张，尤非常人所能企及。惟嫌火势炎上之人，光明是其天性，刚直是其本真。若不稍加变易，吾恐弄巧成拙者有之，施恩反怨者有之。若能光明中参以浑厚，刚直中御以和平，或相时而动，或择善而从。既获操纵裕如之益，又无往来负累之虞，岂不妙哉！至于日枝为妻位，时枝为子宫，乃先哲之定论，不可不察。今阳刃两合于妻位，此断弦再续之明证。如配金水之命，或可无妨。贵人独莅于子宫，此佳子承欢之明证。必须中年迟得，美荫三槐。以上先论纲领，后再详推岁运。第恐命理渊深，有非末学轻才所能窥测者，尚待高明匡正之。①

---

① 下略。

为某君推

丁　丙　丙　丁
酉　子　午　巳

寅　壬　命　安

七六	五四	三二	十初
四四	四四	四四	四四
戊己	庚辛	壬癸	甲乙
戌亥	子丑	寅卯	辰巳

　　丙如太阳之火，生临五月，如赵盾之可畏。取子水为用神，乃不二之理。若谓子水犯忌者，此偏论也。何则？子宫藏癸，犹雨水也。当此酷暑久旱之天，忽见甘霖大雨，而犹谓犯忌。虽愚之甚者，亦知为不然。仆观前运之癸水得意，而益信取子水为用无疑也。壬水化木，是以不佳。辛金化水未成，是以多害。明年交丑运，三合金局。身财两旺，必可尽释愁肠。接后庚运十年，若不家肥金积，吾不信也。妻三，子一。

为朱季华先生推

己　丙　乙　癸
丑　午　卯　丑

子　甲　命　安

七六	五四	三二	十初
七七	七七	七七	七七
丁戊	己良	辛壬	癸甲
未申	酉戌	亥子	丑寅

台造，日元之丙，在五行属火。日枝之午藏丁，在五行亦属火。合计之，不过二火而已。年干明见癸水，年时二支之丑与命宫之子又各藏癸水。时干特立己土，年时二支之丑与日支之午又各藏己土。合计之，水固有四，土亦有四。就数目论之，火占少数，水与土俱占多数。水多克火，土多晦火，谓为火衰水盛，土盛火衰。谁曰不宜，其实证诸气候，则又大不然矣。盖诞生之际，适在仲春，火为进化，水为退化，即土亦不当令。按照古法，进化者作倍数，退化者作半数论。是二火不啻四火，四水四土，直同二水二土而已。而况月逢乙卯，干支属木，命宫之子，干乘甲木，又复叠叠生火耶？由是观之，不独水土不旺，而火亦决不为衰矣。火既不衰，必须水济。水既不旺，必须金生。否则，亢阳为害，万物不生，饥馑频仍，名利何有。所幸年时二支之丑各藏辛金，生水济火，衰多益寡，雨旸时若，禾稼丰收，仍在意中。因是，为人果决，赋性聪明。近利不贪，高名必获。断非折腰屈节、随波逐流者所可相提并论。惟一生展达之地点大都属之西北，至于东南西南，只可暂作传舍而已。日坐羊刃，妻迟免丧。丑值时枝，子三预卜。二十六岁前，甲寅二运。读书顺利者，此非木运之功，乃四柱坎离不偏之效果耳。癸丑二运，学与年进。竟能稍露头角者，此癸能助癸，丑能助丑，神益用神之明证也。事属已往，兹不赘言。未来何如，下篇再叙。①

---

① 下略。

为某兵士推

戊	丙	戊	丙
子	辰	戌	戌

未	乙	命	安

七六	五四	三二	十初
五五	五五	五五	五五
丙乙	甲癸	壬辛	庚己
午巳	辰卯	寅丑	子亥

　　二丙二戊，并列天干。就表面观之，乃两干不杂格。殊不知秋火力衰，不胜季土之盗泄。戊土双排，不以喜言，反作忌论。所幸日支之辰，中藏乙木，命宫之未，上遁乙木，借木制土，即所以益火之气。因是，家虽贫乏，人尚勇为。不必以现充职务末微而遽思改善。须知古之将帅，每多从兵卒中来也。但必须立志高超，不随流俗，乃见鸡群鹤立、矫矫称雄耳。三十岁前无甚险虞。三十一岁辛运尾，丙辰年，堂上有忧。三十二岁正月初六日交丑运。除三十四岁己未午灾惊外，其余四年守分皆佳。三十七岁交壬运，接寅癸卯甲等运。虽不荣称国士，定可选备干城。较之昔日处屯苦之中、居困辱之地，判若两人矣。六十二岁辰运后，以退守田野为宜。妻迟配免克，子迟生有一。

丁火三则

为某先生推

辛亥	丁酉	丁酉	丙子
申	丙	命	安

七六	五四	三二	十初
四四	四四	四四	四四
乙甲	癸壬	辛庚	己戊
巳辰	卯寅	丑子	亥戌

丁如灯火，尽人皆知。若询其何以光明，何以熄灭之原理，则瞠目结舌，不能作一词矣。珊学殖荒芜，敢谓知命，偶于挑灯夜读之时恍然有悟，乃知膏油属木，灯心亦属木，同为灯火之原料。故得之则光明，失之则熄灭。《白虎通》云：木能生火。徐大升云：火赖木生。刘伯温云：丁干属阴，火性属阳。得一甲木，则倚之不灭，而焰至于无穷也。以此证彼，益信古人著述皆从实验中来，非臆说也。

台造，丁生八月，金盛火衰。取木生扶，毫无疑义。今时逢亥位，遁干有甲，火得木生，此灯火获膏油之明证。光辉发越，达旦通宵，一望可知。惜干支叠叠逢金，木为金制。虽得膏油，犹虞不足。虽有光辉，究嫌不大。欲求政治光荣，岂非南辕北辙。惟有从事实利，放弃虚荣，俾可动静咸宜，指挥如意。然欲求实利，须以田房产业之生利为本，而以经营商业之生利为末。盖产业之生利虽微，而权操于己。商业之生利虽大，而权操于人。操权于己者，月计不足，岁计有余，终必至于富饶。权操于人者，始虽获利甚优，终必失败到底。孔子曰：行有余力，则以学文。珊谓产业有余，始可经商。果其经商，必须独立。宁可务实求己，不可蹈空贪大。若随波逐流，因人成事，非惟太阿倒持，且恐干戈玉帛。我公明哲，以为何如。至于二酉犯刑，妻当刑克。如配木盛火炎之命，或可白首同偕。七杀不透，人皆谓子息稀疏。其实时逢印绶，乃正式之用神。虽无七杀，亦有佳儿，惟实存只一二耳。若论大运，四十九岁前金水连环，与用神背道而驰，益少损多，概可想见。五十岁五月二十九日交入寅运，与生时之亥遥相合木，此生平第一好运。发奋为雄，成功必巨。余金生子，尤在意中。五十五岁交癸运，火畏水克，不以佳言。知足守身，庶几无恙。若再倡兴义举，慨解囊金，则更善矣。六十岁交卯运，接甲运十年。椿荫方浓，兰阶多喜。诗晋九如之颂，书陈百福之畴，可以左券先操也。

为前清丹徒县张星五大令推

甲	丁	戊	乙
辰	卯	子	巳
丑	己	命	安

七六	五四	三二	十初
一一	一一	一一	一一
庚辛	壬癸	甲乙	丙丁
辰巳	午未	申酉	戌亥

丁乃灯光之火，生寒冬，得地支子辰之水以生木，得天干甲乙之木以生火。生生不已，犹之灯火获膏油，有剔焰摇红之象，通宵达旦之光。此主福寿绵长，胸襟磊落。科举一途，虽不桂杏联芳，而功业所成，足可令万家称颂也。查前运木火皆佳，戌酉较次。六十岁午运，流年甲辰。虽犯自刑，亦不过小有风潮，决无颠覆。六十一岁流年乙巳，正三五月，余波未静。余月，自在中流。六十二岁二月二十日交入辛运，金刚克木，似非佳兆。然所遇之流年皆逢火土，不妨勉力从公，优游敷政。惟不可厌小而务大、忽近而图远耳。六十六岁流年庚戌，以岁干庚金论，与时干甲木犯克。以岁支戌论，与时支之辰犯冲。再以大运辛金论，又与生年乙木犯克。用神损伤，断不平正。务宜及早退归，以享林泉之福为要。妻正副，子稀疏。

为王君推

丙	丁	戊	壬
午	丑	申	辰
卯	癸	命	安

七六	五四	三二	十初
八八	八八	八八	八八
丙乙	甲癸	壬辛	庚己
辰卯	寅丑	子亥	戌酉

丁火日元，生立秋节后，固不比盛夏当令。再逢年干壬水，及辰申丑三枝藏水以克之，火力不足，概可想见。幸命安卯宫，中藏乙木，借木生火。犹之灯火获膏油，光辉发越，仍在意中。惜卯木遁干，刚逢癸水，与

丁火日元极端反对。虽卯木有生火之功,其力究嫌不足。因是,母丧父逝,均在幼年。名虽昆仲成行,实则单骑独立。欲求富贵寿考,恐不可得。惟有屏戒浮华、经营实利,富贵虽无望,衣禄尚有余。第经营实利,亦必须一步一趋、量力施为。做一事,精一事。做一业,精一业。有头有尾,能收能放。若得陇望蜀、西扯东挪,未获巨金、先受奇辱。窃期期以为不可也。至于寿元修短,虽曰天命,亦关人事。君果节欲保身、轻财重义,未有不逢凶化吉、却病延年者。昔人有云:少一分贪嗔,多一分精神。多一分精神,少一分疾病。少一分疾病,多一分寿元。善因善果,丝毫不爽,顾力行何如耳。若夫财旺身衰之命,妻宫小配,尚可和谐。子息迟存,收梢两位。三十一岁前,己运固见忧丧,酉运尤多损失。庚运七支八节,辛苦奔波。戌运劳劳碌碌,稍具成绩。辛运外圆内缺,不尽言佳。事属已往,兹不赘言。未来否泰,备列下篇。

戊土六则

为某君推

甲	戊	乙	戊
寅	戌	卯	子
亥	癸	命	安
七六	五四	三二	十初
二二	二二	二二	二二
癸壬	辛庚	己戊	丁丙
亥戌	酉申	未午	巳辰

戊属中央土,生二月,春气透泄,万物发生,土之功用,可谓大矣。

惜甲寅与乙卯齐逢，木盛又嫌土衰。必须火以生土，金以制木，然后乃臻上乘。今观八字，金与火皆暗藏，其力太微，以致椿庭先逝，勋业难成。然棠棣联三，利权早握，亦幸事也。二十七岁前，损益各半。二十八岁八月十六日交午运。第一二年犹未尽佳，宜善处之。三十岁丁巳至三十二岁己未，外华美，内喜庆，快哉快哉！三十三岁交己运，上层楼，开眼界矣。三十八岁交未运，灾耗。四十三岁交庚运，接申运，至乐无忧。五十三岁外，静居为是。妻迟，子一。

为李鸿泽先生推

庚	戊	戊	辛
申	辰	戌	丑

亥	己	命	安

七六	五四	三二	十初
三三	三三	三三	三三
庚辛	壬癸	甲乙	丙丁
寅卯	辰巳	午未	申酉

台造，土计有六，地大可知。若无金为耒耜，从而耕耘之。非为磽瘠，即为荒漠，何足取哉！今八字竟有五金，农具备矣。假使四柱无木，仍有籽种缺乏之虞。今日支辰藏乙木，而生月戊戌，生日戊辰，及生时庚申，命宫己亥，纳音五行又皆属木。其为美种嘉生，年丰物阜可知。只须运入火乡，借火济水，即可行远自迩，建业立名。三十九岁前，运不完善。虽曰薄有成绩，未免挫折频遭。四十岁午运，会戌合火，接行癸运，合戊化火。十四年先忧后乐，目送手挥。即使煞费周章，亦应发抒怀抱。五十四岁后，壬运辰运，水多土湿，倍宜好义急公。寿逾六旬，自应兰芳桂馥。晚年得此，幸福可知。妻淑子蕃，兹不赘述。

为某妇推

壬	戊	丙	乙
戌	午	戌	亥

酉	乙	命	安

七六	五四	三二	十初
五五	五五	五五	五五
甲癸	壬辛	庚己	戊丁
午巳	辰卯	寅丑	子亥

戊土日元，以年干乙木为夫星，以戌支辛金为子星。当此季秋，木落金藏，似应夫星不旺，子星不多。然得命宫乙酉，为夫子二星之臂助，仍卜夫兴子盛。况时干壬水，又遥生乙木耶？如夫星配水木较多之命，则琴瑟调和。子嗣三四，尤在意中。惟嫌阳刃会合，不免人巧多劳。三十岁前，烦恼不一。近来十年，喜气盈庭，男儿绕膝矣。四十一岁交寅运，三合化火，不无燥土。肺肝血病，皆宜预防。向后除四十四岁戊午，四十七岁辛酉，又见损伤外，接至六十岁，大都爽健自如，寿逾花甲。

为前清宝山县窦甸膏大令推

戊	戊	乙	壬
午	戌	巳	寅

巳	乙	命	安

七六	五四	三二	十初
三三	三三	三三	三三
癸壬	辛庚	己戊	丁丙
丑子	亥戌	酉申	未午

戊土夏生，支会火局。若无水润，必成旱灾。所幸壬水年逢，不啻上天甘雨。万物赖以资生，人品因兹廉洁。惜支无亥子，仅恃巳中庚金，究难为壬水奥援。因此，文学虽佳，科名未捷。然晚运金水连环，足补用神之不逮。由儒生而作吏，自应德政罩敷。本经术以抒猷，定卜循声卓著。三十八岁前，运多火土，未必显扬。自三十九岁交酉运，除戊运挫折外，接至六十二岁，虽属清风两袖，然已霖雨万家矣。六十三岁亥运尾，流年甲辰，与日主正犯冲克。功败垂成，深为浩叹。六十四岁交壬运，与用神之水共表同情。此乃生平最得意之运，惟细按之，只有乙巳丙午两年精神焕发、名业崇隆。到六十六岁丁未年，丁壬化木，水失效力。巳午未全，火势愈烈。如是而欲免灾庆，恐不可得。能越夏秋，则晚景黄花，又堪玩赏也。妻二氏，子三枝。

为某孀妇推

丙	戊	己	丁
辰	子	酉	丑

辰	甲	命	安

七六	五四	三二	十初
九九	九九	九九	九九
丁丙	乙甲	癸壬	辛庚
巳辰	卯寅	丑子	亥戌

戊土以辰支乙木为夫星，以酉支辛金为子星。今木居墓地，而得命宫甲辰助之。金占提纲，而得丑年合之，似可以夫兴子盛言也。孰知命宫之甲与月干之己化土，已失木之作用。丑酉合金，与木为仇，不能视之为子。因此，夫难偕老，子难成立。二十三岁前，犹可。二十四岁大运辛

金，流年庚金，同来戕伐甲乙，不啻拉朽摧枯，此夫丧子夭之痛不禁而来也。所幸日元土厚，堪胜水运。为人志坚金石，节凛冰霜。行看德播乡间，名垂邑乘，可钦可敬。寿六旬外。

为某君之子推

乙	戊	辛	甲
卯	戌	未	寅

未	辛	命	安

七六	五四	三二	十初
九九	九九	九九	九九
己戊	丁丙	乙甲	癸壬
卯寅	丑子	亥戌	酉申

戊属土，生小暑后三日。赤帝司权，夏火当令。再逢年支之寅藏丙火，月日二枝未戌各藏丁火。火势炎炎，土感燥气。若无水润，必呈旱灾。今观八字，壬癸亥子同付阙如。即使纬武经文，亦难干家栋国。惟细按之，生年甲寅，生时乙卯，纳音为大溪之水，借此润土，亦可以羡补不足。若再多方教育，力戒骄矜，使之潜心经史、肄业农林。或讲学术于文坛，或话桑麻于陇亩。大之则上培国本，小之则下利民生。岂不懿欤，岂不懿欤！至于命名固宜从雨补水，即将来得法之地点亦当濒海临江，不独卜居应如是也。十二岁前，关煞开通，逢凶化吉。十三岁壬运，流年丙寅，接至明年丁卯，不疾不徐，无忧无虑。十五岁交申运，加意卫生，勿求速达。二十岁交癸运，接酉运、甲运。十五年，幼学壮行，名满海内。丈夫得此，何乐如之。三十五岁交戌运，骨肉灾伤，精神痛苦，惟达人乃能善遣耳。四十岁交乙运，接亥运、丙运、子运。二十年审时度势，左右逢源。妻续，子稀。

198

己土四则

为张先生推

丁	己	戊	癸
卯	巳	午	丑

未	己	命	安

七六	五四	三二	十初
八八	八八	八八	八八
庚辛	壬癸	甲乙	丙丁
戌亥	子丑	寅卯	辰巳

　　尊造，己土日元，生于夏至节后。赤帝司权，火能生土。土力充足，一望可知。再逢月干戊土，年支丑土，与夫月日二支，午巳藏土以助之。土势雄厚，更属显然。子平有云：土厚喜木疏通，盖土为万物之母，乃是概论。其实土所生者，以木质占多数。若但见土，而不见木。非为瘠壤，即是石田。既无生利之可言，安有相当之代价。此即有土之名，无土之实。人亦何贵有此土哉！若得木以疏通之，使土脉流动，则禾麻菽麦，莫不多稼如云。如是观之，土得木则贵，失木则贱，其理彰彰明矣。今推八字，时支之卯属木，命宫之未藏木，此土得木疏之明证。以地大物博、富贵寿考言之，乃是开门见山之理。再细按之，生年癸丑，纳音为桑柘之木；生日己巳，纳音为大林之木。得此二者，为卯未二木之臂助，其神妙有非常人所可测度者。因是，立功立德，垂千百年不朽之名。利国利民，造亿万世无疆之福。虽文潞富郑，晏子相齐，亦未足以较短絜长也。微嫌

生月戊午，纳音为天上之火；生时丁卯，纳音为炉中之火。火势炎炎，土感燥气。必须几经挫折，备历艰辛。然而大运木水连环，一可疏土，一可制火。得道多助，履险如夷，因祸为福，转败成功者比比皆是。孟子有云：莫知为而为，莫知致而致，此之谓也。若夫帝旺临枝，水衰土盛，妻虽贤淑，亦难同偕。续配命强，庶免早克。七杀居时，巍然独立，而又为疏通土脉之用神。子星得所，安用多为。一男济美，足可娱欢。若论运途休咎，丁巳丙三运，火炎燥土，无善可言。辰运藏水润土，较为进益。乙运木疏旺土，英雄入彀。卯运用神显著，应接不暇。甲运阴土阳木，和合有情。名满天下，岂偶然哉！寅运会午为火，反不相宜。癸运见戊化火，丑运逢巳化金。错节盘根，筋疲力尽。若非发愤忘食，乐以忘忧，其危殆为何如哉！壬运与时干之丁遥相化木，飞黄腾达，大有一日千里之势。子运合年支之丑，化而为土，虽曰天乙带财，未免美中不足。辛运属金，与用神之木极端反对。满损刚折，殊属可忧。然生年之干，明见癸水，堪作木之屏障，仍无他虞。而况辛酉年，为时犯太岁。癸亥年，为日犯太岁。难关俱过，又何害焉。此皆已往陈迹，兹不赘言。未来何如，下篇再叙。

为某君之子推

己	己	癸	辛
巳	酉	巳	丑

午	甲	命	安

七六	五四	三二	十初
八八	八八	八八	八八
乙丙	丁戊	己庚	辛壬
酉戌	亥子	丑寅	卯辰

己属土，为万物之母，此常论也。其实土所生者，以木质占多数，未有其土不生草木，而能生万物者。是故欲验土质之肥瘠，先观草木之荣枯。欲知土命之何如，先审木之缺否。今观八字，木付阙如，其为瘠土可知。或曰时逢己巳，纳音属木，岂得谓为缺乎？殊不知巳为己酉旬之空亡，其力绵薄，难生效力。况巳酉丑又化合为金乎？所幸提纲巳火，堪以生土，土气不致告竭。虽幼年多灾，尚可成立，但不能争利争名也。八岁内只有癸卯年受惊。九岁初交壬运，病生肝肺，务宜预防。十岁后，接辰辛二运，崎岖蜀道，殊不易行。迨至二十四岁交卯运，始可步入康庄，脱离烦恼。接后庚寅己三运，随遇而安，诚为至乐。四十三岁交丑运，加意卫生，以期益寿。妻克，子无。

为某先生推

丁	己	乙	甲
卯	亥	亥	寅

寅	丙	命	安

七六	五四	三二	十初
五五	五五	五五	五五
癸壬	辛庚	己戊	丁丙
未午	巳辰	卯寅	丑子

己如田园之土，能生万物。喜阳火鼓荡，忌寒水冰凝。何则？火能生土，土暖则气升，而万物育焉。水能润土，水寒则气降，而戕害随之。今八字亥水重逢，冰凝可虑。甲乙交见，克削堪虞。幸得丁火资生，春回寒谷。虽根本无依、梓乡少荫，亦可单骑特立，游历于天涯。奋志兴家，超群于人上。且合官留杀，浊而转清。把稳耐劳，固是英雄本色。刚强不

屈，尤为君子贞心。惟五行缺金，虽外不矜张，而内多缠绕。然补苴未尝无术，性天加厚，是非自消弭于无形。太上曰：积善余庆，其斯之谓欤。推已往之运，寅卯最困。刻行庚运，舒畅多矣。五十一岁交辰运，合木局，伤日元，二竖为灾，殊属可虑。越此，到五十六岁辛运后，十载康强，犹有乐趣。妻先克，子一枝。

为某和尚推

甲	己	辛	甲
子	未	未	申

戊	甲	命	安

八七	六五	四三	二初
十十	十十	十十	十十
己戊	丁丙	乙甲	癸壬
卯寅	丑子	亥戌	酉申

己与甲合，不特正五行属土，即化气五行亦属土，此化土于小暑后一日。赤帝正司权，土王未用事。格局虽佳，精神不足。再逢申支藏庚，暗地化金以泄土气，更难以名公巨卿言也。所幸时带空亡，而会天乙，秉性聪明。致使寄身净土，机缘凑合，尤应得志沙门。若再具有克治之功夫，非惟免尘俗纷争之扰累，且可获如来上乘之真诠，岂不妙哉！二十岁前，运途多舛，困难屡遭。自二十一岁交癸运，春风乍暖，柳眼初舒矣。二十六岁交酉运，外圆内缺，人岂知之。三十岁与太岁克冲，芝兰化为荆棘，惜哉！三十一岁七月十六日交甲运，拂开天上云千里，捧出波心月一轮。三十六岁交戌运，除三十七岁之灾惊外，其余四年，登极乐国。四十一交乙运，去彼贪嗔，保我定慧，慎之！四十六岁交亥运，接丙运子运十五

年，幸福无量。六十一岁交丁运，与化土之格极形反对，此倦飞知还时也，请留意焉。法子一二枝，寿元六旬外。

庚金五则

为某先生推

辛	庚	丁	庚
巳	午	亥	午

子	戊	命	安

七六	五四	三二	十初
二二	二二	二二	二二
乙甲	癸壬	辛庚	己戊
未午	巳辰	卯寅	丑子

　　庚金日元，生于小雪节后。非惟性质坚刚，且具沉寒之气。而况年干庚金，时干辛金，及时支藏金，又助其势耶？夫金多若是，其质必愈刚，其性必愈寒。若仅恃单独之火，断不足以炼金驱寒。幸也亥居提纲，中藏甲木。借木生火，即所以益火之焰。益火之焰，即所以炼金驱寒，惟嫌木质无多，火势不大。虽有煅炼之功，未成钟鼎之器。欲求名腾桂杏、富荫椿萱，断不可得。惟有专心致志于实利，以期扬眉吐气于商场。若能劳瘁不辞、争雄特立，尤应施为合法、作主宜宾。但一生得意于东南，贵乎务本，万不能骤往西北，竞尚新奇。至于比劫交加，处世当有权变。若亲其疏，而疏其亲。则劫耗纷多，而扶持卒鲜。必须亲者亲之，疏者愈亲之，始可内患消弭，外交发达。《书》云：满招损，谦受益。即此义也。若夫

日枝遥刑，妻应中克。倘能配合木命而年纪较小者，庶可和偕。时为子宫，七杀带长生。当卜绵绵瓜瓞，讵料巳亥又遥相冲击，正气受伤，反主多生少获。然得一二男以娱欢，亦至乐也。以上统言大概，未详已往，兹特略补叙之。二十八岁前，如子运之相冲，丑运之入墓，庚运之犯比。此皆月缺不圆之候，安有奇光异彩。自二十九岁后，寅运忽起，辛运忽落，卯运又忽升腾。近行壬运，又忽耗泄。此犹花届早春之候，枝叶虽敷荣，仍不免风雨飘摇之憾。若询未来运途之何如，未来流年之得失，又非片言所能解决。故特备列下篇。俾知音者暇时披览，或可得刍荛之益云尔。①

为吴君推

丙	庚	乙	甲
子	午	亥	戌
午	庚	命	安

七六	五四	三二	十初
九九	九九	九九	九九
癸壬	辛庚	己戊	丁丙
未午	巳辰	卯寅	丑子

庚金日元，生于孟冬。有谓金质沉寒、喜火煅炼者，有谓甲乙交加、恐木侮金者，其实皆非也。盖庚与乙合，为化气之金。若仅就正五行片面之理而谓金喜火炼、金恐木侮，岂得谓为精确哉！况有化先论化，无化方取用。《经》有明文：今庚与乙合，既化为金。此即化金格也。既名化金，即当弃正五行之生克，而遵化气五行之成规。辨其真假，察其忌宜。判其

---

① 下略。

荣枯，决其得失，始合先贤论命之旨。若夫化金于十月，其为不及三秋纯真，固已彰明较著。再见丙字特立，尤犯化水盗金之忌。欲求身华名振，岂可得哉！所幸甲字明透于天干，暗中引己，有化土生金之能力。椿庭虽背，萱室向荣。家计虽贫，雁行济美。又幸壬藏亥内，化木为财。人心热而志趣宏，为守优而自立富。再能不辞劳瘁、东奔西驰，利益丰盈，尤胜守株待兔多矣。日为时冲，妻当早克。续弦命硬者偕，杀露干头。子星颇显，二三迟育者佳。①

为某女士推

辛	庚	壬	丙
巳	寅	辰	申

申	丙	命	安

七六	五四	三二	十初
——	——	——	——
甲乙	丙丁	戊己	庚辛
申酉	戌亥	子丑	寅卯

　　庚金以丙火为夫星，壬水为子星。今年干值丙火，月干逢壬水。似觉夫星发达，子星蕃昌。无如丙火为壬水所伤，壬水为辰土所制。昙花一现，终归乌有。或曰：时枝之巳藏丙火，年枝之申藏壬水，足可补天干丙壬之缺点。失之东隅，未尝不可收之桑榆。改调别弹，未尝不可增长幸福。殊不知巳与寅刑，巳破矣。申与寅冲，申又破矣。巳申俱破，似有若无，似实若虚。岂能望夫贤子孝，齐眉绕膝哉！如是观之，与其随波逐

―――――――

① 下略。

流，自贬声价，而无良好结果，何如超然独立，讲学专门，① 以期媲美先贤。曹大家续成汉史，蔡文姬誊写赐书，均皆名垂不朽，谁是靠丈夫儿子者。语云：彼亦人，吾亦人。有为者，亦若是。古人之言，岂欺我哉！至于妙手空空，更不成问题。课童蒙、鬻书画未尝不可养亲。疏食饮水，贤者宜然。但能立志持恒，何患不学优名振，而为当代女宗耶？先哲谓贫不足忧，可忧是贫而无志，良有以也。三十岁前，譬如昨死，兹不赘言。三十一岁丑运尾，流年丙寅。风雨飘摇，把舵宜稳。一失足成千古恨，再回头已百年身，斯言宜三复之。三十二岁交戊运，孳孳为善，渐履康庄。除三十三岁戊辰，忧丧烦恼外，接至三十六岁，性静情逸，优哉游哉！三十七岁交子运，第一年庚申，又防灾生无妄。三十八岁丁运后，素位而行，从心所欲。较之前境，判若天渊矣。

为某先生推

戊	庚	丁	戊
寅	寅	巳	戌

酉	辛	命	安

七六	五四	三二	十初
三三	三三	三三	三三
乙甲	癸壬	辛庚	己戊
丑子	亥戌	酉申	未午

《道德经》云：天之道，其犹张弓也欤。高者抑之，下者举之。有余者损之，不足者补之。此数语固为修己治人之要道，而尤为谈命学者不可

---

① 如经史书画之类，皆可闭门自修，无师自通。

不研究也。谨推台造，庚金日主，生届小满节后，不及三秋当道，此不足也。丁火透于月干，而又值赤帝司权之际，此有余也。年支戌藏辛，月支巳藏庚，连同日主之庚，不过三金。力量绵薄，屈而居下，势也。年支戌藏丁，月支巳藏丙，日时二枝之寅又各藏丙，连同月干之丁，火计有五。炎炎有象，亢而居高，亦势也。若无补偏救弊、酌盈剂虚之神，则屈者终屈，亢者终亢。阴阳不协，悔吝必多。其为人也，非庸愚蔽陋，即桀傲不驯。安望其怀报国之心，具立功之志哉！恰好命宫辛酉，干支皆属金，足为日主庚金之臂助。大运申壬，泉源不息，堪制四柱烈火之炎威。正与老氏抑高举下、损有余补不足之义不谋而合，此诚莫大之造化也。因是，人才轶众，家学渊源。断非随波逐流、依草附木者所可望其项背。二十三岁前，戊午二运不佳，己未二运较胜。自二十四岁交庚运，喜托龙门，欣看豹变。二十九岁交申运，初步两年，丙寅丁卯，稍差。三十一岁戊辰至三十三岁庚午，一鸣惊人，一飞冲天。三十四岁交辛运，接酉运、壬运，十五年。昌黎伯名重泰山，亲传正学。司马公脚踏实地，不务虚声。吾将于斯时卜之。四十九岁交戌运，急流勇退，庶免高危。五十四岁交癸运，接亥运，十年。老当益壮，毋灰白首之心。公尔忘私，必遂青云之志，快哉快哉！六十四岁交甲运，息影蓬庐，以乐晚景。妻防两氏，子荫三槐。

为某女推

己	庚	乙	癸
卯	子	卯	卯

亥	癸	命	安
七六	五四	三二	十初
八八	八八	八八	八八
癸壬	辛庚	己戊	丁丙
亥戌	酉申	未午	巳辰

　　庚金日元，生于二月。干无丁火，枝无正官。莫不曰夫星缺陷，女命大凶。其实，看命之法，不止一端。刘伯温云：局中官星明顺，夫贵而吉，理固然矣。若官星太旺，以伤官为夫。伤官旺而无财官，以印为夫。今八字既无正官，而伤官又旺，自应以时干正印为夫。恰巧月干之乙与庚联合，化而为金，不致有妨己土，夫星特达，于此可知。如果良人长配，而得土厚金刚之命，互相补助，琴瑟调和，尤堪预卜，又何必泥夫星缺陷而妄云大凶耶？至于子星，亦以庚金日元为主宰。子平云：金能生水，水赖金生。故金为水之母，水为金之子。今八字壬水不逢，子嗣似少，然得癸水子水以代之，未尝不可瓜瓞绵绵。而况《滴天髓》又有伤官旺、以印为子之说。今大运印占多数，三槐成荫，意计中事。若夫化金于仲春，格局虽佳，究嫌失令。人材虽美，难享大年。必须加意卫生，多方积德。始可上迓天庥，借膺景福。东坡居士云：天定胜人，人定亦能胜天。惟必须出之至诚耳。①

辛金四则

为某先生推

戊	辛	甲	甲
戌	亥	戌	戌

酉	癸	命	安
七六	五四	三二	十初
六六	六六	六六	六六
壬辛	庚己	戊丁	丙乙
午巳	辰卯	寅丑	子亥

---

① 下略。

辛乃阴金，非珠玉之谓也。凡温软清润者，皆辛金也。生于九月，莫不曰秋金当道。其实节近霜降二日，黄帝司权，秋金已失令矣。再逢时干戊土，及年月时三支戌土，以沉埋之，岂能适用。必也借木克土，借水涵金，始可还我原质，仍为百炼。《滴天髓》云：辛金软弱，温润而清。畏土之多，乐水之盈。诚哉斯言。今观八字，土多为患，毫无疑义。然年月二干逢甲木，日支见亥水，具有克土涵金之功。用神不缺，人有作为。虽不敢谓为能扶社稷、能救生灵，[①] 要亦不失为商界巨子、梓乡哲人。惟嫌秋木凋零，季水浅薄。用神虽备，力量太轻。必须几经挫折、倍历艰辛，始可大展鸿图、振兴骏业。昔人有诗云：不是一番寒彻骨，怎得梅花扑鼻香？我公阅世多年，饱尝此中风味，当益信斯言不谬矣。羊刃叠见，妻当刑克，子应稀疏。如配木强水盛之命，互相调剂，或可皓首同偕，而得两男娱老。若论大运如何，丁运以前，坦坦荡荡，损益各半。丑运戊运，有喜有忧，大费气力。自四十二岁交寅运，云收电匿，风暖日高。接至四十六岁，局面一新，家声丕著矣。四十七岁交己运，两年以来，颇为烦恼，幸源流尚活泼耳。四十九岁仍在己运，接至五十一岁，逢凶化吉，履险如夷。努力进行，绰有余裕。五十二岁交卯运，出于幽谷，迁于乔木。景象之佳，又胜前境多矣。五十七岁交庚运，本乱末治，殊非所宜。广种福田，庶无大过。六十二岁交辰运，骨肉伤亡，诸惟留意。果能冲和恬淡，则寿至六旬有七，辛巳年头也。

---

① 此亦《滴天髓》成语。

为某先生推

乙	辛	甲	癸
未	卯	寅	未

申	庚	命	安

七六	五四	三二	十初
四四	四四	四四	四四
丙丁	戊己	庚辛	壬癸
午未	申酉	戌亥	子丑

　　辛金日元，生于正月，固不比三秋当令。再逢甲木、乙木，及寅木、卯木，与夫二未藏木，以欺侮之。木强金折，尽人皆知。而况辛金孤立，又无奥援。就表面观之，似可作弃命从财格论。惟细按之，寅藏戊土，未藏己土。虽辛金孤立，得此二土生之，精神忽振，未尝不可与强木抗衡。欲使其附首降心，一听甲乙寅卯木等之欺侮，吾知辛金虽愚，亦不甘受。而况弃命从财者，忧丧必早，雁侣必稀。今竟棠棣联辉，承欢堂上，岂可以弃命从财论哉！夫既不以弃命从财论，则用神还须取金，不得谓为见金大忌。恰好命宫庚申，干支皆属金，遥为辛金日元之臂助。人巧心慈，家肥屋润，于此可卜。若再寄迹于金融界中，实事求是、不惮烦劳，既可信用远孚，更应声名卓著。较之乞怜权贵而得一官半职者，其荣辱为何如哉！财星叠见，妻当先克，续弦始可同偕。七杀居时，联合得势。子嗣三两，尤贵早生。三十四岁前，癸丑壬子四运，庇荫无忧，间有小疵不惧。辛运较好，亥运无味。自三十五岁交庚运，当发。惟三十六岁戊午年，不无颠倒。四十岁交戌运，仍贵保守。四十五岁交己运，接酉运、戌运，十五年，土金连环，此生众用舒，体胖心广之候，宜勉旃。六十岁交申运，恬然冲静，颐养天和可也。

为黄先生之子推

辛	辛	癸	壬
卯	亥	丑	子

子	壬	命	安

七六	五四	三二	十初
二二	二二	二二	二二
辛庚	己戊	丁丙	乙甲
酉申	未午	巳辰	卯寅

　　辛金两见，提纲又藏金助之，金坚矣。壬癸水并列，亥子丑又合水助之，水旺矣。夫以坚金而得旺水，四柱中又不逢戊己，此诚金水相涵格也。应人颖悟沉毅，大有作为。他日入校读书，务先授以杨椒山先生"男儿欲绘凌烟阁，第一功名不爱钱"之句，使之先入为主，以备效法忠良，赞襄家国，是为至要。五行缺火，取名字宜补之。若再过继外父名，尤与严亲有益。属虎者佳，小时关煞不妨。刻行甲运，清吉。六岁丁巳年磨折。十岁辛酉年灾惊。十一岁后，智识日开，为严慈者果能加意栽培，接至四十二岁，望重勋殊，必非常人所可企及。四十三岁交戊运，内政外交诸务未免棘手。然忘家为国，古有明训，可不勉乎？五十三岁交己运，此功成身退、豹隐鹤藏时也，当谨记之。妻宜迟配，子卜三枝。

为吴先生推

辛	辛	辛	丙
卯	卯	卯	寅

亥	己	命	安

七六	五四	三二	十初
六六	六六	六六	六六
己戊	丁丙	乙甲	癸壬
亥戌	酉申	未午	巳辰

　　《易》云：乾为天属阳，坤为地属阴。此阴阳之最大最著者也。至于动物之有阴阳，植物之有阴阳，矿物之有阴阳，则为吾人习见而不察者也。夫人为动物之一种，有夫妇，有弟妹，此阴阳也。稻为植物之一种，有雌蕊，有雄蕊，此阴阳也。岩石为矿物之一种，有水成石，有火成石，此亦阴阳也。推而至于命理中之五行，亦有阴阳寓焉。若不辨阴阳之何如，则生克之真相无从探悉，将何以决休咎，而定从违哉？今推台造，辛金日元，乃阴金也，与庚之阳金迥异。盖阴金之质柔脆，阳金之质坚刚。《书》云：柔金忌火，刚金喜火。此言似以阴阳分喜忌矣。然犹不及沈孝瞻所云"柔金忌见阴火，刚金喜见阳火"之为精当也。夫柔金即辛金，阴火即丁火。以阴金而见阴火，既无融洽之可言，即不免金火之战克，故以忌言。至于阳火，乃丙火也。对于辛金，明虽金火相克，实则阴阳联合。《经》云：有因合而忘克者。即此义也。细观八字，辛金虽柔，丁火不见。毁伤之虑，于此可蠲。若夫年干之丙火与月干之辛金化而为水，气质已变，断不仇金。年支所藏之丙火与所藏之戊土比邻而居，化克为生，非惟

无损，更有益焉。因是，金质得以完全，人才必当迈众。惜正五行缺水，未能科第联辉。然而铜符珍重、墨绶宠荣，亦可于此卜矣。但一生得法之地点或属西北，或傍水涯，否则劳而无功，不可不加意焉。四柱纯财，而精华在印。今日权权暂操、牛刀小试，他年尽心为政、遗爱在民，必期无棠不荫，有口皆碑，惟乘好而止。先贤垂训，买山而隐。名士嘉言，又不得不属望于君也。若夫日枝无伤，妻当贤淑，硬配必可同偕。时枝无冲，子应特达，一男足可继美。以上先述大纲，后再详推行运。① 四十七岁交丙运，人每以火烈金伤言之。孰知丙与辛合，别有感情在耶？诗有云：暄妍红杏坞，明媚绿杨堤。差可仿佛斯运之美矣。第一年初交，犹形减色。至四十八岁癸丑年、四十九岁甲寅年，即应兴高采烈。五十岁乙卯年，得风转帆，是在明哲。二、四月烦劳，八、十月障碍，余月平正。五十一岁丙寅年，层楼更上，眼界弥高。五、七两月，毋怒毋贪。余妙。五十二岁交申运，与生年之寅相冲，似不安静。殊不知申运中藏戊土，乃辛金最喜之神。请勿过虑，足可勇为。刘禹锡有句云：美人首饰侯王印，尽是沙中浪底来。此言深有滋味。五十七岁交丁运，丁为阴火，柔金最忌见之。幸初行之时，岁逢壬戌癸亥，尚可勉力维持。至五十九岁，即宜早息仔肩，预图退步。六十二岁交酉运。第一年岁逢丁卯，多方珍重。六十三岁后，接戊运九年，别有洞天，快哉快哉！

---

① 中略。

壬木四则

为李先生推

辛	壬	癸	壬
亥	戌	卯	戌
卯	癸	命	安

七六	五四	三二	十初
九九	九九	九九	九九
辛庚	己戊	丁丙	乙甲
亥戌	酉申	未午	巳辰

《经》云：壬水通河，周流不滞。通根透癸，冲天奔地。今壬水两排，水势已大。月干再逢癸水，其为通根无疑。夫水既通根，其势必冲天奔地。况时干辛金，又从而生之。时支亥水，又从而助之耶？于此而不急固堤防，其为害当何如哉！欲固堤防，舍土莫属。故戌中戊土，堪为八字确当之用神。或曰：提纲值卯木，时支藏甲木。木能克土，土畏木克。土亦岂能为我用哉？殊不知卯与戌年合而为火，已失木之效力。日支之戌，位居亥甲之先。而又有金火同宫，为之屏障，更不畏木侵凌。或曰：前行丙午丁运，各事如意。近行戊运，反多颠倒。其为用神喜火忌土明矣。曰：丙午丁属火，火能生土，乃间接之用神。而所经过之流年，自辛卯迄乙巳，从无干支，皆逢金水者，故佳。然犹经纶未展，若土运而遇斯年，其特达有不倍蓰者耶？戊运属土，乃直接之用神，较火为优。无如经过之流年，辛亥、壬子、癸丑，干支皆逢金水。设非戊土运以御之，横流泛滥，有不可收拾之势矣，遑论其他哉？《书》云：命佳

不如运佳，运佳不如流年佳，非无因也。或曰：如子之言，后行申运属金，不更危乎？曰：行申运之流年，适逢丙辰、丁巳、戊午、己未，干支皆逢火土。补用神之不逮，制申金之有余。行看变化飞腾，定不池中久困。惟岁逢庚申，当防烦恼耳。至于运行己土，与戊土正表同情。除壬戌癸亥两年灾伤外，余均左右逢源、头头是道。一交酉运，即宜空谷逍遥，以乐晚景。以上所陈，谨就五行生克至理，详细言之，非敢胶固也。然否尚乞高明正之。

为前清常镇道荣心庄观察推

壬	壬	己	庚
寅	申	卯	戌
亥	丁	命	安

七六	五四	三二	十初
五五	五五	五五	五五
丁丙	乙甲	癸壬	辛庚
亥戌	酉申	未午	巳辰

　　壬水两见，申日又藏水助之。水计有三，以有余论之，未为不可。然生逢二月，春木当令。木能泄水之气，非秋金生水可比。况天干见己土，地支又带三位戊土。以四土三水相较，显系土盛水衰。既不能取土为堤岸，又不能取木以制土。惟有取年干庚金及所藏辛金为用神，使之直接生水。而后流通不息，万物赖以灌溉也。惜戌贪卯合，功用嫌轻。科名虽早捷，究未桂杏联辉。大运水金，断续不齐。官职虽超迁，究难富贵并美。加之金白水清，为人慈祥廉洁。劫耗纷繁，皆由于此。申为寅冲，妻当刑

克，而子息亦难早存。续弦纳妾，既可偕老。尤应宜男，文昌合命宫。子虽一枝，必当跨灶。五十岁前，所行之运半否半泰，政声却好，其如清苦何。五十一岁，初行申运。申为日干壬水之长生，理作全吉论。无如寅申犯冲，必先蹈危机，后乃获福。自五十二岁至五十五岁，渐履通衢。五十六岁乙运。乙庚有化金之功，是以居荣泰之地，处崇高之位也。惟五十九岁戊申年、六十岁己酉年，岁干克日，岁支逢冲，定见灾耗。六十一岁行酉运，与日支之申、年支之戌三合而为金局。虽提纲之卯冲酉，亦不为害。《书》云：贪合忘冲。即此义也。如是观之，灾去福来，翘足可待，又何必畏蒽过虑哉！中下格。

为某和尚推

丙	壬	丁	辛
午	子	酉	未

寅	庚	命	安

七六	五四	三二	十初
一一	一一	一一	一一
己庚	辛壬	癸甲	乙丙
丑寅	卯辰	巳午	未申

壬水日元，生白露节后，人每以金旺水相言之。孰知其逢丁联合，化而为木，已失水之本真。辨吉论凶，只可以化木解决，万不能再泥正五行之水言也。此化木于秋月，金风乍起，落叶渐多，较之三春之条达者迥殊。《经》云：当王者贵，今失令若此，非王也。乌可以贵言哉！所幸月带孤虚，而不犯冲击。为人夙具善根，应卜早成法器。既去其繁华名利，

必进于定慧圆通。再能寄迹水涯、藏身香国，尤当先知先觉、达彼上方。三十五岁前，百般困顿。近来十年，苦少甘多。四十五岁壬运末，以运言之，气求声应，吉兆也。以乙卯流年论之，岁干之乙化金，与化木反对。岁支之卯刑子，会四仲为冲。是年也。了了无遮念，空空不染心。二五八十一月尤宜守口守身。四十六岁七月二十四日交辰运。第一年丙辰，岁运相刑，动象也。岁与年合，时机也。因时机而动作，固是美事。然亦须先辞后受，否则毁伤甚大，可不惧哉！四十七岁丁巳，清泰。四十八岁戊午，磨难。四十九岁己未、五十岁庚申，裕如。五十一岁交辛运。此五年诚施法有为之候、拈花自笑之时也。五十六岁交卯运。速传法子，以迓天庥是要。

为某君推

庚戌	壬戌	辛亥	丁未
申	戌	命	安

七六	五四	三二	十初
一一	一一	一一	一一
癸甲	乙丙	丁戊	己庚
卯辰	巳午	未申	酉戌

壬戌日元，正五行属水，纳音五行为大海之水。生立冬节后，气候当旺，尽人皆知。再逢月支亥水助之，庚辛金生水拱之。苍茫浩荡，更属显然。此时若无厚土以堤防之，阳火以交济之，横流泛滥，有不灾及万物者乎！恰好命安申宫，干遁戊土，生年逢未，干见丁火。借土制水，足可振

河海而不泄。借火济水，亦可资调燮于无形。用神完备，万物繁生。因此，人材大雅，福泽有余。立志坚刚，不随流俗。若再不图速达，发奋为雄。弃固有之繁华，求高深之学识。他日火到功成、业精名振，未尝不可发抒抱负、大展经纶。语云：吃苦三五载，立名百千年。又云：财产之代价有限，令人启觊觎之心。学识之代价无穷，令人生崇拜之心。古人之言，岂欺我哉！十一岁前庚运，间有灾魔。戌运大致安稳。十二岁交己运，四年以来，知识渐开。十六岁仍在己运，流年壬戌，珍重为宜。十七岁交酉运，从容进取，贵有主张。废学早婚，必多流弊，戒之戒之。二十二岁交戌运，学识既优，时机亦至。凡为黾勉，欣喜无穷。二十七岁交申运，奢则不逊，毁为求全。偶见忧衷，无妨大体。到三十二岁交丁运，一登龙门，声价十倍。向后除丙运家遭多难、国有流言外，接至六十七岁甲运，德位禄名，不期而得。人生如是，亦足自豪矣。妻迟配，子三槐。

癸水四则①

为某君推

壬	癸	癸	壬
子	亥	丑	午
辰	甲	命	安

七六	五四	三二	十初
五五	五五	五五	五五
辛庚	己戊	丁丙	乙甲
酉申	未午	巳辰	卯寅

癸水两排，壬水亦两排。以形式整齐论之，可谓两干不杂格。古诗

---

① 贱造附。

云：两干不杂须还贵，一世生成造化稀。癸日、丑月会亥、子，为北方一气，可谓润下当权格。《碧渊赋》云：水归亥子丑之源，荣华之客。就此观之，似可名彪宇宙、位跻公卿。惟细按之，两干全水无火，失坎离调燮之功，不足云两干不杂格。癸水生于大寒前一日，土王用事，水为土克。虽支会亥子丑一气，不足云润下当权格。格局既不成立，仍当以正五行为主体。消息盈虚，判其得失。细推八字，水势浩大。若非生年之午藏土制之、藏火济之，则泛滥横流，为害不可胜言。今既得此为用神，犹之久雨忽晴、阳光乍放。再能稍假人工，保其堤岸、疏其源流，仍可万物资生、民歌大有。但必须先劳后获、崇实弃虚，始可操权任重、致富兴家。若再公而忘私、多行仁义，非惟得道多助，尤当名立千秋。先哲有云：不让古人，是谓有志。不让今人，是谓无量。愿我公勉之。羊刃得势，妻非一氏所可同偕。如配火多命硬者，庶免断弦纳妾之烦。七杀藏而不透，子息贵乎迟生。加意栽培，二三可卜。至于已往之运、甲寅乙卯四运，优游自得，小恼何妨。丙运轩昂，辰运挫折。丁运得中有失，忧少喜多。若夫未来之运，巳运则始否终泰，丁旺财增。戊运则羽毛丰满，一飞翀天。午运骨肉伤残。余无他恙。己未二运出类拔萃，激昂青云时也。勉之勉之。庚运以后，辞尊居卑，不为已甚。此亦理势所当然也。

为某先生推

丁	癸	丙	甲
巳	亥	寅	子

酉	癸	命	安

七六	五四	三二	十初
二二	二二	二二	二二
甲癸	壬辛	庚己	戊丁
戌酉	申未	午巳	辰卯

　　癸水如雨，有润泽万物之能力。生于正月，古有春雨如膏之誉。其功用之大，可胜言哉？惜丙丁并列，火势蒸腾。巳亥相冲，金神失所。金既失所，焉能生水。水无金生，焉能济火。水既不能济火，势必为火所灼，将失其润泽万物之能力矣。所幸生年甲子，海中金也。安命癸酉，剑锋金也。得纳音之金以生水，得子癸之水以助水。而日主癸水之能力，又可因兹恢复，万物亦可赖以资生。为人之品行清高，为守足备者，盖由于此。惟必须运行水金之地，始可轶众超群、建功立业。细按之，金之生水，犹不若水之助水较为亲近。故大运之美，亦莫水若也。至于土运克水，火运灼水则大忌，木运泄水亦差。然亦有土运而含水者，辰运是也。火运而含金者，巳运是也。此皆有损有益之运，不可概论。若夫庚运纯金、辛运纯金，此皆四十七岁前最吉之运也。孰知庚金为丙火所伤，辛金为丁火所制。特权虽有，破绽必多。近来未运数年，水为土克，殊属颠沛。设非操存有素，不免元气大伤。五十一岁仍行未运。流年甲寅，较癸丑年之岁运犯冲，略为平正。然必须舍旧营新，弃东南而之西北，始可展布长才。春冬犹否，夏秋始通。五十二岁乙卯年仍行未运，似盈实虚。五十三岁交壬运。除申运内庭事故外，接至癸运、酉运，老当益壮。七十三岁交甲运，栖迟衡门可也。妻二氏，子一佳。

为钱玉成先生推

癸	癸	乙	丙
丑	巳	未	戌

申	丙	命	安
七六	五四	三二	十初
二二	二二	二二	二二
癸壬	辛庚	己戊	丁丙
卯寅	丑子	亥戌	酉申

徐东斋云：癸日坐向巳宫，号曰财官双美。此指日主强，堪胜财官者言。今台造，癸水生于大暑后十日，季土固旺，夏火仍炎。虽叠降甘霖，犹虞不足。岂可再经巳藏丙火之消灼，戊土之克制耶？故不以入格言。既不入格，即当弃财官而取印绶为用。盖印绶属金，金能生水，补日主之不足故也。惜巳内藏金，其力绵薄，难为我用。以致读书未上青云。所幸命宫申金遥遥相助，为人聪明，立志高尚。如果不辞劳瘁，研究岐黄，他日运入金乡，必可振作精神，疗生民之疾苦。发抒抱负，扬医学之光辉。若不此之图，而欲舍本务末、作嫁依人，殊非善计，仆不愿君为也。二十二岁前，损益互见。二十三岁交戊运，妒合化火，种种不佳。刻行戊运，三刑并会，风尘劳攘，尤属非宜。三十一岁丙辰，三十二岁丁巳，只可小就，慎毋远图。三十三岁交己运，克而后生，始否终泰。三十八岁交亥运，冲中有合，害少利多。能于操守有方，定卜声名特达。四十三岁交庚运，接子运、辛运，手到春回，体胖心广。斯时当益信仆言不谬也。五十八岁交丑运，静观自得。妻克，迟续偕。子晚，一二实。

为某先生之子推

<table>
<tr><td>己</td><td>癸</td><td>戊</td><td>己</td></tr>
<tr><td>未</td><td>丑</td><td>辰</td><td>亥</td></tr>
</table>

<table>
<tr><td>午</td><td>庚</td><td>命</td><td>安</td></tr>
</table>

七六	五四	三二	十初
三三	三三	三三	三三
庚辛	壬癸	甲乙	丙丁
申酉	戌亥	子丑	寅卯

癸水春生，本不当令。再逢戊土己土，及辰丑未之土，以克制之。土多水涸，显而易知。就正五行之理推测，取木克土、取金生水为用神，谁曰不宜。然复阳子先生有"遁三则化"之说，不可不细为研究也。今月干见戊，与癸联合，以五虎法遁之。癸戊遁甲寅，遁三即丙辰。丙属火，故癸戊化火。既化为火，即当弃正五行之水，而专论化气五行之火矣。惜化火于三月，不及盛夏之当道。格局虽佳，犹嫌失令。天资虽好，究属性刚。如求政治之虚荣，必失迎合之效力。惟有使之由高等小学，而晋入中大之专门实业学校，如路矿、银行、农林之类。俾异日学富才高，实地办事。若再步张季直先生之后尘，扩而充之，何难建利国福民之功业耶？或曰：合官留杀之造，而又得冠带以助其势，规模宏大，格局整齐。子既不许其研究政治，曷不教以讲求武备，为海陆军之伟人耶？余曰：否。盖七杀之己能化土，冠带之丑藏辛能化水，此皆化火之忌神也。岂可取哉！岂可恃哉！余谓其于专门实业有所建设者，以实业为有形之学术，具完全独立之性质。苟假以人事之周密，未有不名振利优，为国家社会所欢迎者。若政治，若武备，则非时势凑合不为功。语云：时势造英雄，良有以也。今八字化火犹未完全，而又明见己土，暗藏辛金，以破其气。恐时势有难以凑合之处，余故不敢劝其研究政治，讲求武备。盖欲其免向隅之叹，此乃一生之大计，知音者或不致河汉余言。至于提纲无破，棣华虽未早咏，椿萱应卜长青。日时相冲，妻须二氏，属猴者不合。子荫三槐，迟育者乃存。先述情形，后推正运。十七岁前，运不如意，幸调护得宜。十八岁丙运末，流年丙辰。速定方针，以图进取。然必须择其性之所近者为之，乃可收事半功倍之效。二、五、七、十月加意卫生，切切。十九岁八月初六日未时，交入寅运。年长身强，此发奋向学时也，宜勉施。至二十四岁交乙运，学术日精，名誉日隆。若不贪图近利，定可蔚为良材。二十九岁交丑运，应时出世，快哉快哉！惟内忧不可不慎。三十四岁交甲运，守谦免损，知足不辱。此二语宜谨记之。三十九岁交子运，蛟龙得云雨，岂是池中物。四十四岁交癸运，到处尽逢欢洽事，相看总是太平人。四十九岁交亥运，缩小范围，以竞争为戒，以保守为法。五十四岁交壬运，又可从容进取。五十九岁交戌运，预图归计可也。

贱造（附）

<pre>
戊　　乙　　丁　　辛
寅　　巳　　酉　　巳

午　　甲　　命　　安

七六　　五四　　三二　　十初
—一　　—一　　—一　　——
己庚　　辛壬　　癸甲　　乙丙
丑寅　　卯辰　　巳午　　未申
</pre>

乙木秋生，凋零现象。干支金重，更属摧残。取干火制干金，支火制支金。四金适逢四火，似觉木不畏金。然若无命宫比劫长生之资助，木衰火盛，能无盗泄之患乎？如是观之，用神似取月干丁火，其实在命宫甲木午火也。惜八字缺水，科第难登。尝闻先父昌龄公云：汝未生时，月明星朗。将生时，密云大雨。既生时，云雨忽散，星月犹存，而天方破晓。虽五行缺水，得天时之水以补之，究胜于无。因此，人虽愚鲁，学可小成。名虽不扬，品尚无缺。果能读书安命、择交治生，必不致坠家声而为饿莩。验之已往，察之未来。益信先人之训诫，确有至理存焉。六岁前，坦然。七岁申运，丁亥年，四孟齐逢冲克至。是年八月，先母田太夫人见背矣。二十岁前，乙未二运，竞争科名，研究医学。不屑以小道自甘，然终不克如愿，徒唤奈何。自二十一岁交甲运，比劫帮身，学术稍进，名誉渐佳。完姻之后，连举二男，似可借慰椿庭。讵料丙午年己巳限，丙辛化水不成，而巳复会金克木。先君于是年四月竟弃养矣，呜呼痛哉！闰四月，次子德明殇。命薄如斯，良可浩叹。自是年九月初五日交午运，日主得长生矣，丁火得临官矣。虽经戊申年之三刑，亦不过一时灾耗。余均应接不暇。三十一岁交癸运，辛亥年，甲子限，冲中逢合，克处有生。只有家事

纷劳，余无他羔。壬子年，身衰遇印，九月生三男德谦矣。癸丑年，丁为癸伤，妒合不能解围。巳酉丑化金，秋木不胜其克。七月长子得庆又殇矣。犹忆是年仲春，邀西宾酒叙。席散，余谓之曰：宾主共饮。儿对曰：师生论文。家弟桂生戏谓之曰：有德有寿。儿对曰：能武能文。而今思之，不禁泪涔涔下矣。自斯以后，万念皆灰。甲寅春，懒于应酬馆事。小住焦山，从事纂述。乙卯冬，《探原》脱稿。虽见闻不广，言之无文，然私心自幸，以为日元得禄之所致也。三十六岁交巳运，既有盗泄之虞，又有克身之患。是以节衣缩食，敏事慎言。四十一岁交壬运，接辰运，木得水养，生趣益然。差幸编辑家谱，建筑宗祠。刊印先君遗书及其他新著，均能勉力告成，得免陨越。五十一岁交辛运，金刚木落，逋负累累。剜肉医疮，苦难应付。五十六岁交卯运，冲酉破提，猝遭国难。风尘仆仆，力倦筋疲。六十一岁交庚运，金来肆虐，合乙无功。损伤叠见，忧恼频来。虽欲杜门读书，亦不可得。六十六岁交寅运，乃乙木帝旺之乡，暮景桑榆，亟应珍惜。且儿辈业经成立，似可粗堪自给。而道兄马君云程又复多方鼓励，于是勉振精神，再为冯妇。砚田笔耒，略有盈余，始则创立伏羲圣庙，附祀自汉至宋之七贤[1]。继则开办学校，培植孤寒之子弟。敢谓崇德报功，因材施教。不过稍尽棉薄，借免虚生。慎称宗兄赠联厅右有云：粤自洪濛开辟，始由一画两仪，四象八卦，发宇宙无量秘藏，先文武周孔而圣，化育生民，功垂万古。惟兹庠序谨修，申以父慈子孝，兄友弟恭，养国家浩然元气，张礼义廉耻之维，甄陶后进，德播乡邦。识者谓斯联大气磅礴、立言工整，而余则滋愧万分焉。至于历代卜人传四十卷，自上古羲农至民国初先贤，凡三千八百余人。乃余二十年目诵手挥，积铢累寸而成。云程兄见而好之，慨然捐资刊行，亦幸于庚运出版。挂一漏万，固不免大雅讥弹。然尚友阐幽，今竟获良朋赞助。孔子曰：德不孤，必有邻。诚哉斯言。七十一岁交己运，土又生金，木受打击。翳云蔽日，疾首痛心。姑且息影安贫，竚俟河清海晏。而况荆妻健在，兰孙丛生。希望无穷，颇不寂寞。海内知音，幸垂教之。

---

[1] 司马季主、严君平、管公明、郭景纯、袁天刚、李淳风、谢叠山。

卷十五　星家十要

　　先君子课读之暇，尝以医卜二学授珊。曰："读书而达，固可身列庙堂，为苍生造福。读书而不达，亦可借一艺以自立。"昔贾谊有云："古之圣人，不居朝廷，必在卜医之中。"良以卜可决疑，医可疗疾，同为民生日用所必需。珊资性椎鲁，赋命亦薄，未能读书上达，以慰先人。尚幸于医卜，少役心力。每读陈实功《医家十要》、张路玉《医家十戒》，不禁叹其存心之厚、立论之高，诚为医家宝筏。爰不揣谫陋，特仿其例，著《星家十要》。其宗旨不外司马季主"与臣言忠，与子言孝"之意。至于学问、敦品二条，尤为扼要。质之同志，其不以余言为河汉乎？乙卯十月初一日自记。

学　问

　　长安赵展如中丞序《子平真诠》云：星命虽为小道，而所系大焉。近世术士为糊口计，莫能深究其理，故学术多不精。学术不精，则信者寡。信者寡，则非分之营求愈炽，而安命者愈希。君子忧之，观此可知，学问之道，贵乎深究其理。然欲深究其理，宜多读书。不仅宜多读星命书，凡经史子集有关于星命学者，亦宜选读。既增学识，又益身心。用之行道，则吉凶了然。批谈不俗，用之律己，则行藏合理，人格自高。有心斯道者，首当知此。

常　变

　　赵展如中丞云：禄命之说，未必尽验，然验者常十之七八。其或因山川风土而小异，由门第世德而悬殊。又一行之善恶，一时之殃祥，忽焉转移于不知。此则常变之不同，造化之不测也。要其常理自不能废，而常人多不能逃。观此可知，人之命运，间有不验者，因常变不同也。常变之不同如此，若但以常法绳之，安得不毫厘千里哉？为星家者，欲求事功圆满，万无一差，必须参以人情物理，询其山川风土、门第世德，以及生时之风雨晦明。而尤须鉴别其心术之善恶、处世之殃祥，然后定其富贵贫贱、寿夭穷通，乃可合法。

言　语

孔子曰：敏于事而慎于言。苏格拉底曰：天赋人以两耳两目一口，使人多闻多见而少言语。此皆寡言垂教者也。虽然雄辩亦学问最要之事。故教育家之讲授，演说家之谈论，皆非雄辩不为功。否则言者谆谆，听者欲睡，有何益哉？至星卜家之判断，似不拘此。然亦须理明辞达，不激不随，始可令人了解。大致宜忠实，忌阿谀。宜雅驯，忌卑陋。宜简洁，忌琐碎。再能轻重得当，巨微检点，则更善矣。

敦　品

孔子曰：非礼勿视，非礼勿听，非礼勿言，非礼勿动。凡此四者，可以表示人之心术邪正、品行贤愚也。若不于此等处做工夫，而惟尚衣服之华美、陈设之精致，终不免为明达君子所轻视。故吾人欲知敦品，当以视听言动为本，衣服陈设为末。苟能如是，则信用远孚，声名振大。有不期然而然者，此固尽人当知之理。为星家者，尤宜注意。

劝　勉

司马季主曰：言忠臣以事其上，孝子以养其亲，慈父以畜其子。又曰：其誉人也不望其报，恶人也不顾其怨，以便国家、利众为务。故为政客言，当勉以尽忠博爱，显祖流芳。如杨椒山诗云"男儿欲绘凌烟阁，第一功名不爱钱"之类。为刑官言，当勉以虚心听讼，勿逞意气。如《书》云"罪疑惟轻，功疑惟重。与其杀不辜，宁失不经"，欧阳修《泷冈阡表》

云"求其生而不得，则死者与我皆无恨也"之类。为武员言，当勉以身先士卒，捍卫国家。如曾子云"战阵无勇，非孝也"，马援云"效命疆场，男儿幸事"之类。为有老亲者言，当勉以色养无违。如孟郊诗云"谁言寸草心，报得三春晖"，古诗云"万恶淫为首，百行孝为先"之类。为有幼子者言，当劝其教养兼施。如古人云"子孙虽贤，不宜溺爱。子孙虽愚，亦贵读书"之类。至于为富贵者，宜劝其学宽。为聪明者，宜劝其学厚。为士者，宜劝其敦品勤学。为农者，宜劝其尽力田畴。为工者，宜劝其专心技艺。为商者，宜劝其诚信无欺。此皆星家应尽之天职，不可不知。

警　励

宁陵吕叔简曰：奔走营运则生活，安逸惰慢则死亡。盖生活为万事之根本，人无生活，则不能仰事父母，俯畜妻子，而亦不能自保生命也。故凡为失业之人推命，务劝其弃大就小、自营生活。尤须以先哲格言"求人不如求己，能屈始可能伸"之义，反复开导之。万不可使其因循坐误，年复一年，致蹈闲居丧家之覆辙。古云：当局者迷，旁观者清。为星家者，能不尽力以警励之乎？

治　生

孟子曰：有恒产者有恒心，无恒产者无恒心。苟无恒心，放僻邪侈，无不为己。管子曰：仓廪实而知礼节，衣食足而知荣辱。如是观之，财产之关系于人，不亦大乎？故凡为人推命，当嘱其于得意时撙节用度、力戒奢侈，以有余之资多置恒产。免致失意时一无凭借，而贻悔无穷。至于为纨绔子弟推命，又当劝其保守旧业、毋求急功，以免失败。此为星家必要之议论，不可不知。

济　贫

孔子曰：一言而兴邦，一言而丧邦。言论之关系，不其大乎？故凡为贫困难堪之人推命，虽一生真无好运，亦不可直率说明，断绝其希望。须婉言曰：大富由命，小康由勤。君能勤勉职业，节省消费，他日又得某运以补助之，不难发达。此非虚伪阿谀，盖不如是，不足以保其生命也。至于润笔，务宜璧谢。为星家者，不能以金钱济贫已属憾事，又岂能吝此区区智识哉！

节　义

宋弘曰：贫贱之交不可忘，糟糠之妻不下堂。先哲云：富不易妻。今人往往稍一得意，辄有屏妻宠妾之行为，不义孰甚焉。凡为此等人推命，务以婉词劝之，使其琴瑟调和，俾免家庭恶感。此星家应有之言论，亦大圣与人为善之微意也。若为育子而欲纳妾者，又当劝其慎择。至于孀妇改嫁，当察其贫富及有无子息以为断。若家贫而无子息者，既无赡养，又无希望，不得已而再醮，姑置不论。若有子息，虽家贫，亦当劝其茹苦含辛、抚孤守节。若家道饶余，即无子息，亦当劝其早立承嗣、固守节操。且可以古之节妇而得青史流芳、彤管扬休者，为之模范，使之坚定不移，而成美德。此为星家应尽之天职，亦维持风化之一端也。

戒　贪

扁鹊曰：病有六不治：骄恣不论于理，一不治也；轻身重财，二不治也；衣食不能适，三不治也；阴阳并藏，气不定，四不治也；形赢不能服药，五不治也；信巫不信医，六不治也。余请引伸其说，星家亦有六不推：恃富贵，衰礼貌，一不推也；重财轻道，二不推也；谋为不正当，三不推也；言语不诚，漫存尝试，四不推也；信力不信命，五不推也；生时不准，六不推也。若不明此义，来者不拒，贪多务得，未有不受临财苟得之诮者。孔子曰：可与言而不与之言，失人；不可与言而与之言，失言。此二语惟智者能辨之。

卷十六　星命丛谈

顾亭林云：君子之为学，以明道也，以救世也。珊徒以星命糊口，半解一知。诚雕虫篆刻之不若，有何益哉！此篇仅就管见所及之书采录若干条，分议论、记事两篇。自知孤陋寡闻，敢谓明道救世？不过欲使读者不可囿于星命一隅之见，而亦知小道可观，不尽诬也。树珊记。

议论三十二则

一

《孔子集语》云：孔子曰：古圣人君子博学深谋，不遇时者众矣，岂独丘哉？贤不肖者，才也。为不为者，人也。遇不遇者，时也。死生者，命也。有其才不遇其时，虽才不用。苟遇其时，何难之有。

二

又云：鲁哀公问于孔子曰："有智者寿乎？"孔子对曰："然。人有三死，而非其命也，人自取之。寝处不时、饮食不节、劳佚过度者，疾共杀之。居下位而好干上、嗜欲无厌、求索不止者，刑共杀之。少以犯众、弱以侮强、忿不量力者，兵共杀之。此三死者，非其命也，人自取之。"

三

《列子·力命篇》云：力谓命曰："若之功奚若我哉！"命曰："汝奚功于物，而欲比朕。"力曰："寿夭穷达，贵贱贫富，我力之所能也。"命

"彭祖之智，不出尧舜之上，而寿八百。颜渊之才，不出众人之下，而寿四八。仲尼之德，不出诸侯之下，而困陈蔡。殷纣之行，不出三仁之上，而居君位。季札无爵于吴，田恒专有齐国。夷齐饿于首阳，季氏富于展禽。若是汝力之所能，奈何寿彼而夭此，穷圣而达逆，贱贤而贵愚，贫善而富恶邪。"力曰："若如若言，我固无功于物。而物若此邪，此则若之所制邪。"命曰："既谓之命，奈何有制之者邪。朕直而推之，曲而任之。自寿、自夭、自穷、自达、自贵、自贱、自富、自贫，朕岂能识之哉，朕岂能识之哉！"

唐通事舍人庐重元解云：命者必定之分，非力不成。力者进取之力，非命不就。有其命者，必资其力。有其力者，或副其命。亦有力之不能致者，无命也。恃命而不力求者，候时也。信命不信力者，失之远矣。信力不信命者，亦非当也。

四

《申鉴》云：或问仁者寿，何谓也？曰：仁者内不伤性，外不伤物。上不违天，下不违人。处正居中，形神以和。故咎征不至，而休嘉集之，寿之术也。曰：颜冉何曰命也。麦不终夏，花不济春。如和气何，虽云其短，长亦在其中矣。

五

王充《论衡》云：凡人遇偶及遭累害，皆由命也。有死生寿夭之命，亦有贵贱贫富之命。自王公逮庶人，圣贤及下愚，凡有首目之类，含血之属，莫不有命。命当贫贱，虽富贵之，犹涉祸患矣。命当富贵，虽贫贱之，犹逢福善矣。故命贵从贱地自达，命贱从富位自危。故夫富贵若有神助，贫贱若有鬼祸。命贵之人，俱学独达，并仕独迁。命富之人，俱求独得，并为独成。贫贱反此，难达难迁难成。获过受罪，疾病亡遗，失其富贵，贫贱矣。

六

王充《论衡》云：宋卫陈郑，同日并灾。四国之民，必有禄盛未当衰之人。然而俱灾，国祸陵之也。故国命胜人命，寿命胜禄命。

七

《扬子法言》云：或问命。曰：命者天之命也，非人为也，人为不为命。请问人为。曰：可以存亡，可以死生，非命也。命不可避也。或曰：颜氏之子，冉氏之孙。曰：以其无避也。若立岩墙之下，动而征病，行而招死，命乎命乎！吉人凶其吉，凶人吉其凶。长乎辰，曷来之迟，去之速也，君子竞诸。

八

《汉书·艺文志》云：探知五星日月之会、凶厄之患、吉隆之善，其术皆出焉。此圣人知命之术也。

九

《晋书·戴洋传》云：太公阴谋曰：六庚为白兽，在上为客星，在下为害气。年与命并必凶，当忌。

十

李萧远《运命论》云：夫以仲尼之才也，而器不周于鲁卫。以仲尼之辩也，而言不行于定哀。以仲尼之谦也，而见忌于子西。以仲尼之仁也，而取仇于桓魋。以仲尼之智也，而屈厄于陈蔡。以仲尼之行也，而招毁于叔孙。夫道足以济天下，而不得贵于人。言足以经万世，而不见信于时。

行足以应神明，而不能弥纶于俗。应聘七十国，而不一获其主。驱骤于蛮夏之域，屈辱于公卿之门。其不遇也如此。及其孙子思，希圣备体，而未之至，封已养高，势动人主。其所游历诸侯，莫不结驷而造门。犹有不得宾者焉。其徒子夏，升堂而未入于室者也。退老于家，魏文侯师之。西河之人，肃然归德。比之于夫子，而莫敢间其言。故曰：治乱运也，穷达命也，贵贱时也。而后之君子，区区于一主，叹息于一朝。屈原以之沉湘，贾谊以之发愤，不亦过乎？然则圣人所以为圣者，盖在乎乐天知命矣。

十一

刘勰《新论》云：命者，生之本也。相者，助命而成者也。命则有命，不形于形。相则有相，而形于形。有命必有相，有相必有命。同禀于天，相须而成也。人之命相，贤愚贵贱，修短吉凶。制气结胎，受生之时。其真妙者，或感五帝三光，或应龙迹气梦。降及凡庶，亦禀天命。皆属星辰，其值吉宿则吉，值凶宿则凶。受气之始，相命既定。则鬼神不能改移，而圣智不能回也。

十二

韩昌黎《答侯继书》云：仆少好学问，自六经之外百氏之书，未有闻而不求、求得而不观者也。然其所志，惟在意义所归。至于礼乐之名数、阴阳土地、星辰方药之书，未尝一得其门户。虽今之仕进，不要此道。然古之人未有不通此而为大贤君子者也。

十三

朱文公《赠徐端叔命序》云：世以人生年月日时，所值枝干纳音，推知其人吉凶寿夭穷达者，其术虽若浅近，然学之者亦往往不能造其精微。盖天地所以生物之机，不越乎阴阳五行而已。其屈伸消息，错综变化，固已不可胜穷。而物之所赋，贤愚贵贱之不同，特昏明厚薄、毫厘之差耳，而可易知其说哉！徐君尝为儒，则尝知是说矣。其用志之密微，而言之多中也固宜。世之君子，倘一过而问焉，岂惟足以信徐君之术而振业之，亦足以知夫得于有生之初者，其赋予分量固已如是。富贵荣显，固非贪慕所得致。而贫贱祸患，固非巧力所可辞也。直道而行，致命遂志，一变末俗，以复古人忠厚廉耻之余风，则或徐君之助也。虽然与人子言依于孝，与人臣言依于忠，夭寿固不贰矣，必修身以俟之，乃可以立命。徐君其亦谨其所以言者哉！

十四

宋景濂《禄命辩》云：三命之说，古有之乎？曰：无有也。曰：世之相传，有黄帝风后三命诸家。而河上翁实能言之，信乎？曰：吾闻黄帝探五行之精，占斗罡所建，命大挠作甲子矣。所以定岁月，推时候，以示民用也。他未之前闻也。曰：然则假以占命，果起于何时乎？曰：《诗》云"我辰安在"，郑氏谓六物之吉凶。王充《论衡》云：见骨体而知命禄，睹命禄而知骨体，皆是物也。况小运之法，本许慎《说文》巳字之训。空亡之说，原司马迁《史记》孤虚之术。盖以五行甲子推人休咎，其术之行已久矣。非如吕才所称起于司马季主也。沿及后世，临孝恭有《禄命书》，陶宏景有《三命钞略》。唐人习者颇众，而僧一行、桑道茂、李虚中咸精其书。虚中之后，惟徐子平尤造其阃奥也。

十五

许鲁斋云：凡事物之际有两件：有由自己的，有不由自己的。由自己的有义在，不由自己的有命在，归于义命而已。

十六

郁离子云：天地之呼吸，吾于潮汐见之。祸福之素定，吾于梦寐之先兆见之。同声之相应，吾于琴之弦见之。同气之相求，吾于铁与磁石见之。鬼神之变化，吾于雷电见之。阴阳五行之消息，人命系其吉凶，吾于介鳞之于月见之。祭祀之非虚文，吾于豺獭见之。天枢之中，吾于子午之针见之。巫祝之理不无，吾于吹蛊见之。三辰六气之变，有占而必验，吾于人之脉色见之。观其著以知微，察其显而见隐。此格物致知之要道也。不研其情，不索其故，梏于耳目而止，非知天人者矣。

十七

王文禄云：天皇、地皇、人皇暨羲皇。罔不合道器理数，尽泄天地人之秘云，自秦焚灭矣。秦以前因《史记》知有邹衍，秦以后因《经世》知有邵雍。若杨雄、洛下闳、僧一行、李淳风、袁天纲、耶律楚材、廖应淮皆能之。使孔门无中庸，曷能阐三才蕴奥也。故曰：通天地人曰儒。海圻子曰：汉制射策，尤崇博极群书。以故有通三才之学者。唐诗赋则浅，宋经义则拘。噫！戴天履地，同人冠世。乌可不知，何以为天，何以为地，何以为人。

十八

《畜德录》云：朱子强曰：命能使人穷，不能使穷者不奋志。能使人贱，不能使贱者不砥行。即能使人富矣，不能贷之修德。能使人贵矣，不能勉之慎操。岂非人不听污隆于命，命实受益损于人。

十九

又云：王耐轩曰：贵人之前莫言穷，彼将谓我求其荐矣。富人之前莫言贫，彼将谓我求其福矣。是以群居之中，淡然漠然，付之谨默可也。贫也，穷也，皆命也，非告人可脱。

二十

《通会》云：自天地开辟，而干支之名即立，相传出自天皇地皇。而错综为六十甲子，则自伏羲造甲历始也。既名甲历，则年月日时皆以六十甲子纪之。而天地之始终，日月之运行，四时之寒暑，阴阳之变化皆不能易。三元以定。自黄帝以六十甲子纳音取象，于是五行各有所属。而金木水火土之性情形质、功用变化，悉尽其蕴，而易自在其中矣。故以此而测两仪，则天地不能逃。以此而推三光，则日月星辰不能变。以此而察四时，则寒暑不能易。以此而占人事，则吉凶祸福寿夭穷通，举不能外，而造化无遁情矣。今之儒者，但知八卦画自伏羲，文王重之为六十四，周公作爻辞，孔子作系辞，以易更四圣而后成，谓之《经》。目五行家为九流，其亦不思甚矣。岂以五行家专论生旺而昧正理，委天命而弃人事，与易道不合耶？呜呼！干支出自上古，甲子本之羲皇，音象传自黄帝，是数圣人也。岂在文王、周公、孔子后耶？若天地开辟，而干支之名不立，则不能错综为甲子。无六十甲子，则不能错综五行。何以纪历成岁？而一年有三百六十日，岁有十二月，月有三十日，日有十二时，孰从而明之，孰从而知之。而举世浑浑沌沌，如在洪蒙之中，何以立两间、参三才，而成世界也耶？所以百姓日用而不知，终身由之而不察者是矣。易道虽微，不过因天地定位，山泽通气，雷风相薄，水火不相射，取象以画八卦。其理由不出干支甲子之外，而别有所创置也。呜呼！干支错综，而为六十。八卦错综，而为六十四。甲子以数纳音，以理取象，乃五行之正也。而八卦之体已备，八卦仰观俯察，远取诸物，近取诸身，为六十四卦，三百六十四爻，亦一年之数也。而干支之用以行。干支本天地以为经，八卦道阴阳以为纬。经纬错综，往来变化。而天地之蕴奥，鬼神之情状，人事之吉凶尽在其中，而其义微矣。世之儒者，又乌可鄙五行为九流哉！

二十一

仪封张孝先《广近思录》云：薛敬轩曰：人之子孙富贵贫贱，莫不各有一定之命。世之人不明诸此，往往于仕宦中冒昧礼法，取不义之财，欲为子孙计。殊不知子孙诚有富贵之命，今虽无立锥之地以遗之，他日之富贵将自至。使其无富贵之命，虽积金如山，亦将荡然不能保矣。况不义而人者，又有悖出之祸乎？如宋之吕文穆、范文正诸公咸以寒微致位将相，富贵两极。曷尝有赖于先世之遗财乎？然则取不义之财欲为子孙计者，惑之甚矣。

二十二

桐城张文端公《聪训斋》语云：不知命无以为君子。考亭注：不知命，则见利必趋，见害必避，而无以为君子。予少奉教于姚端恪公，服膺斯语，每遇疑难踌躇之事，辄依据此言，稍有把握。古人言居易以俟命，又言行法以俟命。人生祸福荣辱得丧，自有一定命数，确不可移。审此则利可趋，而有不必趋之利。害宜避，而有不能避之害。利害之见既除，而为君子之道始出。此为字甚有力。既知利害有一定，则落得做好人也。权势之人，岂必与之相抗以取害。到难于相从处，亦要内不失己。果谦和以谢之，宛转以避之，彼亦未必决能祸我。此亦命数宜然，又安知委曲从彼之祸不更烈于此也。使我为州县官，决不用官银媚上官。安知用官银之祸不甚于上官之失欢也。昔者米脂令萧君掘李贼之祖坟。贼破京师后获萧君，置军中，欲甘心焉。挟至山西，以二十人守之。边君夜遁，后复为州守，自著《虎吻余生》记其事。李贼杀人数十万，究不能杀一萧君。生死有命，宁不信然耶？予官京师日久，每见人之数应为此官，而其时本无此一缺，有人焉。竭力经营，干办停当。而此人无端值之，或反为此人之所不欲，且滋诟詈。如此者不一而足。此举世之人共知之，而当局则往往迷而不悟。其中之求速反迟，求得反失。彼人为此人而谋，此事因彼事而坏。颠倒错乱，不可究诘。人能将耳目闻见之事平心体察，亦可消许多妄念也。[1]

---

[1] 按：米脂令乃边君，非萧君也。

二十三

汉川秦凤门《自勉编》云：人当命运亨通时，福至心灵。所如皆合，往无不利。然恐即于此时兴致通顺，偶失检点。每见人运蹇时所得咎戾，多由运亨时所酿事端。人必时时谨慎，而运亨尤加倍谨慎为要。且能谨慎，运蹇时亦必平安，老子所谓"慎胜祸"也。

二十四

张文和公《澄怀园语》云：昔我文端公，时时以知命之学训子孙。宴闲之时，则诵《论语》曰：不知命，无以为君子也。盖穷通得失，天命既定，人岂能违？彼营营扰扰、趋利避害者，徒劳心力，坏品行耳。究何能增减毫末哉！先兄宫詹公，习闻庭训，是以主试山左，即以"不知命"一节为题，惜乎能觉悟之人少也。

二十五

又云：人生荣辱进退，皆有一定之数，宜以义命自安。余承乏纶扉，兼掌铨部。常见上所欲用之人，及至将用时，或罢参罚，或病或故，竟不果用。又常见上所不欲用之人，或因一言荐举而用，或因一时乏材而用。其得失升沉，虽君上且不能主，况其下焉者乎？乃知君相造命之说，大不其然。

二十六

袁子才太史读《胡忠简公传》云：余读宋史，至"胡忠简公请斩秦桧"一疏，不觉再拜叹曰：有宋三百年，公其谏臣之第一乎？夫人臣报国，非必执干戈、死战阵也。以忠诚义愤，奋臂大呼，使敌国闻之，憟然变色，至以千金买其书。此何异秦军闻鲁仲连数言，而却军五十里哉！使高宗能从其言，斩此三人，整师而出。则朝廷之气，早已吞河北而有余，公此疏足抵精兵十万矣。公虽远贬十余年，历诸险恶地。桧死得归，仍还原官。迁至龙图学士，一息尚存，犹时时以恢复为请。向之救公慕公者，转零落殆尽。可见，人各有命，自贵自贱，自生自死。非奸臣之力所能贵贱生死之也。

二十七

曾文正公《求阙斋日记》云：古来圣哲名儒之所以彪炳宇宙者，无非由于文学事功。然文学则资质居其七分，人力不过三分。事功则运气居其七分，人力不过三分。

二十八

又云：思人心所以扰扰不定者，只为不知命。陶渊明、白香山、苏子瞻所以受用者，只为知命。吾涉世数十年，而有时犹起计较之心。若信命不及者，深可愧也。

二十九

长安赵展如中丞序《子平真诠》云：人生少壮之年，意气英发，不可一世，视天下事无不惟所欲为。设有语之曰：是有命也，不可强也。鲜不掉头疾走，嗤以为迂。迨其既衰，阅人事之迍邅，经世途之磨折。意气顿消，颓然自废。虽有义不容辞，情不能已之事。亦概诿之曰：是有命也，不可强也。呜呼！皆不知命也。士君子苟知自安于命，为所当为，无为其所不当为。非亦世道人心之一转移乎？

三十

张崇兰《悔庐文钞》云：或问定命之说如何。曰：观于古圣贤之穷夭贫贱，与愚不肖之富贵寿考者，而知之矣。设非定命，何不齐若是邪。曰：然则人之汲汲然畜其德，不惜其力者，又奚取邪。曰：此固所谓尽其道以俟命者尔。譬之饮食以养生，虽知寿夭之有命，而不可废也。然而寿夭之殊，不以饮食厚薄矣。故知命者，常不废其所事，而听乎富贵贫贱之适然。小人终日妄营恒思，取非其有。幸而得志，则矜其能，而负其知，而不知其适与命会也。曰：今有御人而取财者，岂命当为盗邪？曰：为盗非命也，其适得财则命也。凡可以自主者不系于命，为盗亦何不可已者邪！且御人不必皆得之也，而又何疑乎？草木之有花也，其发也有时。闭之温室，阙地置炭，甕之土而庋其上，扇以微风，沃以肥水，则春花可使冬荣，秋花可使夏敷。至其时则不花矣，所争者迟速之间耳，非能强不花者而使之花也。不伤其本，斯幸矣。凡妄营者类如此耳，命不可预知。犹观桃李于冬日，不知其花之盛衰也。尽其道以俟之，犹灌溉之不失时也。伐性而夭，废业而贫，失学而贱。犹拔方生之木，而折将苞之蒂也。若此者，谓之非命。

三十一

史念祖《俞俞斋文稿》云：阴阳五行向背生克之说，君子不溺而信之，其理则宜参也。自来诋其说者，以宋仁宗东家之西，即西家之东二语称极智，实至愚之论耳。天地之大也，万类处其中。方无定向，向各为方。虱不南，磁石之针不东西。然而南行之人虱不死，挟针而驰东西针不变。朝于东墙而避日，问诸东邻之西墙，有杲杲而已。苟必欲统大地远近而合论之，则泰山未必东，太华未必西，祀事不必南郊投畀，亦无所谓有北也。国朝袁简斋以干支无义理，无殊一二三四之代数，诚代数也，羲卦亦代数。数成而义理见，义理见而吉凶生。祷子而得一三，求偶而遇二四。能谓其非征乎？且夫五行之气母万类，纯杂厚薄，则变化而难穷矣。积油自然，积水自苔，积火自灰。水贮金则不涸，金入土则自行。五金蕴而高山童，草种落而坚城崩。湿虫避燥土，木虫僵西风。鸡以冲而鸣卵，鼠以合而动丑。再胎之豕食赤蛇，玃獟惧火，蛟螭之属畏金。或强而慑弱，大而畏小，柔而破坚。大抵得气纯而厚者其征专，得气杂而薄者其征错。有难言之理，无无理之物。非博学不能知，徒博学不能尽知。吾尝浏览术数之书矣，未始不叹自古日星相卜堪舆奇遁诸家，其至神奇者，亦仅得阴阳五行之蹄涔，而更不能无欲无尤乎？蒯通、华陀、郭璞、郭馨、李虚中辈，往往以用非其道而祸身。苟有人焉，静观万有，由万返一。超离乎吉凶祸福，而参阴阳五行自然之奥。则数不外道，固一格致天人之学也。君子惟当鉴其所得小，而所用不正。若以筝琶媚人，而疑五音之不能通神。文章欺世，而诋经传之不足致治，不亦俱哉！

三十二

钱塘读易老人云：星命之学，由来尚矣。观于圣人"不知命，无以为君子"之戒，即知命学非始于唐人。不过唐人发明益多耳。或谓命不足凭，故圣人罕言之。殊不知利与仁，圣人亦罕言之。何以又有生财有大道，及仁者不忧之说。今人读书不求甚解，断章取义，往往如斯。此皆坐不诚之病。

纪事二十四则

一

《陶庵丛谈》云：孔子圣诞，相传八月二十七日。忌辰，二月十一日。其枝干鲜有知者。按：孔子八字为庚戌、乙酉、庚子、甲申，周正十月也。

按：《通会》载孔子八字为戊子月，非乙酉月，大误。

二

《魏书·孙绍传》云：绍曾与百寮赴朝，东掖未开，守门候旦。绍于众中，引吏部郎中辛雄于众外，窃谓之曰："此中诸人，寻当死尽。唯吾与卿，犹享富贵。"雄甚骇愕，不测所以。未几有河阴之难，绍善推禄命，事验甚多，知者异之。

三

《韩昌黎文集》云：殿中侍御史李君，名虚中，字常容。其十一世祖冲，贵显拓拔世。父恽，河南温县尉，娶陈留太守薛江童女，生六子。君最后生，爱于其父母。年少长，喜学，无所不通，最深于五行书。以人之始生年月日所直日辰枝干、相生胜衰死相王斟酌，推人寿夭贵贱利不利。辄先起其年时，百不失一二。其说汪洋奥义，关节开解。万端千绪，参错重出。学者就传其法，初若可取，卒然失之。星官历翁，莫能与之校得失。

四

魏泰《东轩笔录》云：章郇公，庆历中罢相。知陈州，舣舟蔡河上。张方平、宋子京俱为学士，同谒公。公曰："人生贵贱，莫不有命。但生年月日时胎，有三处合者，不为宰相，亦为枢密副使。"张宋退，召术者泛以朝士命推之，唯得梁适、吕端弼二命各有三处合，张宋叹息而已，是时梁吕皆为小朝官。而皇佑中，梁为相。熙宁中，吕为枢密使，皆如郇公之言。①

五

邵伯温《闻见前录》云：张衍年八十，以术游士大夫间。绍圣初，余官长安。因问范忠宣公命，衍曰：范丞相命，仅作参知政事耳。今朝廷贵人之命皆不及，所以作相。又曰：古有命格，今不可用。古者贵人少，福人多。今贵人多，福人少。余问其说，衍曰：昔之命出格者，作宰执，次

---

① 舣，音蚁。纸韵，整舟向岸也。

作两制，又次官卿监，为监司大郡，享安逸寿考之乐，任子孙，厚田宅。虽非两制，福不在其下。故曰：福人多，贵人少。今之士大夫，自朝官便作两制，忽罢去，但朝官耳，不能任子孙，贫约如初。盖其命发于刑杀，未久即灾至。故曰：贵人多，福人少也。

六

《东坡志林》云：退之诗云：我生之辰，月宿直斗。乃知退之磨蝎为身宫，而仆乃以磨蝎为命。平生多得谤誉，殆是同病也。按：丑宫为磨蝎。

七

岳珂《桯史》云：蜀有杨艮者，善议命。游东南公卿间，瞽而多知。自云知数，言颇不碌碌。其得失多以五行为主，不深信珞琭诸书。嘉泰辛酉来九江，大守易文昌被留之，遍见郡官。余适在周梦与坐上，时韩平原得君权震天下，梦与因扣以所至。艮屏人愀然曰：是不能令终。夫年壬申金也。申为金位，有坤土以厚之。故金之刚者，莫加焉。目曰剑锋，从可知矣。是金不复畏它火，惟丙寅能制之。盖枝干纳音俱为火，而履以木。木实生火，火且自生，生生不穷。虽使百炼，岂能胜天理之自然哉！凡人生时主末，今乃遇之，兆已成矣。且其月辛亥，其日己巳，四孟全备，二气交战。虽以致大受之福，亦以挺冲击之灾。今术者亦颇知之，多疑其丙寅岁病死，以为不可再值。其实不然。盖火炎金液，外强中干，以刚遇烈。赫赫然天地一炉鞲，万物一橐龠，孰可乡迩。是年顾当兆祸耳，未疾颠也。年连于卯，火为沐浴。气微而败，灰烬镕竭，不能支矣。然受物也大，非尽其用弗可。一阳将萌，亶其时乎？梦与相顾动色，谨志之册，弗敢言。及余官镇江，偶遇之。适林总卿祖洽来饷军兴，檄吴江袁丞韶入幕。丞登科人，有隽才。余问其命，曰：辛巳、丙申、丁亥、壬寅。余谓亦俱在四孟。而丁壬、丙辛皆真化，且于格为天地德合尤分明。遂扣艮前说，因以为拟。艮作而曰：惟其大分明，所以非韩比。特二化气皆生，韩自此却不及之，遂一笑舍去。既而艮言皆大验，乃叹其神。近岁以荐者改秩为宰，盖方晋未艾也。①

八

陶宗仪《辍耕录》云：术士俞竹心者，居庆元，嗜酒落魄，与人寡合。顺其意者，即与推算。醉笔如飞，略不构思，顷刻千余言。道已往之事极验，时皆以为异人。至元己卯间，娄敬之为本路治中，尝以休咎叩之。答曰：公他日直至一品便休。娄深信其说，弃职别进。适值壬午更化，俯就省掾，升除益都府判，改换押字，宛然真书一品二字。未几卒于官所。此偶然耶，抑数使然耶？

九

又云：槜李郭宗夏，尝见建德路总管赵良臣言，都下有李总管者，官三品，家巨富，年逾五十而无子。闻枢密院东，有术者设肆算命，谈人休咎，多奇中。试往叩焉，且语之曰："吾之禄寿，已不必言。但推有子与否。"术者笑曰："君有子矣，何为绐我？"李曰："吾实无子，岂绐汝耶？"术者怒曰："君年四十当有子，今年五十六矣，非绐我而何。"同坐者皆军官，见二人争执，甚讶之。李沉吟良久曰："吾年四十时，一婢有娠。吾以职事赴上都，比归，则吾妻粥之矣，莫知所往，若有子则此是也。"术者曰："此子终当还君。"相别而出，时坐中一千户邀李入茶坊，告之曰："十五年前，吾亦无子，因到都置一婢，则已有孕。到家时，适吾妻亦有孕，前后一两月间各生一男，今皆十五六矣，岂君之子也？"两人各言妇人之容貌岁齿相同。李归语于妻，妻往日诚悍妒，至是见夫无嗣，心颇惭而怜之。翌日，邀千户至家，享以盛馔，与之刻期而别。千户先归南阳府，李以实告于所管近侍大官，乞假前往。大官曰："此美事也，我当与汝奏闻。"既而有旨，得给驿以行。凡筵席之费，皆从官办。李至，众官

---

① 鞲，音钩，鼓气铸铁者。

郊迎往千户宅，设大宴李所，以馈献千户，并其妻子仆妾之物甚侈。千户命二子出拜，风度不殊，衣冠如一。莫知何者为己子，致请于千户。千户曰："君自认之。"李谛视良久，天性感通，前抱一人曰："此吾子也。"千户曰："然。"于是父子相持而哭，坐中皆为堕泪。举杯交贺，大醉而罢。明日千户答礼，会客如昨。谓李曰："吾既与君子矣，岂可使母子分离。今并其母以奉。"李喜出望外，回都携见大官。大官曰："佳儿也。"引之入觐，通籍宿卫，后亦官至三品。大抵人之有子无子，数使之然，非人力所能也。而术士之业亦精矣。

十

吴处厚《青箱杂记》云：张尚书方平，李给事徽之，王秘监端，俱以丁未九月二十三日生。张酉时，李卯时，王戌时，迄今皆致政康疆。

十一

马永卿《嬾真子》云：洛中士人张起宗，以教小童为生，居于会节园侧，年四十余。一日行于内前，见有西来行李甚盛。问之，曰："文枢密知成都回也。"姬侍皆骑马，锦绣兰麝，溢人眼鼻。起宗自叹曰："我丙午生，相远如此。"傍有瞽卜辄曰："秀才我与汝算命。"因与借地，卜者出算子约百余，布地上，几长丈余。凡阅两时，曰："好笑，诸事不同。但三十年后，有某星临某所，两人皆同。当并案而食者九个月。"起宗后七十余岁。时文公亦居于洛，起宗视其交游饮宴者，皆一时贵人。辄自疑曰："余安得并案而食乎？"一日，公独游会节园。问其下曰："吾适来闻园侧教学者甚人。"对曰："老张先生。"曰："请来。"及见大喜，问其甲子，文与之同，因呼为会节先生。公每召客，必预召。赴人会，无先生则不往。公为主人，则拐于左。公为客，则拐于右。并案而食者将及九月。公之子及甫，知河阳府，公往视之。公所居私第地名东田，有小姬四人，谓之东田小籍，共升大车随行，祖于城西，有伶人素不平之。因为口号曰："东田小籍，已登油壁之车。"会节先生暂别珉筵之宴，坐客微笑。自此潞公复归洛，不复召之矣。瞽之言异哉！闻之于司马文季。

十二

福山王椷凝斋《秋灯丛话》云：总镇王某，山右人。乾隆初赴任河南，过洞庭。阻风旬余，郁闷无聊。思觅居人有可与接谈者，而附近并无村落。越日，有老叟来谒，容貌清奇，语言亦质朴可听。诘其姓氏里居，第含糊应之。饷以餐，不拒，且豪于饮。至百觥不醉，王亦善饮，遂称莫逆。日与盘桓，偶言及五行术。叟曰："此道颇有会悟，如不弃愚陋，愿陈鄙见。"王欣然出其命造，叟细为推阅，凡休咎疾痛以及起居诸琐事，无不登以日月而详记焉。至年五十八某日时云有坠马之厄，即搁笔不复推。王曰："余禄位其终于此乎？"叟曰："数也。修德可以禳之，然修德莫先于济人，君其留意。语讫飘然而去。"风亦顿利，乃解维前进。嗣后历年所遭，悉与叟言无异。奉为蓍蔡，寝食必偕。一日，江上获盗甚伙，细心讯鞫，得可矜者十余人，尽释之。自此精神腴悦，饮食倍常。而所推多不应验，因亦渐置之。他日策马山行，忽心血上冲。头目森晕，若中恶者，乃扶下。移时始苏，而马则往来驰骤，长嘶数声而毙。恍忆叟言，取向所评者视之，不爽晷刻也。后寿至七旬余。

十三

又云：沈椒园先生未遇时，有日者谓曰："异哉！推君星命，应入词垣。官中外，然科名无分。求一第，不可得。"公以为诞。日者自负精于数，亦不解其故。公连困棘闱。乾隆丙辰，应博学宏词科，授馆职，历官按察使。

十四

纪文达公《阅微草堂笔记》云：董文恪公，为少司空时，云昔在富阳村居，有村叟坐邻家，闻读书声，曰：贵人也，请相见。谛观再四，又问八字干支，沉思良久曰：君命相皆一品，当某年得知县，某年署大县，某年实授，某年迁知府，某年由知府迁布政，某年迁巡抚，某年迁总督，善自爱，他日知吾言不谬也。后不再见此叟，其言亦不验。然细较生平，则所谓知县，乃由拔贡得户部七品官也。所谓调署大县，乃庶吉士也。所谓实授，乃编修也。所谓运判，乃中允也。所谓知府，乃侍读学士也。所谓布政使，乃内阁学士也。所谓巡抚，乃工部侍郎也。品秩皆符，其年亦皆符，特内外异途耳。是其言验而不验，不验而验。惟未知总督如何。后公以其年拜礼部尚书，品秩乃符。

十五

又云：景州高冠瀛，以梦高江村而生，故亦名士奇。笃学能文，小试必第一。而省闱辄北，竟坎壈以终身。二十余时，日者推其命，谓天官、文昌、魁星贵人，皆集于一宫。于法当以鼎甲入翰林，而是岁只得食饩。计其一生遭遇，亦无更得志于食饩者。盖其赋命本薄，故虽极盛之运，所得不过如是也。田白岩曰：张文和公八字，术者以其一生仕履较量星度，其开坊仅抵一衿耳。此与冠瀛之命可以互勘。术家宜以此消息，不可徒据星度，遽断休咎也。又常见一术士云：凡阵亡将士，推其死绥之岁月，运必极盛。盖尽节一时，垂名千古。馨香百世，荣逮子孙。所得有在王侯将相之上者，故也。立论极奇，而实有至理。此又法外之意，不在李虚中等格局中矣。

十六

又云：制府李公卫未达时，尝同一道士渡江。适有与舟子争诟者，道士太息曰："命在须臾，尚较计数文钱耶？"俄其人为帆脚所扫，堕江死。李公心异之。中流风作，舟欲覆。道士禹步诵咒，风止得济。李公再拜谢更生。道士曰："适堕江者命也，吾不能救。公贵人也，遇厄得济，亦命也，吾不能不救。何谢焉。"李公又拜曰："领师此训。吾终身安命矣。"道士曰："是不尽然，一身之穷达当安命。不安命，则奔竞排轧，无所不至。不知李林甫、秦桧，即不倾陷善类，亦作宰相。徒自增罪案耳。至国计民生之利害，则不可言命。天地之生才，朝廷之设官，所以补救气数也。身握事权，束手而委命，天地何必生此才，朝廷何必设此官乎？晨门曰：是知其不可而为之。诸葛武侯曰：鞠躬尽瘁，死而后已。成败利钝，非所逆睹。此圣贤立命之学，公其识之。"李公谨受教，拜问姓名。道士曰："言之恐公骇。"下舟行数十步，翳然灭迹。

十七

又云：有故家子，术者推其命大贵，相者亦云大贵，然垂老官仅至六品。一日扶乩问仕路崎岖之故。仙判曰：术者不谬，相者亦不谬，以大夫人偏爱之故，削减官禄至此耳。拜问偏爱诚不免，然何至削减官禄。仙又判曰：礼云：继母如母，则视前妻之子当如子。庶子为嫡母服三年，则视庶子亦当如子。而人情险恶，自设町畦，所生与非所生厘然如水火不相入。私心一起，机械万端。小而饮食起居，大而货财田宅。无一不所生居于厚，非所生者居于薄。斯已干造物之忌矣。甚或离间谗构，密运阴谋，诟谇嚣陵，罔循礼法。使罹毒者吞声，旁观者切齿，犹哓哓称所生者之受抑。鬼神怒视，祖考怨恫。不祸谴其子，何以见天道之公哉？且人之受享，只有此数。此赢彼缩，理之自然。既于家庭之内，强有所增。自于仕宦之途，阴有所减。子获利于兄弟多矣。物不两大，亦何憾于坎坷乎？其人悚然而退。后亲串中一妇闻之。曰：悖哉此仙。前妻之子，恃其年长，无不吞噬其弟者。庶出之子，恃其母宠，无不凌轹其兄者。非有母为之撑柱，不尽为鱼肉乎？姚安公曰：是虽妒口，然不可谓无此事也。世情万变，治家者平心处之可矣。

十八

又云：星士虞春潭，为人推算多奇中。偶薄游襄汉，与一士人同舟，论颇款洽。久而怪其不眠不食，疑为仙鬼。夜中密诘之。士人曰："我非仙非鬼，文昌司禄之神也。有事诣南岳。与君有缘，故得数日周旋耳。"

虞因问之曰："吾于命理自谓颇深，尝推某当大贵，而竟无验。君司禄籍，当知其由。"士人曰："是命本贵，以热中削减十之七矣。"虞曰："仕宦热中，是亦常情。何冥谪若是之重。"士人曰："仕宦热中，其强悍者必怙权，怙权者必狠而愎。其孱弱者必固位，固位者必险而深。且怙权固位，是必躁竞。躁竞相轧，是必排挤。至于排挤，则不问人之贤否，而问党之异同。不计事之可否，而计己之胜负。流弊不可胜言矣。是其恶在贪酷上，寿且削灭，何止于禄乎！"虞阴记其语，越两岁余，某果卒。

十九

又云：杨主事瑷，余甲辰典试所取士也。相法及推算八字五星，皆有验。官刑部时，与阮吾山共事。忽语人曰：以吾法论，吾山半月内当为刑部侍郎，不缺员是何故耶？次日堂参后，私语同官曰：杜公缺也。既而杜凝台果有伊犁之役，一日仓皇乞假归，来辞余。问何匆遽乃尔，曰：家惟一子侍老父，今推子某月当死。恐老父过哀，故急归耳。是时尚未至死期。后询其乡人，果如所说，尤可异也。余尝问以子平家谓命有定，堪舆家谓命可移，究谁为是？曰：能得吉地即是命，误葬凶地亦是命，其理一也。斯言可谓得其通矣。

二十

宛泾胡承谱蛰夫《只尘谈》云：东斗侄，名先春，为先云南藩司彬仲兄少子。孩年失怙，未尝学问。既壮习帖括，每试辄冠其军。姿颖且敏，锁院中，有余闲，同舍生。或以文就正，援笔审易，辄取高等，亦不暇问其为何姓氏也。中丁酉副车，性喜博涉于子平星数诸书，靡不综览，决人休咎，每多奇中。壬寅，蛰夫旋里日特来告曰：肢末微疾，可无虑也。君造金白水清，戊土掩秀，所谓有病方为贵也。丑运日主投库，所谓金强则顽，质实而少灵变者。又为戊土养地，己土助威，土凝水滞，为血脉不流之象。此拘挛之疾所由作也。且由丑交甲，谓之转角之接。带疾生灾，夫何疑焉。甲寅，运来克土净尽，令水通行，更生时上丙火，为锻炼秋金之用，灾退身强，乃必然之理也。木旺于春，起病准在二三月，且财旺生官，又建禄格所最喜者。振翅云霄，其余事耳。乙巳夏五，蛰夫复犯血症，几危。东斗造方山别墅，占得困之二爻。曰：困于酒食，有何大病，必无害也。少顷，当有看病人来，病当立除。日未下午，告退，果有朱姓表亲来取药方，兼看余病。此非朱绂方来之明验与。一更后，病果全安。此非征凶无咎之明验与。

二十一

《寄蜗残赘》云：余姚顾凤威，于市上买得抄本书一帙，乃算命诀也。后云万历六年，零阳道人手录，得于嵩山僧者。顾朝夕推究，竟得不传之秘，所谈无不奇验。曾云：人生富贵贫贱，悉由于命。即身后荣辱，亦命中所注。世人群尊关帝，设于在曹之日，或遇害，或病殁。后人谁亮其心，乌知其忠肝义胆冠绝古今哉！至秦桧之恶，万世唾骂。然上书二帅千余言慷慨激烈，必欲立赵氏之后，即令李若水辈执笔为之，亦不过如此。设当时触怒被杀，得不指为宋室忠臣乎？关帝不死于曹以成其忠，秦桧不死于金以成其奸，命中早定，人自不知耳。其持论可谓奇辟。后至常州推刘文定命造，踌躇再四，似不能解。刘询其故，曰：异哉！子造也。当以翰林入仕，官至一品。然细较生平，竟无科第之分。殆不由举人进士出身乎？后果以博学鸿词授编修，官至大学士，其言始验。顾殁后，其书不传。

二十二

又云：海盐朱朵山殿撰，官户部小京官时，才年二十余。自负才华，目空一世。遇术人林某推其庚造。曰：此鼎甲命也。朱曰：是第一人否。若榜探则非所愿也。林决为大魁。但终身官阶，只五六品耳。朱曰：莫非寿不永乎？林曰：寿可七十外。君记吾言，当戴白顶五回。朱意甚不然。后由小京官升主事，第一回也。传胪后，授职修撰，第二回也。因案革职，后捐复主事，第三回也。由给事中降授署正，第四回也。废员开列，以主事用，第五回也。较其生平，与术者所言，真丝毫不爽。后至七十余而殁。钱塘许文恪亦由拔贡，官小京官。中丞杨某谓曰：君命相皆极贵。取号滇生，非生于云南乎，甚可惜矣。若生原籍，状元宰相也。今则榜眼尚书而已。是时文恪尚未乡举，闻言过望。后果以第二人及第，三官尚书而卒。命运之说，竟有之乎？世之躁进妄求，日以心力相斗者，当亦废然返矣。

二十三

定远方士淦《蔗余偶笔》云：苇川六伯父，精子平。铁君弟锴诞于嘉庆癸亥，临产之日，公谓得某时，翰林之造，卒符公言。

二十四

聂云台《耕心斋随笔》云：日昨与谈组盦先生谈及业命之理，先生以为星命之理殊为难解。谓为渺茫，而有奇中。予问曰："闻文勤公有一命批悉验，有之乎？"先生曰："然。先文勤公，生甫三岁，先王父方授蒙馆于外。岁俸所入，才十余千耳。适有友善星命，即倩其为文勤公批一命。此纸尚保存，距批时已百年矣。其言某年进学、中举、中进士，皆验。惟点翰林，则判为得知县，此其差误，然同为七品也。厥后某年当在浙，某年当在陕，亦奇验。又言六十八岁当归田，则又验。言七十二岁当寿终，并批云：若有阴德，当延寿一纪。厥后七十二岁果大病，几不起，旋愈。果以八十四岁终，又奇验。"以是知《因果书》所载"阴德延寿一纪"之说，信有之。昔年闻陈散原先生言，梦其尊人右铭中丞告之云："冯煦当延寿一纪。"时梦老七十三岁，正大病，果愈。距去岁殁时，恰十二年也云云。予谓星命，与代数同一理。彼以干支等字代数字，此以干支代人事，数字十而己，而自相乘除。至于无量无边之变数，人事原本繁复，又复自相乘除，亦成为无量无边之变相。亦不外消极生灭，而见为祸福吉凶。星家以干支各字分代妻财子官，又各代之一事。以五行互为生克之理，得荣辱盛衰、死生祸福之数，及至地方分野，亦在干支分配之中。循是以求，居然合节。然究以一字兼代数事，非若代数一字代一数之明白确定。且人事生克消极繁复变幻，又远甚于算术。故时不免于差误，然在头脑冷静之星相家，竟能推算十得八九。盖星学直同于科学，凡按其方法以布算者，其所得程式皆同。予有亲友数人，皆精此道，言多奇中，皆自阅书而通其法，未尝从师也。能循定法以得其数，非科学乎？予尝撰《业命说》，言命定之有据，而心力改造命运之亦有据。及袁了凡《立命说》之确切精当，如组盦先生所言"阴德延寿一纪"二事，皆预言而悉验者。知古人笔记所言类此之事非诬，益以证了凡改造命运之可信矣。以是推之，则四品变为一品，知县变为翰林，安知非阴德改造命运乎？予初不信星命之说，凡常人致疑于星命者，予悉同之。后证以昔年先君八字之奇验，及奎乐峰制军八字之奇验，及其他种种征验，始知其真确有据。近研佛学，而知业命之由于自造，则唯向本源处努力可矣。知命运之可以改造，则存心制行，益不敢苟且矣。

按：曩阅如皋《冒氏族谱》，附载某某世祖八字命章，乃明刘伯温先生基原评，所批事实，奇验异常；至文章渊雅，更不待言。惜余匆匆读过，未及录存。聂云台先生此篇谓谈文勤公命章，距批时已有百年，今尚保存。证以《冒氏族谱》附载青田命章之事，诚如出一辙也。

《命理探原》终

小门生　江都包济民、镇江李茂如同校

刘跋一

　　星命之学，通人未必习，习之者未必皆通人。以其书，或有文无诀，或有诀无文。究其诀与文，又类失之鄙俚夅俗。绩学之士，不得其诀，遂厌其文。游食者流，不讲其文，专秘其诀。故学者难之。袁君是书，举前人之诀、悉发其秘、穷源竟委、了无余蕴，虽无师傅，可以执卷而求。不致惝恍迷离，如堕五里雾中，茫然不知崖岸。其嘉惠后学，岂浅鲜哉！至文章渊雅、议论明通，涤尽鄙俚夅俗之迹。俾俗士读之，绝无扦格之弊。通人读之，益相赏于牝牡骊黄之外者，又其余事也已。

　　　　　　　　　丙辰八月　　　蜀刘汉光缉熙甫谨跋

刘跋二

余与树珊先生交有年矣，道同志合，深幸不孤。顾先生为学，有独至者，读书多而能提其要，求理切而能钩其元。加以世有传书、渊源家学，故能口讲指画、排难解纷、立说著书、批却导窍也。予于兹道亦尝究心，今读大著，杂说门中，多发前人所未发，如子时分别前后二日取用，合婚须培补男女用神等论。发明新理，信而有征。与鄙见实不谋而合，足坚余志。又起例，论行运扣足年月日时，及六亲总论，与评断大运、须运、岁、宫、限、合断吉凶诸说，皆古人不传之秘，尤为余所心折。其他精妙之处读者自明，无俟鄙人之饶舌矣。是书也，余敢谓其集命理之大成，且为斯道开一新纪元也。学者手此篇而研究之，视读他书，所获不既多乎？眠沫之余，特书数语，以为读是书者告。

　　太岁在丙辰中秋日　　丹徒刘恒瑞吉人甫谨跋

跋